当代群众文化建设与发展研究

徐加芬　著

图书在版编目（CIP）数据

当代群众文化建设与发展研究 / 徐加芬著. -- 哈尔滨 : 哈尔滨出版社, 2024. 9. -- ISBN 978-7-5484-8049-5

Ⅰ. G249.2

中国国家版本馆CIP数据核字第2024SE3841号

书　　名： 当代群众文化建设与发展研究
DANGDAI QUNZHONG WENHUA JIANSHE YU FAZHAN YANJIU

作　　者： 徐加芬　著
责任编辑： 赵志强
封面设计： 王丹丹

出版发行： 哈尔滨出版社（Harbin Publishing House）
社　　址： 哈尔滨市香坊区泰山路82-9号　　**邮编：** 150090
经　　销： 全国新华书店
印　　刷： 北京虎彩文化传播有限公司
网　　址： www.hrbcbs.com
E-mail： hrbcbs@yeah.net
编辑版权热线：（0451）87900271　87900272

开　　本： 710mm × 1000mm　1/16　**印张：** 17.5　**字数：** 242 千字
版　　次： 2024年9月第1版
印　　次： 2024年9月第1次印刷
书　　号： ISBN 978-7-5484-8049-5
定　　价： 88.00元

凡购本社图书发现印装错误，请与本社印制部联系调换。
服务热线：（0451）87900279

前言

文化，作为人类社会的精神财富和智慧结晶，是民族的灵魂，是国家的软实力。在全球化的浪潮中，文化的力量愈发凸显，它不仅塑造了民族认同，也是推动社会进步的重要力量。当代群众文化建设与发展，作为文化研究的一个重要分支，其重要性不言而喻。

首先，群众文化是社会文明进步的体现。它涵盖领域广泛，如民间艺术、传统习俗、社区活动等，这些文化形式不仅丰富了人们的精神生活，也促进了社会的和谐与稳定。群众文化的发展，反映了一个国家或地区在经济、社会、科技等各个方面的综合实力。其次，群众文化是民族精神的传承。每个民族都有自己独特的文化传统和历史记忆，群众文化正是这些传统和记忆的载体。保护、传承和发展群众文化，可以增强民族自信心和凝聚力，为国家的长远发展提供精神支撑。再者，群众文化是社会创新的源泉。在当代社会，创新是推动社会发展的关键因素。群众文化中蕴含着丰富的创意和智慧，通过群众文化的挖掘和创新，可以激发社会的创新活力，推动社会经济的持续健康发展。

此外，群众文化是国际交流的桥梁。在全球化背景下，各国之间的文化交流日益频繁。群众文化以其独特的魅力和多样性，成为不同国家和民族之间相互了解和交流的重要渠道。通过群众文化的国际传播，可以增进各国人民之间的友谊，促进世界和平与发展。

当今社会，随着科技的迅猛发展和信息的快速流通，群众文化建设面临着新的机遇和挑战。如何利用现代科技手段，保护和传承传统文化，如何适应社会变迁，创新发展群众文化，是摆在我们面前的重要课题。本书旨在深入探讨当代群众文化建设与发展的理论与实践，分析群众文化在现代社会中的作用和价值，提出促进群众文化发展的策略和建议。我们希望为读者提供全面、深入的视角，共同推动群众文化事业的繁荣发展。

目录

第一章 群众文化的基础与概览

第一节 群众文化概论

一、群众文化的概念

文化，广义而言，涵盖人类社会发展过程中积累的全部物质财富与精神财富。狭义上，它聚焦于特定社会的思想意识体系，以及与之相匹配的制度架构和组织形态。

文化被视为民族的灵魂，是维系民族存续的根本。一旦一个民族的文化消失或被另一种文化全面取代，即便该民族的人民依然在世，该民族作为独特实体的实际存续也名存实亡。

群众文化，则是一种特殊的文明表现形式，它发生在人们的日常生活之外，是由民众自发参与、自我娱乐及自我提升的社会文化现象。其核心特征是以广大民众为参与主体，以自娱自教为引导原则，旨在满足民众自身的精神需求，其活动内容主要围绕文化娱乐展开。群众文化包括但不限于群众文化活动的举办、群众文化工作的推进、群众文化事业的发展以及群众文化队伍建设等多个方面，展现了群众作为主体积极参与，活动作为载体丰富多彩的社会文化生态。

（一）群众文化兴起与演进的社会环境

从文化现象的维度分析，群众文化本质上是民众依托自身力量，通过艺术与文化的媒介，追求精神文化生活的充实，依据美学原则自我参与、自我享受并自我提升的一种社会性文化表现。而从文化建构的角度审视，群众文化构成了中国特有的一种社会文化景观，是中国特色社会主义文化体系的关键组成单元，这一概念蕴含了群众的文化生活方式、文化活动实践、文化工作实施，以及相应的制度框架、组织结构、实体设施等多元要素。

（二）群众文化演进的三个阶段

群众文化形态的演变和发展显现出清晰的历史阶段性特征，可大体归纳为三个历史阶段：初始于原始社会的群众文化代表了其萌芽状态；随后，在阶级社会中，群众文化体现为一种自然发展的状态；而至社会主义时期，群众文化则迈入了自觉成熟的演化阶段。

（三）影响群众文化生存与发展的要素

社会的物质基础是确保群众文化存续的首要条件。社会结构的变革则是推动群众文化生存与发展不可或缺的外部动力。与此同时，人的内在社会需求，即对精神文化满足的渴望，构成了群众文化持续演进的核心内驱力。

二、群众文化的功能

改革开放至今，中国经历了数十年的经济与社会飞跃式发展，其间，人们的生活质量实现了大幅度提升，并伴随有深刻的社会结构转型。尽管法定休息日有所增加，但在激烈的竞争压力下，人们不得不将大量业余时间投入到新知与技能的学习中，从而挤压了原本可用于文化休闲活动的时间，这种状况在一定程度上影响了公众的幸福指数。当今社会，随着物质条件的极大改善，人们愈发重视文化权益的享有，渴望参与包括群众文化在内的多姿多彩的文化艺术活动，以此作为提升生活质量的重要途径。

现代社会快节奏与高强度的工作生活，加剧了人们对社交和娱乐的需求。群众文化，作为一种普及型的集体娱乐形式，其门槛较低，适合所有年龄层，而且能大规模聚集兴趣相投的群体，不仅搭建了人际交往的桥梁，更重要的是，群众文化是基于个人兴趣的主动参与，相较于被动消费，更能带来纯粹的乐趣和满足感。

群众文化深深根植于日常生活与实践经验之中，它在满足大众精神文化需求的同时，也在不断自我丰富和进化，向人们展现其独特的价值和社会功能。群众文化充当了娱乐和交流的平台，促进了社会成员之间的情感联结与信息共享，强化了社区凝聚力，体现了文化在社会生活中的基础性愉悦与互动功能。

（一）整合功能

群众文化扮演着地区资源整合作用的关键角色，是强化地域凝聚力和创造力的重要源泉。例如，湖南省各地的特色文化活动如白羊田的“天狮舞”表演、聂市的“十样锦”打击乐队、羊楼司的“蚌壳竹马”、忠防的“板凳龙”、江南的“渔鼓”、桃矿街道的“大鼓”展示、桃林镇的吹奏乐演出，以及聂市农民的健身展示等，这些“一乡一品”的文化特色，实质上是群众在各类活动中自发整合资源的成果。文化管理部门通过多样化的文化和体育活动，激发了城市的文化活力，拓宽了群众文化参与面，同时提升了各地特色活动的知名度，为民众构建了友谊的纽带。

（二）传承功能

高质量的群众文化活动不仅能够提升民众的文化素养，还承担着传承文化遗产、塑造文化品牌的重要职责，它能确保传统文化得以延续并在新的时代背景下焕发新生。

（三）导向功能

群众文化活动超越了简单的娱乐范畴，它还具备宣传教育和价值引领的功能，有助于培养民众高尚的道德情操，提升民众的社会责任感，形成积极向上的社会风气。

（四）沟通功能

群众文化活动不仅是满足民众精神需求的有效方式，也是活络社会氛围、促进人际交流的桥梁。多样的活动形式促进了群众间情感的交流与理解的深化，增强了社群内部的和谐与团结，为社会的稳定与团结奠定了坚实的群众基础。

三、群众文化需求与群众文化

（一）群众文化需求

群众文化需求本质体现了群众文化的核心要义，是社会实践主体在追求个人成长和完善的过程中，与侧重文化娱乐的活动之间形成的相互依存与适应状态。这种需求是实践主体生命力的一种体现，是社会发展中不可或缺的客观需求。

具体而言，公民对于群众文化的需求，聚焦于职业生活之外的闲暇时光，是个人为了充实精神世界、寻求心灵满足而自发参与、自我娱乐与自我提升的文化活动需求，展现出个体在社会性文化层面上的追求。

满足这些多元化的群众文化需求，有多种途径：一是民众自发组织的文化活动，二是政府及社会提供的公共文化交流活动，三是包括群众文化服务在内的公共文化服务体系，四是市场化运作的文化产品与服务。其中，群众文化的核心任务在于确保每位公民的基本文化需求得到有效满足，体现了其在社会文化服务体系中的基石作用。

（二）群众文化需求与群众文化的关系

群众的文化追求作为群众文化的核心要素，构成了其发展的原始动能与先决条件。文化活动的各种表现形式均根植于满足这一根本性需求，体现出其存在的价值与进化的轨迹。文化工作的重心务必围绕着对接并满足群众的文化诉求来布局和实施。

群众文化内部蕴含的深层矛盾，体现在广泛多变且持续演进的需求与受限于具体条件的实际供给之间的不匹配。这种根本性的矛盾，刻画了文化要素间本质的相互作用模式，驱动着文化形态的内在演化。

在自然状态下，群众的文化倾向可能趋向盲目跟风。然而，文化氛围具有强大的导向力，能够微妙地调整公众的文化兴趣方向，显示出需求的可塑性。

1. 群众的基本文化权益与群众文化的群众性特质

群众文化的本质特征在于其深厚的群众性，这意味着它是一种属于大众、服务于大众并由大众共创共享的精神文化财富，体现了群众基本的文化权利。这些权利是个人自由展现文化才华的机会与条件，是个人享受丰富多彩文化生活的需求体现，还是提升个人文化艺术修养及主动参与多种形式文化创作以表达自我价值的自由。

在此框架下，群众位于群众文化的中心位置，既是活动的发起者又是参与者，展现出高度的自主性和创造性。群众性原则进一步强调社会需面向所有民众提供文化产品与服务，确保文化活动顺应人民意愿，促进民众文化实践能力与文化享有程度的双重提升。

2.群众文化生活的直接目标与自娱性特点

群众参与文化活动的直接动因往往在于寻求娱乐与放松，这体现了群众文化鲜明的自娱性特质。以文学艺术为媒介的群众文化活动，其一大特征便是能够让参与者在娱乐中找到心灵与身体的慰藉，满足个人对快乐的追求。

在此过程中，“娱乐”与“教化”并非割裂，而是相辅相成。娱乐作为群众文化活动的直观体现，吸引着人们的参与，而教化则是蕴含于活动背后的思想内容，它在默化地发挥影响。传统智慧中的“寓教于乐”，恰当地概括了二者之间的和谐统一——在愉悦中传递知识，在教育中享受乐趣，其共同促进了群众文化的健康发展与社会功能的全面发挥。

3.群众文化需求的引导与群众文化的倾向性

群众文化的倾向性是指嵌入群众文化内部，通过阶级立场、政治观念及审美取向表达出的方向性特征，是把握群众文化深层次本质的一个关键内在属性，堪称群众文化的精髓。这种倾向性既表现出一种必然趋势，又富含多样性。

群众文化的倾向性直接受制于群众文化需求的内在导向，而这些需求本身即带有明显的倾向性。当群众作为文化活动主体，其对文化的需求尚处于未经自觉引导的状态时，这些需求便显现出多样化且复杂的面貌——既包括正面、积极、进步及理性的追求，也不乏负面、消极、落后乃至盲从的倾向。

群众文化的倾向性具体涵盖几个重要方面：阶级立场的倾向性，强调文化反映特定社会阶层的视角；人民性倾向，指文化贴近并服务于广大民众的利益与审美；民族性倾向，反映了一种文化对民族特色和传统的维护及弘扬。

4.群众文化生活的创新与群众文化的传承性

群众文化的传承性特征，强调了该文化形态如何通过连续不断的传承机制，不仅保留其独特传统，而且在此基础上孕育出新的表现形式与内容，确保了群众文化的绵延不绝与动态发展。这一过程不仅是历史的简单重复，而且是一个包含继承与传递、承上启下、连接过去与未来的动态循环，其中创新是核心驱动力。

传承机制及其深远意义，在于其构建了一座横跨时间的桥梁，让群众文化能在历史长河中持续流淌。“承传”超越单一的“继承”，强调在接收过往智慧的同时，向下一代传授并融入新的创造元素，体现出一种既回顾又前瞻的连续性。

在群众文化的传承过程中，创新扮演着至关重要的角色。它不是静止的复制，而是在继承中融入新思想、新技术、新表达，促使群众文化在持续的革新中获得新生，实现传统与现代的融合。

这一传承历程可划分为几个标志性阶段：

(1)口耳传承阶段

最初，文化主要通过口头讲述和听觉记忆在人群中传播，如民间故事、歌谣、谚语的传唱。

(2)文字载体传承阶段

随着文字的出现和普及，文化开始被记录在各种物质载体上，如石刻、竹简、纸张，便于更广泛、更长久地传播与保存。

(3)文字与实况录制结合阶段

进入现代，印刷技术的革新加上录音、录像技术的发明，使文化传承超越了时间和空间的限制，实现了更加生动和准确的传播。

(4)远距离传播与数字化存储阶段

互联网和数字技术的飞速发展，使得信息能够以光速在全球范围内流通，同时，高密度、高容量的数字存储手段，让文化资料得以永久保存，为群众文化的传承开辟了前所未有的广阔天地。

综上所述，群众文化的传承性是一个既尊重历史又面向未来，融合继承与创新，历经不同技术发展阶段，持续推动文化演进与发展的动态过程。

(三)保障群众的基本文化需求是群众文化的基本职能

群众的基本文化需求涵盖了多个维度，涉及文学艺术的欣赏、参与和学习三个核心方面。群众文化活动则以文学艺术为核心，不仅包含对艺术作品的鉴赏，还包括艺术创作与展示、专业培训以及各类文化艺术实践活动，以此满足上述需求。

政府在群众文化服务供应中扮演着关键角色，确保基本文化服务的普及与多样。这包括直接提供服务、设立专门机构提供服务、通过政策激励社会力量参与服务供给，以及采取购买服务方式从社会获取资源以惠及公民。政府的服务策略旨在构建全方位、多层次的支持体系。

(四)群众的基本文化需求与群众文化的作用

1.群众的文化生活需求与群众文化的精神调节作用

群众文化的精神调节效能是指其在引导和优化参与者的思想意识、思维动态及总体心理态势上的积极作用，主要体现在以下三个维度：

(1)娱乐休息效能

作为群众文化最基础的需求层次，娱乐休息不仅是体力与精力恢复的预备阶段，也是贯穿日常生活的普遍需求。通过参与文化活动，人们在轻松愉快的环境中获得休息，这种积极的休息方式为个人的身心恢复及劳动能力的再次激活创造了有利条件。

(2)情感宣泄效能

人类情感的合理释放是自我调适的自然需求,而群众文化恰好为情感表达提供了多样化的舞台和途径。它鼓励并支持个体展示自我、施展才华,促进社会交往,彰显个人价值,有效充当了情感沟通与释放的渠道,帮助人们在文化参与中达到情绪平衡。

(3)审美效能

对美好事物的向往与欣赏深植于人性之中,群众文化在这一领域的作用体现为激发个体感知美、崇尚美、追求美直至创造美的内在动力。通过对自然美或艺术美的感知与理解,群众文化活动能引发情感共鸣,带来情绪的振奋、感官的愉悦,以及精神上的满足和心灵的升华,从而丰富人们的精神世界,提升生活品质。

2.精神文明建设与群众文化的宣传教化作用

群众文化在社会主义精神文明建设中扮演着积极的角色,这种积极作用源自两者之间深刻的内在联系。作为精神文明建设的关键领域,群众文化不仅是文化教育与宣传的重要平台,其还在陶冶情操和规范行为方面发挥着独特效用,促进社会成员的全面发展。反过来,精神文明建设是提升群众文化质量的核心内容,为其注入活力与方向,确保群众文化活动的价值导向和内容深度。

具体来说,群众文化在促进精神文明建设中的宣传教化作用通过三个主要方面体现:

(1)传播效能

群众文化活动作为信息与精神文明理念传播的媒介,以其广泛的覆盖范围、通俗易懂的形式和引人入胜的内容,有效推动社会主义核心价值观的普及,使人们潜移默化地接受教育。

(2)陶冶性情效能

通过“寓教于乐”和“自我教育”的方式,群众文化巧妙地将教育目的与娱乐活动融合，利用富含正面价值观的文化内容，如爱国主义、集体主义和社会主义思想，激发民众自我提升和相互教育的热情，同时采用现代、新颖且受欢迎的活动形式吸引大众广泛参与，从而在文化生活中提升民众的道德情操和精神风貌。

(3)规范行为效能

群众文化活动的参与，促使个体在享受文化乐趣的同时，不自觉地接受社会规范和道德标准的约束，这一过程起初可能是无意识的，但随着时间推移，会逐渐转化为自觉的行为调整。通过文化的熏陶，人们的思想、道德观念和行为习惯得到正面引导，进而自我规范，提升社会的整体行为文明程度。

综上所述，群众文化与社会主义精神文明建设互为依托，相互促进，通过有效的信息传播机制和行为规范机制，共同推动社会文化的进步与人民综合素质的提升。

3.学习型社会与群众文化的普及知识作用

群众文化在传播知识方面担当着重要角色，凭借其内容的综合性和受众的广泛性，成为跨越社会科学与自然科学边界的大型知识库，惠及不同背景与层次的群体。在这一过程中，人们不仅能够学习新知、施展才华，还能获得成长与教诲，尤其是在倡导终身学习的社会环境中，群众文化成为获取知识与经验的不可或缺的一环。

群众文化作为特殊的知识与经验传承媒介，承载着历史积淀的智慧与技能，通过文化活动促进人际互动与互学，使个体在参与中不断充实自我、丰富内涵。

群众文化普及知识的功能是通过设计引人入胜的活动形式实现的，这些活动不仅生动有趣，还能激发人们学习的热情，促进智力开发、智慧启迪与智能增强，体现了一种在娱乐中求知、寓教于乐的独特效能。

4.和谐社会建设与群众文化的团结凝聚作用

群众文化在构建和谐社会的进程中起着团结与凝聚作用，主要通过三大效能体现其独特价值：沟通效能、吸引效能和激励效能。

首先，作为社会成员间心理沟通的桥梁，群众文化活动紧紧抓住人们追求审美与娱乐的共通心理，凭借其独有的吸引力和感染力，汇聚大众注意力，鼓励人们积极参与，有效弥合分歧，促进社会人际间的和谐共生。这种文化活动如同黏合剂，强化社会纽带，增进人与人之间的相互理解和尊重，加深情感交流，为和谐社会的根基添砖加瓦。

其次，群众文化的吸引效能体现在其能够以丰富多彩、贴近民众生活的内容和形式，满足不同年龄、兴趣、背景的人群的文化需求，形成强大的磁场效应，吸引社会各界广泛参与。这种广泛的参与度，不仅丰富了民众的精神生活，还促进了社会各群体间的相互吸引与融合，进一步巩固了社会的和谐基础。

最后，激励效能则是指群众文化通过富含审美价值的活动，激励人们内心深处对于和谐的认知与向往。它不仅仅让人们欣赏美、享受美，更激发了人们追求和谐、创造和谐生活的内在动力。通过艺术与文化的熏陶，人们在潜移默化中被引导去认识和谐之美，培养爱和谐、创和谐的社会风尚，从而在日常生活中主动实践和谐理念，促进整个社会环境的正向发展。

综上所述，群众文化以其独特的沟通、吸引与激励效能，在促进社会成员间的相互理解、加强团结协作、激发和谐共处的积极心态等方面发挥着不可替代的作用，是构建和谐社会不可或缺的力量。

四、群众文化工作的基本方针政策

满足人民大众不断增长的物质与精神追求，提升全民的文化素养，构成了社会主义文化事业发展的重要目标。国家确保每一位公民都能平等地参与到文化活动中，并积极鼓励民众投身于文化艺术实践中，以此为社会主义文化的整体繁荣打下坚实基石，同时推广文明且健康的生活模式，致力于社区、村镇、企业及校园文化的建设，全面提升民众的文化生活品质，明确界定了群众文化工作的核心使命。

遵循“积极向上、内容多元、服务导向”的原则，全力推动群众性文化活动的广泛开展。这要求相关部门要不断完善群众文化工作体系，强化群众艺术馆、文化馆及乡镇文化站的建设力度，具体策略为：在地市级及以上城市设立群众艺术馆，县级行政区建立文化馆，乡镇一级则配备文化站。通过长期不懈的努力，建立一个覆盖城乡、无处不在的群众文化工作网络，以多样化的形式激活城乡民众的文化生活氛围。

随着民众物质生活水平的飞速提升，文化生活亦呈现出前所未有的活力。传统民俗文化与新兴地域节庆文化的融合，文化活动与经济贸易活动的结合，极大地激发了公众的参与热情。城市中的假日文化与休闲文化活动内容繁多，形态各异，除了传统的音乐、书画、文学创作等，还涵盖了卡拉 OK、电子游戏等消费型娱乐，以及扭秧歌、交谊舞等自发性娱乐项目，广受不同年龄层的喜爱。由文化管理机构主导，联合专业文艺团队开展的“广场文化”活动，更是成了群众文化活动的一大亮点。

在农村地区，推进与小康社会经济发展水平相符的文化建设，是当前农村文化工作的战略重点。文化和旅游部门强调，各级文化管理机构需围绕小康文化建设来统筹农村文化工作，确保在规划、组织、任务、资金和政策上的全面到位，积极投入农村文化基础设施的建设，包括壮大农村电影放映队伍，拓展农村电影市场。

为了更有效地推进群众文化工作，文化管理部门与其他政府机构及地方当局紧密合作，共同策划并执行一系列重点文化项目，这些举措极大地促进了城乡基层文化设施的建设和文化生活的繁荣。

五、全国性的群众文化重点工程

(一)文化先进县倡议

文化先进县项目着重于在全国甄选并表彰“全国文化先进县”及各省份、自治区与直辖市层面的文化先进县,以此树立典范,带动以农村区域为主导的文化事业蓬勃发展,实现文化兴盛。

(二)蒲公英计划行动

蒲公英计划是一项全国性推广活动,致力于在全国农村地区建立模范性的蒲公英儿童文化乐园,旨在为乡村儿童构建多彩的文化环境,激活并丰富他们的文化生活体验。

(三)文化送下乡项目

文化送下乡工程是一项由各级政府部门主导的实践活动,通过派遣城市的专业艺术团体、图书馆、群众艺术馆及文化馆等文化单位深入农村,不仅为农民带来高质量的文化服务,还促进了城乡文化互动,确保农村居民的文化需求得到满足。

(四)知识播种工程

知识播种工程是以公共图书馆为依托,旨在通过阅读推广、知识传播来促进社会文明进步的重大举措。该工程通过组织各类全国性和地区性的阅读活动,深化爱国主义、集体主义、社会主义核心价值观教育,以及科学、文化、道德和法制教育,积极传播精神文明,引领社会形成爱书、藏书、阅读和应用知识的良好风尚。

(五)国际艺术交流年

国际艺术交流年系列旨在强化中外文化艺术的交流互鉴,让国内广大观众能够近距离接触更多国内外顶尖的艺术作品。自20世纪90年代起,文化和旅游部已成功举办诸如中国国际交响乐年、国际歌剧舞剧年、国际美术年等项目,并将持续推出如中国民族音乐年、中国民族歌舞年等国际艺术交流年活动,不断拓宽国际文化视野,深化艺术领域的国际合作与对话。

第二节　人民群众文化主体地位

一、人民群众文化主体地位的理论依据

人民群众作为社会发展的核心力量，其在文化领域的需求与权益保障是衡量社会进步的重要标尺。群众文化，作为社会文化与民众自然生活交融的果实，体现了人民对文化权利的追求与享受。面对人民日益增长的美好生活需要和不平衡不充分的发展之间的矛盾，强化文化服务的质量与普及，尤其是公共艺术创作的人本导向，变得至关重要。

确保人民群众在社会中的主体地位，首要在于尊重并保障其文化权利，激发人民主体性，同时警惕文化活动过度娱乐化倾向，坚持健康向上的文化导向。在城乡一体化、农村改革、城镇化与市场经济深化等社会变迁中，确保农民及企业等社会群体能够平等地享受文化服务与社会保障，建立政府与社会的良性互动，是提升人民福祉的关键。

确立“以人民为中心”的文化发展理念，不仅是口号，更是行动指南，这就要求相关部门从政策制定到执行的各个环节，都要确保人民群众的文化权力得到充分尊重和满足。这意味着在公共文化服务体系建设中，必须从满足人民的基本文化需求出发，以实现人民精神与物质需求的双重满足为最终目标。

面对新时代的挑战，构建公共文化服务体系必须深刻理解当前社会矛盾，以解决人民精神文化需求为出发点和归宿。这不仅要求人们在理论上坚持人民中心论，更要在实践中，结合国情民情，创新发展路径，平衡物质与精神文化需求，确保文化服务覆盖所有社会成员，特别是边缘与弱势群体。

总之，新时代的公共文化服务体系构建，是人民主体地位的实践场域，需在满足人民日益增长的文化需求与社会经济现实之间找到平衡，确保文化权利的普遍享有，促进社会整体进步与人的全面发

展。中国特色社会主义的新时代背景下，人民群众的文化需求日益多元，公共文化服务体系的构建应更加注重质量与效率，以文化为纽带，激发全社会的创新活力，推动社会主义现代化建设迈向更高水平。

二、人民群众文化主体地位的实现和表现

"以人民为中心"作为新时代文化工作的根本立场，深刻反映了中国共产党领导下的文化事业和文化产业发展的核心价值观。在我国，人民不仅是文化的创造者，更是文化发展的受益者，这种定位源于中国共产党与人民之间密不可分的深厚联系。党的最大特点在于其与人民的广泛而密切的联系，这种基于深厚情感和共同命运的纽带，使党与人民形成了血肉相连、命运与共的关系，从而为我国文化事业的蓬勃发展提供了不竭的动力与源泉。

在实践中践行这一立场，要求我们必须始终坚持"以人民为中心"的原则。这包括但不限于激活广大干部职工，特别是广大人民群众的积极性与创造力，使之成为文化发展的真正主角。实现这一目标，需从基层做起，重视并解决基层的实际问题，充分发挥基层党组织的核心领导作用，使之成为推动文化工作的重要抓手。同时，加强党组织的组织力度和宣传力度，以马克思主义文化观武装干部职工头脑，引导他们以实际行动参与文化强国建设，推动社会主义先进文化的前进方向，不断提升文化自觉与自信。通过这些举措，确保文化建设的每一个环节都紧密围绕人民的需求和利益展开，真正实现文化发展成果惠及全民，让文化成为人民精神生活的重要支撑和幸福源泉。

（一）提高群众文化素质，夯实群众文化基础

党和政府高度重视文化事业的发展，着重强调加强文化队伍建设，以期显著提升群众文化活动的质量与影响力。具体措施包括推动全国所有县级及以上城市实现公共图书馆、文化馆、博物馆的全面覆盖，确保国有文物收藏单位承担起国有资产保值增值的重任，同

时，改善现有公共文化设施，提升服务质量，并加大对革命历史纪念馆、纪念地等爱国主义教育基地的建设力度，以增强民族精神与历史记忆。

在国际层面，积极推动文化国际合作与交流，特别是在丝绸之路沿线国家的旅游合作上，以文化为桥梁，促进国际友好关系。乡村振兴战略中，特别强调乡村文化的复兴与繁荣，增强民众的精神力量，通过打造具有地域特色的文化旅游景点，复兴传统工艺，促进地方经济发展与文化传承。

此外，加强互联网空间的治理，构建健康的网络生态环境，建立行业自律机制与内容治理体系，提升公众的网络信息辨别能力。相关部门需强化对互联网企业的监管，建立健全经营业绩考核体系，完善绩效评价、激励约束等机制，确保互联网行业的健康发展。

各级党委宣传部门需严格履行管理媒体的职责，纠正偏差，新闻出版广电部门负责行业改革与发展，文化和旅游部门提供文化产品与服务，新闻网站与广电机构分别承担传播主流价值观与提供优质节目内容的责任。同时要求各部门强化组织与领导责任，国务院办公厅将负责总体部署，各相关部委需结合各自领域制定实施方案并确保政策落地实施，确保文化发展各项任务得到有效推进与落实。

1.加强群众文化人才队伍建设，增强文化工作活力

在人才队伍建设的蓝图中，我国特别强调了强化基层群众文化人才的培育，这包括基层文化工作的执行者和群众文化活动的领头人。当前面临的关键任务之一，是通过“一村（社区）一支艺术团”这样的模式，构建起基层文化活动的核心人才队伍，这是我国群众文化领域亟须解决的问题。基层群众性艺术团体的培养是基层文化建设的基石，目标在于培养一批艺术造诣高、技艺精湛的基层文艺工作者，这对丰富和提升我国基层文化生活具有重大意义。

近年来，基层群众性艺术团体在群众文化中发挥的作用日益显著，如湖南岳阳花鼓戏传承中心促成的“群文艺术团”，它是由农村青年和退休教师等组成的业余团体，为大众展示了高水平的民间艺术，

其在乡村、学校和社区的演出，影响力甚至超过了一些专业剧团，展现了“基层群文艺术团”作为新兴力量对文化发展的重要贡献，也是政府在基层政策引导中培育的重点，特别是在乡村艺术团的培养上，国家和地方已出台多项政策措施予以支持。

为促进农村文艺团队的成长，多地采取政府购买服务、资金扶持等方式给予帮助。随着国家的持续发展，公众对公共文化服务体系提出了更新、更高的要求。在此背景下，我国大力推进“数字图书馆”“数字农家书屋”等工程，全面提升图书馆和农家书屋的服务效能，加快县级及以上公共图书馆的数字化进程，并实现免费开放或提供购书服务，以满足公众的文化需求，进一步丰富基层文化生活。

2.健全人才培养机制，打造高水平公共文化服务队伍

以创建全国公共文化服务体系示范区为契机，加速推进和完善我国的公共文化服务网络，首要的任务是强化基层文化服务基础设施的构建，这包括提升文化人才的培养力度。通过实施全国性的文化信息资源共享试点项目，推动公共图书馆、文化馆、博物馆等设施的普及，以覆盖城乡，确保每个居民都能享受到文化资源。

其次，构建并完善文化人才培育体系至关重要，需加快培育兼具业务能力和群众艺术理解的复合型高素质人才。这鼓励高校与基层单位合作，开设专业课程，派遣专业教师赴基层开展教学，推出“送教上门”和“文化下乡”的服务。

财政投入方面，需加大投入力度，着重用于基层公共图书馆、文化馆、纪念馆等文化基础设施的修缮升级，确保资源向基层倾斜，使之成为民众心中真正的精神寄托之所。

此外，宣传推广力度需加大，引导各级媒体深入解读并宣传中央和国务院关于公共文化服务体系的战略决策与政策。同时，加强现有人才的继续教育，重视高层级创作、管理及对专业技术人员的培训，加大对基层文化工作者的培养力度，建立健全人才激励机制，确保文化人才的持续成长。

3. 完善政策措施，为群众提供更多优质公共文化产品

为了构建和完善现代乡村公共文化服务体系，重点要加强流动科技馆、流动图书馆等设施的建设，广泛推行“下基层、访万家”等群众文化活动，以深化文化服务的触角。同时，加强对少数民族语言文字的保护与传承，推动“双语”教育工程，促进文化多样性发展。

在社区层面，积极探索文化服务设施与文艺人才队伍建设的新模式，创新文艺作品的创作机制，以确保产出更多符合民众口味的文艺精品。持续推动全民阅读运动，确保基层图书馆、文化馆（站）的免费开放，增加政府对公共文化服务的采购力度，引导社会力量共同参与。

农村地区则着重加强基层文化体育设施建设和人才管理，加速推进数字化设施标准化，确保数字图书馆、文化馆（站）、乡镇综合文化站、村农家书屋等基层文化设施的标准化建设和有效利用。鼓励社会力量加入乡村公共文化建设，提高图书馆服务效能和满意度，营造社会共建共享的氛围，通过“1＋N”机制支持公益团队和基层文化活动。

此外，还鼓励社会力量创办非营利性文艺团体，加强公益演出与放映工作，规范市场监管，出台互联网文化经营鼓励政策，以及加强文艺人才梯队建设，包括国家级与省级艺术团队的组建，完善人才培养体系，将群众文化活动逐步纳入政府采购与公共服务财政保障体系，以全面推动文化事业的繁荣发展。

4. 丰富活动形式，扩大群众参与度

提升民众文化参与，需创新文化活动。第一，改形式。由指令转为民众自主参与，变被动为主动。第二，内容创新。举办贴近群众的节目与活动，增加兴趣。第三，持续形式创新，提高参与度。近年，文旅部门紧跟国家战略，借力基层，开展多样的文艺创作活动，充实民众文化生活。

（二）发挥政府主导作用，强化主体责任

文化建设作为社会主义现代化建设的重要组成部分，在我国改

革开放、经济建设和政治发展等各个领域都发挥着重要作用。我国政府对文化建设进行管理和引导，从根本上改变了以行政命令、行政管理为主，甚至行政管理与市场经济相结合作为国家文化发展策略的单一模式，为我国不同类型、不同区域和不同产业提供了一个新的选择。以市场经济为主导，并以社会主义先进文化作为经济发展策略，这是我们在历史上从未见过的发展模式。

在思想上，需强化公众文化认同；组织架构上，加强基层文化设施的配置与维护，推动基础设施均等化、服务供应多样化；经费方面，随着公共财政体系和保障机制的完善而调整。政府应加大财政支持力度，以绩效评价指导政策制定与执行，坚持以人民为中心的法治路线。遵照现行法律优先，结合科学指导与创新策略，侧重社会效益，兼顾经济收益。

1.国家层面

政府主导推动民众文化主体地位的实现，具体策略如下：

(1)组织架构

强化基层文化设施配置与维护，促进服务均等化、多元化，构建政府引领、社会协同的开放体系。

(2)经费管理

加大财政投入，优化结构，建立绩效评估体系，确保资金效能。

(3)政策制定

扩展政策覆盖，加强服务平台建设，制定法规制度，保障公共文化服务的安全便捷。

(4)机制建设

完善队伍建设，加大购买服务力度，建立参与激励机制，确保民众文化活动的活力与参与度。

2.地方层面

地方政府重视文化建设。

地方政府成立以党委或政府领导为核心的领导机构，负责公共文化服务体系建设相关事务。

地方政府加大对基层公共文化设施的投入力度，建立多元、开放的投资体系，以增加投入为主要途径解决公共文化供给不足问题。

地方政府建立“财政支持、企业赞助、社会资助”三位一体的社会赞助机制。

以上措施均有助于广大民众积极参与公共文化服务的构建。各地区，发展具有地方特色的文化是实现人民群众在文化领域的主体地位的关键途径。首先，地方特色文化代表了一个地方文化的精髓，包含了丰富的文化内涵；其次，它体现了当地居民的独特价值观、生活习惯及风土人情；再次，地方特色文化在某种程度上是该区域历史沿革和社会经济发展的结果；此外，从一定意义上讲，民族和传统精神对当地人民具有独特的价值；最后，通过历史和现实的研究，可以探索我国各民族历史传统的形成因素及地区发展的差异化特征。

尽管民众参与公共文化服务建设具有积极意义，但也存在一些限制因素。主要问题包括：民众对特定文化活动或内容的认知不足；由于知识和技能的限制，无法正确评估服务内容和方式；未能充分理解自己的价值观和文化需求；缺乏参与的能力和热情。随着国家经济体制的持续改革和社会结构的快速变化，以及民众生活水平的提升，我国的公共文化建设面临着新的挑战。

3.群众层面

“文化建设是一项涉及整个社会的系统工程，它不单单是某个部门或个人的责任，而需要全社会共同的努力。”因此，为了确立人民群众在文化领域的主体地位，必须由社会各界齐心协力。自我国改革开放以来，在文化建设领域取得的显著成就便是最佳证明。但人民对于美好生活的追求是无止境的，我们不应仅满足于物质生活的丰富与安逸，更应追求更高层次的精神生活。为此，国家应加强公共文化服务体系的建设力度。政府需要根据人民群众不同阶段的文化需求，提供更优质的公共服务产品。政府制定政策应立足实际，基层干部和社会工作者亦应从实际出发，做好各项工作。在文化发展方面，政府应加大对基层基础工作队伍的支持，并在资金上予以充分保障。人民群众是社会主义建设中不可或缺的力量，他们完全有能力和条件参与到文化产品和服务的创建中来。

随着社会活动参与渠道的拓宽及社会保障体系的完善，群众参与社会活动和生产活动的便捷性和有效性也得到了提升。现代信息技术，尤其是互联网技术，已成为全球社会发展中与政治、社会、文化同等重要的重要组成部分。互联网不仅是群众传媒和传播技术之间最紧密、最频繁的互动平台，同时也是群众参与文化建设不可或缺的工具。群众可以通过网络交流思想、情感，甚至行动，表达自己的观点，讨论问题，并通过这一过程实现思想上的提升和情感上的交流。利用互联网不仅能参与到文化产品和服务的建设中，还可以提升个人的价值，使自身利益得到体现。例如，通过网络平台，群众不仅能够利用已有知识获取更多信息，还能了解他人的经验，提升自己的能力。此外，群众通过互联网关注并参与讨论国内外重大事件，不仅能拓宽知识视野，还能在交流中获得情感的满足。

（三）丰富群众性文化活动，活跃群众生活

在社会主义现代化建设的新阶段中，满足人民群众的文化需求成为国家文化建设和发展的起点与落脚点。当前，基层群众文化工作面临众多新情况和新问题，如何妥善解决这些问题，成为各级党委和政府需重点关注和解决的重要任务。

目前，基层群众文化活动还显得相对单调且形式较为单一，主要以观看戏剧、电影和文艺表演为主，这些内容往往缺乏创新，无法与群众的日常生活紧密联系。活动组织形式过分追求经济效益，导致群众的参与热情不高，参与度低，覆盖范围有限。尤其是针对农民的文化活动，内容单一，仍然局限于传统观念之中，缺乏当今社会的时代特征。这主要是因为农村文化活动常以家庭为单位组织，而且一些农村群众对文艺表演有一定的期待；农民日常更偏好观看电视和电影，这也导致农村基层文化活动创新性和时代感不足。

为了更好地满足我国人民日益增长的精神和物质文化需求，更有效地参与公共文化服务建设和发展，应大力推广社会主义核心价值观，积极探索符合当地实际的文艺形式和活动方式，不断提升广大群众的参与度和满足感。在文艺创作方面，应以人民为主体，进行艺术表现；鼓励文艺工作者离开书斋，深入群众、融入生活；广泛开展多样化、内容丰富、健康向上且贴近农民实际生活的主题性宣传教育活动；不断增强对文艺人才队伍的建设和支持力度；积极指导文艺人才深入农村基层服务社会；通过宣传教育提高农村基层群众对优秀传统文化及其时代价值的认识。

农村开展文艺演出是促进群众参与公共文化服务的重要方式之一。开展农村演出是一个复杂的工程，需要根据实际情况合理安排演出内容和形式：首先，要根据基层的实际情况合理安排节目顺序；其次，在保证节目质量的基础上尽量缩短演出时间；再次，要发挥演员的表演优势；最后，考虑不同地区的经济条件的差异。通过文艺下乡的工作，将政府对农民的关怀带到基层，把优秀的文艺工作者送到农民身边，加深文化服务的社会影响。

（四）大力发展基层公共文化服务体系建设

在政府的支持下，结合人民群众的文化需求，加快发展基层公共文化服务体系建设显得尤为迫切。应从农村群众生产生活的实际出发，强化农村地区基层公共文化设施的建设。

第一，加速推进基层公共文化设施的建设。应根据地理环境和实用性原则，着手提升农村地区的基层公共文化设施，并加强城乡间的文化交流。

第二，加大政府和社会资本的投入。在资金紧缺的情况下，需通过多种渠道筹集资金，加强农村公共文化服务体系的建设，提升农村群众的文化获得感和幸福感，并激励社会力量积极参与农村地区基层公共文化服务体系的建设。

第三,建立并完善基层公共文化服务体系。优化公共文化服务体系的建设,遵循城乡一体化和均等便捷的原则,完善基础设施和保障机制,以进一步推动农村地区的文化建设。

第四,积极发展农村基层的文化教育。加强对乡村文化教育的投入,推广"三个课堂"建设,如"一村多址"模式、设立流动少年宫和留守儿童之家以及"大手拉小手、亲子共成长"的教育模式,实现城乡教育的一体化。

第五,大力发展农村的公共服务市场和设施。一方面加强对各类公共资源的整合和利用,另一方面利用现代科技手段提高农村区域的资源利用效率,增强农村地区的吸引力和凝聚力。

第六,强化对农村基层文化工作队伍的培养力度。鉴于当前我国部分地区在农村地区基层公共文化体育设施建设方面存在明显短板及资金不足的问题,应充分调动群众的积极性,激发群众活力,引导群众积极参与到基层公共文化服务体系的建设中来。

三、人民群众文化主体地位巩固的方法

为了巩固人民群众在文化领域的主体地位,必须在思想上坚持以人民为中心的发展理念,增强人民群众的文化自豪感和精神幸福感。重视并强化群众在文化活动中的主导角色,充分发挥他们的积极性、主动性和创造性;尊重群众的文化创造力,确保群众能从优秀的文化产品中获得实际利益,并在精神层面上得到满足和快乐。

在文化供给侧结构性改革过程中,应通过政府购买服务等方式,为人民群众提供参与公共文化活动的机会,使之能够根据自身需求丰富自己的生活。同时,建立并完善现代公共文化服务体系,加强基层文化设施的建设,通过增加资金投入、加强管理和优化服务等措施,提升基础设施的建设水平。在此基础上,培育和壮大文艺队伍,开展各种形式的群众性文艺活动,如"我们的节日""戏曲进万家"等活动,并建立群众文化组织,提升和激发群众参与公共文化活动及其他各类活动的积极性。

(一)坚持以人民为中心的发展理念

这一发展理念深入阐释了经济社会发展与人口规模、资源环境之间的深刻联系,指出只有从根本上解决群众的实际问题,才能使他们真正感受到文化自豪感和精神幸福感。在积极鼓励人民群众参与文化活动的过程中,政府也应发挥其积极作用,提供必要的支持和保障。此外,建立一个全面覆盖城乡居民的健全公共文化服务体系,并实现公共文化服务的标准化和均等化,是促进群众广泛参与公共文化活动的有效方式。应从基本要求出发,明确城乡居民应通过何种方式参与文化活动,并在发展的基础上,确保城乡居民能够公平享有公共文化服务的权利。

(二)坚持文化工作与文艺创作相结合

文艺创作需深根于人民和生活之中,积极探索当代中国现实生活中的重大主题和时代课题;应遵循艺术规律,以人为艺术形象的创作主体;同时,弘扬主旋律,提倡多样性,传承中华优秀传统文化及革命文化。

1.深入生活、扎根生活,使文艺作品贴近人民

生活是文艺创作的源泉,是人民群众的根基。脱离了生活,文艺作品便会失去其生命力。在艺术实践中,应坚持为人民而艺术,对人民负责,全心全意与人民同行。要坚持从群众中来、到群众中去的原则,深入一线,观察并理解人民的生活,思考并回应他们的期待和问题,真正"走进现实,立足现实"。

2.弘扬主旋律,提倡多样化

主旋律是社会主义文艺的基本原则。应坚持以人民为中心的创作导向,服务人民和社会主义。弘扬主旋律不是简单迎合受众需求,而是在保持主流艺术形式的前提下,使文艺作品多元化发展,体现和满足不同群众的文化需求。

3.弘扬革命文化,传承中华优秀传统文化,增强文化自信

传承和弘扬中华优秀传统文化是推动社会前进的重要力量,是在实现中国梦的过程中弘扬红色基因和革命基因的体现。弘扬中华优秀传统文化应聚焦于汇集民族历史中的优秀思想,将其作为构建社会主义核心价值体系的强大支柱。同时,弘扬革命文化不仅要有坚持中国特色社会主义道路的自信,也需强化制度的自信,以此推动文化和社会的全面发展。

(三)坚持以满足群众精神文化需求为根本出发点和落脚点

文化工作应紧密围绕人民群众的精神需求展开,旨在培养群众对文化活动的兴趣,提升他们的审美情趣,丰富其社会生活,引导人们树立正确的理想信念和价值追求。同时,应加强对广大人民群众的思想道德建设和文明礼仪教育,促使人们更自觉地遵守法律、尊老爱幼、勤俭节约、文明有礼。

为了向人民群众提供基本的文化服务,需要加快基层综合性文化服务中心的建设。建立公共文化服务保障机制,加强这些中心的建设,确保其制度化、规范化、常态化。完善文化志愿服务制度和评价体系,加大对公共文化资源的投入,确保各级财政资金在公共文化资源配置上的倾斜和保障力度。同时,推进城乡基本公共服务的均等化,建立健全绩效评估机制,确保政策措施得以有效执行。

此外,完善免费开放体制,特别是加强农村地区、少数民族地区和边远地区的公共文化服务。支持农村基层综合性文化服务中心的发展,提供多样的教育培训活动。加强公共图书馆服务网络,便于人民群众就近参与公共文化活动。推动少数民族特色村寨的建设,积极开展关于少数民族的文艺创作和演出活动。加强农村电影放映工作,确保"村村通"工程的放映场次达到国家平均水平,实现电影公益放映的"全年不间断"目标。同时,完善城乡公共文体设施的配套建设和管理机制,提高设施的利用率,并鼓励社会力量参与乡村文化事

业的发展，引导企业积极参与乡镇（街道）综合文化站的建设，力争到2025年底实现乡镇（街道）综合性文化站的全面覆盖。明确将行政村综合文化室和农家书屋纳入政府购买服务指导性目录，以群众需求为导向，提供高质量的公共文化产品和服务，符合国家基本公共服务标准。

（四）建立健全公共文化服务体系

首要的是，确保公共文化的建设紧扣人民核心，赋予民众更丰盈的精神寄托。这意味着公共文化服务体系的发展必须围绕人民展开，首先保障大众的基本文化需求，继而提升服务质量，以更全面地迎合人们日益增长的、多元且个性化的高级精神追求。

其次，构建一个以基层公共文化设施为根基、农村与乡镇文化站点为关键节点、社区图书馆为支撑的全国性基层文化服务网络至关重要，该网络需满足“十个一”及“八大工程”的标准。具体而言，“十个一”工程旨在抬升乡镇综合文化站及村（社区）文化室的建设规格；而“八大工程”则专注于提升社区（行政村）综合文化站及村（社区）综合文化服务中心（含农家书屋）的建设水平。

最后，全国应培育一系列凸显地域特性和民族文化特色的公共文化服务品牌，以此引领示范。例如，国家图书馆与北京图书馆联袂推出的“中国阅读推广人计划——公益大讲堂系列”，北京、上海、广州等城市广泛推动的全民阅读运动，以及深圳的“深圳读书月”系列活动等，均是典范。唯有将人民置于公共文化建设的中心，方能实质上构筑起与国家治理体系和治理能力现代化相匹配的文化设施体系。在推进全面建设小康社会的征途中，提升民众的精神风貌，是增强其主体地位、发挥其关键作用不可或缺的一环。

（五）重视群众在文艺创作中的主体地位

文艺创作的核心在于深刻反映时代特质与现实生活，让艺术作品成为连接群众情感与共鸣的桥梁。演员应当是生活的真实传递者，不仅生动演绎民间百态，更要真诚表达个人对世界的感知，而非仅仅利用作品作为宣传工具或进行表面化的教化。遵循领导人的指示，我们的创作应富含健康文明元素，积极引导舆论环境。

在新时代背景下，文艺创作需紧密围绕人民生活实际，成为反映社会现状、抒发人民心声的镜像。这要求我们避免将文艺舞台变为个人利益的传声筒，同时，健康向上的主题不应成为回避现实问题的遮掩。对来自大众的原创文艺作品，我们应持鼓励态度，积极采纳并推广。基层文化机构应承担起深入生活、贴近群众的责任，基于民众的实际需求开展创作。专业文艺团体作为创作主力军，应不断提升艺术造诣，孕育高水平人才，以高质量作品回应公众期待。随着国家经济与文化建设的蓬勃发展，人民的文化参与度与创造力得到了前所未有的激发，尤其在农村地区，文化需求日益旺盛，优秀作品的供给成了获取群众认可的关键。

从根本上讲，确保人民群众在文化建设中的主体地位，是社会主义文化发展不可动摇的原则，体现了社会主义核心价值观。实现这一目标，既是人民追求精神富足的体现，也是推进社会主义先进文化进程的内生需求。因此，政府与党必须采取有效策略，建立健全机制，鼓励创新与多元化表达，同时强化思想道德基石，引导民众以中国特色社会主义理论为指导，将党的意识形态工作深深根植于基层，真正做到以人为本，持续满足人民日益多样化的精神文化追求。

第三节 群众文化工作的内容、任务和原则

一、群众文化工作的内容

（一）群众文化工作的概念

群众文化工作构成了公共文化服务体系的基石部分，涉及由相关部门、专业组织及工作人员实施的一系列领导、指导、管理、组织、辅导和研究活动，旨在促进全民参与，覆盖社会各个角落。这一领域在当前公共文化服务系统构建的框架下展现出新的面貌，其重要性、职责范围、组织结构及任务目标均有显著拓展和深化。群众文化工作不仅成为推动文化公平、确保民众文化权益实现的核心动力，还担当着塑造积极社会风气、巩固社会主义核心价值观体系、充分满足民众基础文化需求的重任。

在这一体系下，领导部门、专门机构和文化工作者共同构成群众文化工作的执行主体。领导部门，诸如各级文化和旅游部门、人民团体及相关系统的文化管理分支，负责政策制定、行政管理和宏观指导。专门机构，则是指那些直接服务于群众文化活动的实体，如文化中心、图书馆、美术馆等，它们专注于活动的策划、执行与研究。而文化工作者，作为这些机构的骨干，涵盖了从策划者到辅导员等各类专业人才，他们直接参与到文化活动的方方面面，确保服务质量和效果。

群众文化领导部门与专门机构虽各自扮演不同角色，但都对公共文化服务体系的成功运作至关重要。前者侧重于顶层设计、政策导向与资源整合，后者则聚焦于服务的实施与创新、贴近民众需求。两者协同合作，共同推动群众文化的繁荣发展，确保每一位公民都能享受到高质量的文化服务，促进社会整体的文化进步与和谐。

（二）群众文化领导部门的主要工作内容

在构建公共文化服务体系的宏大任务中，政府的核心职责聚焦于保障民众的文化权益，满足其基本文化需求，并致力于发展公益性质的文化事业，提供全民可享的公共文化服务。在此框架下，群众文

化领导部门担当着推动公益文化事业发展的重任，他们需确保所提供的文化产品和服务既公益又普及。

具体而言，群众文化领导部门的工作核心内容可概括为以下六点：

1. 战略规划与价值引领

确立文化发展方向，明确宗旨、原则及发展目标，确保与国家文化战略方针相符，提出具体的战略任务和阶段性目标，形成清晰的发展蓝图。

2. 事业发展规划

基于战略目标，精心规划群众文化事业的发展路径，确保规划科学合理、目标明确、可操作性强，涵盖现状分析、指导思想、目标设定、实施步骤和保障措施等关键要素。

3. 政策法规与制度建设

构建完善的政策法规体系，为群众文化服务提供制度保障，涵盖文化权益保障、设施利用、功能定位、队伍建设、机构改革等多方面，推动文化工作法治化、标准化。

4. 设施与经费保障

确保文化设施建设和活动经费充足，支持社会性文化机构，通过政府购买服务、补贴等手段激励多元主体参与，提供更广泛的公益文化服务。

5. 监管与绩效评价

实施有效的指导、监督和绩效评估机制，确保相关机构遵守法规政策，高效执行文化服务任务，合理使用资金，持续优化人才培养与管理效能。

6. 文化安全维护

强化文化安全，包括维护文化生态的健康发展、确保活动安全实施、加强设施安全监管，通过健全安全管理体系、应急预案和培训考核机制，全方位保障文化安全。

综上所述，群众文化领导部门在公共文化服务体系中的角色至关重要，需通过科学规划、法制建设、资源保障、有效监管和安全保障等多方面工作，推动群众文化事业的健康发展，满足人民群众日益增长的文化需求，促进社会文化的繁荣与进步。

（三）群众文化服务机构工作的主要内容

1.提供群众文化产品和服务

在构建公共文化服务体系的背景下，群众文化服务机构承载着为民众提供丰富多样且满足其基本文化需求的产品与服务的重任。这包括：

（1）群众文化产品创作与生产

推动各类群众文化产品的制作，涵盖文学、音乐、戏剧、舞蹈等多种艺术形式的原创作品；策划并上演多彩的群众文艺演出，力求打造高质量的文艺精品；出版发行书籍、音像资料等，推广传播优秀的群众文艺成果。所有文化产品创作需遵循社会主义核心价值观，确保内容兼具思想深度、艺术魅力与观赏趣味。

（2）群众文化服务实施

充分利用文化活动场所，开放公共文化设施供民众免费使用并提供优质服务；扶持民间文化艺术之乡和业余文艺团体，提供专业指导和人才培训；加速数字化资源建设，通过信息化手段提供文化信息服务；组建文化志愿服务队，扩展志愿服务范围；积极参与非物质文化遗产的保护与宣传，举办传承实践活动；深入基层开展文化辅导，科学调配文化资源与服务；配合政府实施文化产品采购项目，确保文化产品直达基层和农村地区。

简而言之，群众文化服务机构的任务在于创造与推广富含价值内涵、艺术美感且易于接受的文化产品，并通过多渠道、多形式的服务活动，确保广大人民群众能够便捷地接触、参与和享受文化生活，从而促进社会文化的全面繁荣与进步。

2.组织群众文化活动

组织群众文化活动构成了群众文化工作的核心板块，是群众文化服务机构肩负责任中的重中之重。活动的策划与执行需紧密围绕民众的文化需求，强调内容的多样性和群众的参与性及喜爱度，秉承“业余参与、自愿加入、规模适中、形式多样、节俭高效”及营造愉快和谐、内容健康向上、确保安全顺畅的基本原则。尤为重要的是，要将群众文化活动的重心下沉至基层和农村，使之成为贴近群众生活、丰富乡村文化生活的主战场。

具体活动安排涵盖多个方面：

(1)文艺表演与展示

筹划包括舞蹈、音乐、戏曲、戏剧、曲艺等多门类的群众文艺演出，以及相关的宣传展示活动，为民众提供自我展示与相互学习的平台。

(2)艺术展览与鉴赏

举办群众美术、摄影、书法展，以及其他艺术形态的展览，提升审美情趣，同时组织艺术欣赏活动，拓宽群众的艺术视野。

(3)教育培训与讲座

开展各类群众文化知识的培训课程与专题讲座，推动社会教育的普及，提升民众的科学文化素养。

(4)非遗宣传与保护

举办非物质文化遗产的宣传展示活动，增强公众对非遗的认识与保护意识，促进传统文化的传承与发展。

(5)公共空间活动

有效利用广场、公园等公共空间，组织各类集会活动，促进群众文艺团队的交流与成长，激发社区文化活力。

通过上述活动的开展，不仅能够满足群众多样化的文化需求，还能在促进文化繁荣、提升社会凝聚力和幸福感方面发挥重要作用。

3.指导和培养群众业余文艺团队和群众文化骨干

群众自发的艺术团体与文化领头人，作为群众文化实践的主力军与联系纽带，对推动文化服务落地至关重要。提升与指导这些团体及个人的工作涵盖以下几个方面：建立广泛沟通网，密切联系各群众业余艺术团及文化领军人物；从活动创意、艺术造诣、组织效能等维度给予专业指引;常规性举办培训项目,助力其技能迭代;针对实际挑战,及时提供必需的支持与解决方案;搭建展示舞台,为他们提供表演与展现才华的机会;并对杰出团队及个人予以表彰奖励,激励先进。

4.开展文化艺术辅导

开展文化艺术辅导是群众文化活动的核心组成部分。为了使文化艺术能够塑造情操、引导时尚、惠及大众,需通过文化艺术辅导来不断提升民众的文化素养。群众文化服务机构具备文化艺术人才和资源的双重优势,应该发挥这一优势,广泛实施文化艺术辅导工作。这包括对基层群众文化活动的指导;提供关于各艺术门类的相关知识和技能培训;辅导群众在文艺创作和欣赏方面的技能;以及数字化基础知识和应用技术的教育等。

5.推动群众业余文艺创作和群众文化理论研究

群众业余文艺创作不仅能满足人民的精神文化需求,同时也是促进文艺繁荣和文化精品培育的基本工作,对于推动社会主义先进文化建设和社会主义核心价值体系的构建具有重要作用。

群众业余文艺创作管理的主要内容包括:确立正确的创作方向,创作健康向上的群众文艺作品;培养文艺创作的骨干力量,构建坚实的群众文艺创作团队;扩大创作范围,丰富文艺作品的种类和形式;为群众文艺创作提供空间,创立专门的群众文艺出版物;组织采风活动,提升群众文艺的创作质量;举办文艺作品的评比和鉴赏活动等。

在当前文化发展与繁荣的背景下,加强群众文化理论的研究显得尤为重要。这不仅能为公共文化服务体系建设提供理论支持,还有助于构建完整的群众文化理论体系,对群众文化学科体系的建立也具有深远意义。

群众文化理论研究管理的核心内容包括:建立群众文化理论研究团队,开展群众文化学科的理论研究;撰写群众文化论文、编撰理论著作,举办理论研讨会;进行群众文化理论调研,承接理论研究课题;创办群众文化理论期刊,出版相关理论作品;组织理论研究评奖活动，提升群众文化理论研究的质量和水平等。

6.收集和发布群众文化信息

信息技术的迅速进步和广泛应用已使得信息化建设成为公共文化服务体系中不可或缺的一部分，它不仅是推动群众文化工作的重要手段，同时信息化服务水平也成为评价群众文化工作质量的关键指标。因此，收集和发布群众文化信息是群众文化服务中极为重要的职能。

群众文化服务机构负责的收集与发布群众文化信息的工作包括：构建群众文化信息传输网络，建立群众文化信息的沟通交流平台；对群众文化资源进行数字化处理，创建群众文化资源数据库；搭建群众文化服务网站和官方博客（微博），及时更新和传播群众文化的最新动态；扩展群众文化服务的范围，提供网上展览、网上辅导、网上授课等多样化服务；拓宽群众文化信息的传播渠道，促进群众文化服务的社会化。

二、群众文化工作的任务

首先，通过举办各类文化活动，提升人民群众的精神境界和社会主义觉悟，培养他们的共产主义理想、信念和道德情操，同时也培育科学的态度和实干精神，发扬积极进取和勇于改革的革命精神，激励人们热爱祖国，为社会主义建设奋斗不息，造就一代社会主义新人。其次，确保人民群众在工作之余能享受有益身心健康的文化娱乐，有助于消除疲劳、恢复体力、陶冶情操、焕发精神。文化娱乐活动的内容应有利于人民的身心健康，既要防止迎合低级庸俗趣味对思想的侵蚀，也要避免过分追求与具体政治内容的直接结合。最后，积极创造条件，让人民群众在业余时间自愿参与各种文化娱乐活动，从而全面发展个性和创造才能，增进自己的知识、技能。

这些表述总结了群众文化工作的主要任务：通过多种文化活动，培育社会主义新人，满足群众在工作之余的文化娱乐需求，并积极创造机会，让群众自愿参与多样的文化娱乐活动。如今，群众文化工作已成为公共文化服务体系的重要组成部分，经历了近四十年的发展。

在此背景下，群众文化工作应与公共文化服务体系建设的目标保持一致，致力于实现普遍均等的公共文化服务。与其他文化服务形式不同，群众文化工作主要通过吸引群众参与文化艺术活动的方式，以群众自身为主体，满足群众基本的文化需求，是一种公益性的文化服务。

按照当前公共文化服务体系建设的要求，群众文化工作的任务可以确定为以下四个方面：

（一）满足人民群众文化需求任务

通过以群众文化活动为重点的服务，满足人民群众的基本文化需求，确保人民可以进行公共文化鉴赏、参与群众文化活动、提升文化艺术素养、参与群众文艺创作等基本文化权利。这在公共文化服务体系中明确了群众文化服务的任务，是群众文化工作的基础和起点。

1.进行公共文化鉴赏

公共文化鉴赏是满足群众基本文化需求的重要方式，能够陶冶情操、愉悦心情、缓解压力、培养兴趣，对提升民族的思想文化素质和精神文明水平至关重要。公共文化鉴赏活动可以采取多种形式，如利用文化设施提供读书、看报、上网、欣赏音像制品的场所；通过政府购买服务或补贴，为群众提供免费欣赏各种专业文艺表演的机会；组织专业与业余艺术团体进社区、乡村，开展高雅艺术活动；举办各类艺术展览等。

2.参与群众文化活动

参与群众文化活动可以更好地体现参与者的主体性，激发其自娱自乐的热情。这不仅能提供娱乐，还有助于展示才华，满足自我表达的需求。为此，应创建更多参与群众文化活动的机会和条件，如激发和调动群众文艺积极分子的潜能，组织各种文艺团队；在公园、广场和节庆活动中安排丰富多彩的文化活动；举办各类群众文艺比赛和展演等。

3.提升文化艺术素质

提升全民的文化艺术素质，通过文化艺术教育弘扬爱国主义、集体主义、社会主义核心价值观，及中华民族的传统文化和民族精神，增强全民的审美能力、鉴赏能力和艺术修养。群众文化工作应致力于提升全民文化艺术素质，积极开展文化艺术培训和交流活动。

4. 参与群众文艺创作

群众不仅是文化艺术的享受者，更是创造者。群众文艺创作是人民表达情感、审美追求和对事物认知的重要方式。参与群众文艺创作是群众的基本文化权利，应鼓励和支持群众参与文艺创作，为他们创造良好的创作环境。

（二）促进人的全面发展任务

举办多样化的群众文化活动，旨在培养社会主义核心价值体系，构建和谐文明的社会风貌，激发全民族的文化创造活力，促进人的全面发展，从而推动社会主义文化的大发展和大繁荣。群众文化工作不仅承担着传播先进文化、进行社会教育的重要职责，还通过群众喜闻乐见的方式和潜移默化的手段，鼓励群众广泛参与。群众文化活动的目标包括以下三个方面：

1. 培育社会主义核心价值体系

社会主义核心价值体系，包括马克思主义指导思想、中国特色社会主义的共同理想、以爱国主义为核心的民族精神及以改革创新为核心的时代精神。群众文化工作通过提供健康向上的文化产品和多彩的文化活动，培养群众对这些核心价值的认同和接受。

2. 建设和谐文明的社会风尚

和谐文明的社会风尚是构建中国特色社会主义的关键，对维护社会稳定、促进社会进步、增强人民团结具有至关重要的作用。群众文化工作通过搭建文化活动平台，开展多样的文化活动，创作和传播弘扬正能量的文艺作品，推广社会主义精神文明，倡导诸如爱祖国、爱人民、爱劳动的思想，及助人为乐、尊老爱幼等社会主义传统美德和道德风尚，从而促进社会风尚的和谐与文明。

3. 激发全民族的文化创造活力

激发全民族的文化创造活力是党对社会主义文化建设的重要要求。人民群众不仅是文化建设的创造者和物质基础的提供者，同时也是文化建设的受益者。通过广泛开展群众文化活动，唤醒群众的文化创造热情和潜力，激发他们的文化创造灵感，鼓励参与文化产品的创作，让群众在创造中获得文化的新鲜体验和享受。

这种方式表明，群众文化工作不仅是简单的娱乐或消遣，而是具有深远社会教育和文化传承的重要功能，是实现社会主义文化繁荣的关键途径。

（三）建设群众文化服务网络任务

为了适应中国特色社会主义事业和全面建成小康社会的历史进程，我们需按照结构合理、发展均衡、网络完善、运行高效、惠及全民的原则，以政府为主导，以公益性群众文化事业单位为支柱，鼓励全社会积极参与，致力于建设一个覆盖全社会的群众文化服务网络。该网络主要包括群众文化产品的生产供应、设施网络、资金及人才技术保障、组织支持和运行评估等基本框架。建设群众文化服务网络的基本要求包括：

1. 坚持群众文化服务网络的建设原则

构建一个全面覆盖、职责明确的群众文化服务体系，逐步优化设施网络、组织架构、生产供应机制、资金与人才技术支持、运行评估以及资源和服务成果的共享机制；建立免费开放的群众文化设施和提供群众文化服务的无偿经费补偿机制，增加对群众文化工作的投资，致力于提升群众文化产品的供应水平；持续推动城乡以及不同区域群众文化服务的协调发展，将服务重点放在基层和农村，特别是努力提升中西部地区群众文化服务的整体质量。

2. 遵循群众文化服务网络的建设格局

建设群众文化服务网络应符合公共文化服务体系的整体要求，即形成一个由政府主导，群众文化服务机构为核心，社会力量为辅助的服务网络结构。具体来说，各级政府应专注于群众文化基础设施的建设，确保群众文化服务的资金投入，促进群众文化服务的基本供给；公益性群众文化事业单位应利用其设施和受欢迎的文化艺术形式，向公众提供健康向上且免费的优质群众文化产品和服务；同时，应鼓励全社会积极参与群众文化服务，支持除群众文化服务机构外的文化单位和社会教育机构等开展公益性文化活动，确保国家购买或政府资助的群众文化产品能无偿服务于公众。

3. 把握群众文化服务网络的基本框架

群众文化服务网络是公共文化服务网络的核心支撑，其建设应与公共文化服务网络的整体建设要求相符合。基本框架内容如下：

第一，建立城乡全覆盖的群众文化设施网络，确保这些设施布局合理、功能完备、使用高效。

第二，建立群众文化产品的生产与供给体系以及需求信息交流平台，从而拓展群众文化产品的来源渠道。

第三，建立群众文化资金、人才和技术的保障体系，逐步形成群众文化经费的长效保障机制，确立群众文化专业人员的资格标准和准入制度，并配备完善的艺术服务设备，完善设备配置标准。

第四，建立分工明确的群众文化组织支撑体系，形成由政府文化和旅游部门承担宏观管理，群众文化服务机构提供服务，社会力量补充资源的运行机制。

第五，建立群众文化服务的运行评估体系，构建政府、社会和服务群体共同参与的监督管理体系。

第六，建立资源和成果的共享机制，在运行机制、机构改革、制度创新、服务方式研究、文化资源整合等方面进行探索，建设一个覆盖全社会的文化资源共建共享平台。

这一框架旨在通过系统化的建设和管理，有效推动群众文化服务的广泛发展和高效运营。

（四）弘扬中华民族的优秀传统文化任务

建设优秀传统文化的传承体系并弘扬中华民族的优秀传统文化是群众文化工作的重要任务，这体现了对民族、历史和后代的责任感。群众文化不仅需要保护民族民间文化，还要推动特色的优秀群众文化走向世界，这是时代赋予的新任务。

优秀传统文化是中华民族的根基与生命线，也是构建中华民族共有精神家园的关键支柱。随着非物质文化遗产保护工作的推进，虽然许多保护职责已由新成立的非物质文化遗产机构接管，但群众文化部门仍不应放弃其历史上的责任，即挖掘和整理民族民间文化。群众文化工作应继续努力弘扬和传承传统文化艺术，同时创作并推广具有优秀历史文化传统的民族民间文化艺术精品，并通过扩大与世界各国民间文化组织的交流与合作，逐步推动具有中华民族优秀传统和多样化文化特征的群众文化产品走向国际。

在公共文化服务体系建设的大背景下，群众文化工作的定位和职责已得到新的拓展。相比以往，群众文化工作的重要性更加突出，面临的任务也更加繁重和复杂。

三、群众文化工作的基本原则

（一）群众文化工作要遵循公共文化服务的基本原则

1. 以人为本的原则

该原则着重强调以满足人民群众的基本文化需求和维护其基本文化权益为起点和落脚点。

“以人为本”是群众文化工作的核心原则。坚持这一原则意味着要从保障人民群众基本的文化权益出发，将服务人民群众置于群众文化工作的首位。“以人为本”要求群众文化工作准确掌握新时代背景下人民群众对精神文化生活的新需求和期待，有效维护公共文化生活的公平与正义，确保文化发展成果由所有人共享，从而真正实现面向全体人民的公共文化服务。

在实际操作中，坚持“以人为本”的原则表现在以下几个方面：坚持群众文化活动自愿参与的原则，根据群众的愿望组织文化活动；以满足群众文化需求为目标，不断提升群众文化产品和服务的供给质量和能力；以群众的满意度作为衡量群众文化工作成效的基本标准，不断提高群众文化服务的整体水平；激发群众在群众文化活动中的积极性、主动性和创造性，创造有利于群众参与的良好环境；提供平等、便利的群众文化服务，保障群众的合法权益。

2.公益性原则

该原则突出了群众文化工作的非营利性质，强调以社会效益为主要目标，并由政府负责群众文化服务的经费支出。

公益性是公共文化服务的核心特征。依法，公民享有参与公共文化生活、使用公共文化产品和服务的权利。作为政府公共文化服务体系的一部分，其所提供的群众文化服务必须具备公益性。基于这一原则，政府主办的文化机构应承担为公众提供免费或低成本的群众文化服务的责任。群众文化服务的基本特点是以社会效益为目标，不以营利为目的，其所需经费由政府财政预算提供，这与经营性质的文化企业存在本质区别。

在实施群众文化工作时，坚持公益性原则主要体现在：实现群众文化设施的免费开放，确保文化场所对所有人“零门槛”开放；无偿提供群众文化活动所需的场地和设施，举办各种免费的群众文化活动；协助政府采购适合群众需求的文化产品，承担政府指派的文化艺术演出任务；组织免费的文化艺术基础培训，指导群众业余文化艺术团体及文艺骨干的发展。

3.公平性(均等性)原则

该原则强调综合规划群众文化事业的发展，确保所有公民平等享有群众文化服务，实现群众文化服务的普及和均等化。

公平性原则突出了公民在获取群众文化资源和享受群众文化服务方面应有的平等权利。这包括平等的获取机会、服务内容的均等、服务质量的一致性以及服务过程的公正性。群众文化工作的公平性本质上是服务的均等性。群众文化服务必须普及到全民，无论地区、年龄、性别、经济状况或文化水平都不应成为公民平等获取文化资源和享受文化服务的障碍。公平性原则要求群众文化工作须满足不同地区、不同人群的文化需求，确保服务面向全体公民，使每个人都能享受到均等、高质量、公正的文化服务。

在群众文化工作中坚持公平性原则体现为：树立“每个人都有文化权利”的观念，提升对群众文化服务普及性和均等性的重视；根据人民群众的不同文化需求，合理配置群众文化资源和服务；关注文化基础薄弱、资源匮乏的地区和群体，保障基层、农村和特殊人群的基本文化权益。

4.基本性原则

该原则强调群众文化不能满足公民所有的文化需求，只能提供基本的群众文化服务，如公共文化鉴赏和参与群众文化活动等。

基本性原则明确群众文化所提供的服务和产品应属于基本范畴，主要满足群众的普遍文化需求。群众文化服务提供的不是群众所有精神文化生活需求，超出基本需求的部分不在无偿提供的范围内。对于个性化、多元化的文化需求，群众可通过市场购买方式满足。基本性原则要求群众文化工作应积极提供属于基本文化需求的服务，确保服务质量，保证群众满意度，同时拓宽基本服务的范围，并坚持以免费方式提供，探索为非基本、个性化需求提供合理、优惠的有偿服务方式。

5.便利性原则

该原则强调要在建设群众文化设施、提供群众文化信息、组织群众文化活动、提供群众文化服务等方面，为人民群众提供便利。

便利性原则要求群众文化服务应当是近距离的、频繁的和易于获取的。这一原则涉及四个主要方面：首先，群众文化设施应布局合理，便于群众就近参与，节省时间和路程；其次，群众文化信息应快捷、畅通，便于群众及时获取和查询；再次，群众文化活动应安排得当，使群众可以随心参与，频繁进行；最后，群众文化服务程序应简便，便于群众轻松获取和自由选择。便利性原则不仅是以人为本原则的具体体现，也是实现公益性和公平性原则的基础和条件。

在群众文化工作中实施便利性原则体现为：新建群众文化设施应选择交通便利、人口密集的地点，方便群众集聚和快速疏散；构建以服务半径为标准的群众文化服务圈，合理延长群众文化设施的开放时间，确保群众享受到充足的群众文化服务；推进文化服务下乡、进社区、进基层活动，为群众提供灵活多样和便捷的服务；充分利用现代信息技术手段，通过网络、电子、影像、数字化等技术向群众提供服务；加强群众文化资源的收集和整理，提高远程服务能力和使用效率；关注特殊群体的文化服务需求，为残疾人和老幼群体提供便捷、无障碍的服务通道。

（二）群众文化工作要遵循群众文化的规律

1. 群众文化需求与满足群众需求存在矛盾的规律

群众文化的多样性是其显著的特征，体现了人们对群众文化需求的多样化。群众文化的多样性主要表现在服务内容的丰富性和服务方式的多样性。

在服务内容方面，群众文化活动的多样性体现在：包含文学、音乐、舞蹈、戏剧、美术等多种丰富的文化活动样式；包括创作、表演、展览、培训、观赏等多种活动类型；不同形态如城市、农村、企业、校园、家庭等多种群众文化的展现；以及由不同民族、地区、行业、年龄等因素所形成的具有特色的群众文化。这些多样性为满足群众不同的文化需求提供了可能。

在服务方式方面，群众文化的多样性表现在：供给方式的多样化，包括政府购买服务、群众文化机构提供服务、志愿服务、民间组织自发提供等；服务手段的多样化，如场所服务、广场及公园活动、送文化下基层、特殊群体服务等；数字和网络技术手段的多样化，包括数字广播电视信息平台、数字电影放映网络系统、网上展览、网上剧场和群众文化活动的远程指导等。

正因为群众文化具有这种多样性，人们对群众文化的需求也在不断变化且日益增长。随着对文化重要性的认识不断提高和科技的迅猛发展，群众文化在满足人民需求方面取得了显著进步，但面对群众日益增长且更加丰富多样的文化需求，实现和适应这种需求的动态变化还有很长的路要走。这种需求与实现之间的矛盾是群众文化发展的一个基本规律。因此，群众文化事业只有通过不断丰富服务内容、改进服务方式，才能有效缓解这种需求与实现之间的矛盾，进而推动群众文化事业的持续发展。

2.群众文化与客观环境相互制约的规律

群众文化与其所依赖的客观环境紧密相关，包括自然环境、社会经济环境、文化环境、科技环境、政策环境和安全环境等多种因素，这些都极大地影响并制约着群众文化的发展。

自然环境是群众文化形式和内容存在的根基，它不仅决定了人们的生产和生活方式，还影响着人们对群众文化形式和内容的选择。社会经济环境则为群众文化提供了需求动力和物质基础，它直接影响到群众文化的发展水平、运行模式和社会地位，以及人们对群众文化的需求强度和实现这些需求的物质条件。文化环境是群众文化生态的基石，它塑造了群众文化的发展方向和价值取向。科技环境为群众文化提供了新技术的支持和物质保障，能够推动群众文化服务内容和方式的创新和多样化，提高人们参与群众文化活动的热情，并促进文化消费的活跃。政策环境为群众文化的健康发展提供了必要的制度保障，引导群众文化沿着正确的方向发展，确保群众能够获得基本的文化服务，同时为群众文化获取必要的资金、设备和人才提供支持。安全环境为群众文化活动提供了一个良好的空间，确保人们在一个和谐愉快的氛围中享受文化生活，保护人民的生命财产安全，并维护国家的文化信息和文化主权安全。

群众文化的发展同样对客观环境产生影响，一个健康发展的群众文化能够促进环境的优化，反之则可能导致环境恶化。因此，群众文化与客观环境之间存在着相互作用和制约的关系。群众文化工作应当遵循这些客观规律，任何忽视或违反这些规律的行为都可能对群众文化产生负面影响。

3.群众文化活动在群众文化诸要素中居于核心地位的规律

群众文化学认为群众文化是一种复杂的社会现象，包括群众文化活动、群众文化事业、群众文化工作、群众文化群体和群众文化理论等多个组成部分，其共同形成了一个完整的体系。在这一体系中，群众文化活动占据核心地位，其存在和发展决定着其他群众文化要素的存在和发展。

群众文化工作聚焦于群众文化活动的主要原因包括：

(1)群众文化活动是群众文化的基本表现形式

群众文化源于群众文化活动，这是人类最原始的文化形态。通过对群众文化活动的认识和管理，逐渐发展出了群众文化工作。因此，深入了解和研究群众文化活动的规律，是开展群众文化工作的基础。

(2)满足人民群众的基本文化需求

群众文化活动可以满足人们对知识、乐趣、健康、美和自我表达的需求，提供身心的放松和精神的愉悦。群众文化活动之所以能产生广泛的社会效应，是因为它内容丰富、形式多样，能与人们的心理需求和愿望相契合。

(3)提供受欢迎的娱乐方式

群众文化活动满足了人们对娱乐休闲、情感宣泄和审美体验的多样化和个性化需求，因而广受欢迎。随着科技的发展和高科技手段的应用，群众文化活动的吸引力进一步增强，成为群众喜爱的重要娱乐方式。

因此，将群众文化活动作为工作重点是群众文化的客观需求。围绕群众文化活动开展工作，旨在服务和促进人民群众文化生活的繁荣，是群众文化工作的关键。

4.寓教于乐的规律

寓教于乐体现了文化艺术的核心属性，揭示了文化艺术中包含的思想、观点、伦理和理念对人们进行潜移默化的影响与教化。在这里，“教”是目标，而“乐”是达到这一目标的手段，通过娱乐的方式来实现教育的目的。

这一概念展现了文化艺术本身的特殊影响力和独特魅力。从群众文化的视角看，娱乐是人们参与文化活动的直接动机。开展健康向上的群众文化活动能够对人们产生积极的影响，展示群众文化的教育功能，并在此过程中教育和启发参与者。

群众文化担负着传播社会主义精神文明、弘扬社会主义先进文化的重任。因此，群众文化活动应充分利用其娱乐的特性来实现教育人民的目标。在公共文化服务体系的大背景下，群众文化工作应将社会主义核心价值体系的普及融到群众文化活动中，充分发挥其在引导社会思潮、建设和谐文明社会风尚中的作用。

四、群众文化工作的新要求

（一）新的文化发展观对群众文化工作的新要求

新的文化发展观明确提出：要以人为本，经济、政治、文化、社会协调发展。文化越来越成为民族凝聚力和创造力的重要源泉，越来越成为综合国力竞争的重要因素，丰富精神文化生活越来越成为我国人民的热切愿望。

1. 推进群众文化的大发展大繁荣

新的文化发展观为群众文化工作提出了更广泛、更高层次和更创新的要求。运用这一新观念来推动群众文化的广泛繁荣是开展群众文化工作的基础。

新的文化发展观对群众文化工作的具体要求包括：坚持以人为本，紧密围绕满足人民日益增长的精神文化需求，确保群众能广泛享受免费或优惠的群众文化服务，更好地满足人民的多方面、多层次、多样化的文化需求；坚持改革和创新，打破阻碍群众文化发展的思想和体制束缚；重视城乡协调和可持续发展，加强农村和边远贫困地区的群众文化服务，缩小城乡及地区间的文化发展差距，特别是解决流动人口等特定群体的文化服务不足问题；合理处理基本文化需求与多样化文化需求的关系，有效整合主要文化阵地的作用与动员社会力量参与的关系，以及群众文化事业机构改革与发展的关系，力求在各方面都取得均衡发展；不断增强群众文化产品的生产与供给，提升质量，创造更多精品，提高群众文化服务的能力和水平，使人民群众共享文化改革和发展的成果。

2.推进群众文化思想观念创新

推进群众文化思想观念创新是开展群众文化工作的关键，这需要不断深化对群众文化发展的地位、方向、动力、思路、格局和目的的认识，并致力于解放和发展群众文化生产力。

从群众文化的角度出发，理解群众文化工作的地位和作用至关重要。应深刻认识到群众文化在构建公共文化服务体系中的地位与作用，视其为该体系建设的重要组成部分，并让其在系统中发挥主导作用。明确群众文化发展的方向，即坚持以社会主义先进文化为引导，采用健康向上的文化艺术来激励和感染人心，确保群众文化为社会进步和人民幸福服务。

认识群众文化发展的动力，强调与时俱进，创新思想，不断解放和提升群众文化的生产力。同时，理解群众文化发展的思路，即坚持其公益性特质，确保群众能够广泛享受文化建设和发展的成果。

此外，构建合适的群众文化发展格局也十分关键，这要求形成一个以政府为主导，以公益性群众文化事业单位为骨干，并鼓励全社会积极参与的发展模式，建立完备的群众文化服务网络。对于群众文化发展的目的，需要坚持以人为本的原则，创造丰富的精神文化产品，满足人民群众不断增长的精神文化需求，促进人的全面发展，为社会主义建设提供精神动力和智力支持。

总之，要有效推进群众文化工作，就必须更新观念，提高认识，确保这些观念和认识符合公共文化服务体系建设的要求，适应群众文化工作机制的发展变化。

3.推进群众文化工作的体制和机制创新

推动群众文化工作的体制和机制创新是确保群众文化事业适应市场经济和发展规律的关键。为了构建一个完善的公共文化服务体系，群众文化工作需要在体制上做出根本性的创新和改变。

第一，需要改革传统的文化资源配置方式，从依据部门、行政区划和行政层级向按服务人口需求配置资源转变。这样的改革可以打破部门之间、地区之间的壁垒，消除城乡文化服务的不均衡，建立一个体现公益性、基本性、均等性和便利性原则的群众文化服务网络。

第二，应改变单一机构独立运作的现状，形成一个由政府主导，群众文化服务机构为骨干，社会力量参与的新型群众文化运行机制。这样的机制应以公益性文化服务为主，同时辅以多方面、多层次、多样化的文化服务。

第三，需要改变服务范围狭窄的管理思路，强化面向社会、面向群众的服务意识，确保群众文化工作能够满足人民群众的基本文化需求。

第四，应改变过去缺乏规范、制度不严、有章不循的状态，通过制度创新来建立和完善与群众文化服务相适应的规章制度，培育一支责任心强、业务熟练、守纪律的群众文化工作队伍。

第五，改变面对发展困难时依赖“等、靠、要”的态度，摒弃不符合群众需求的旧有服务模式，积极探索适应新时代要求的群众文化服务新思路和新做法。

这些改变将从根本上优化群众文化工作的状态，确保群众文化系统在公共文化服务体系建设中更有效地发挥作用，真正实现其服务社会和满足人民群众日益增长的文化需求的目标。

（二）群众文化社会化对群众文化工作的新要求

市场经济条件下的群众文化与计划经济时期相比发生了很大的变化，其中的重要标志就是群众文化的社会化，主要表现在群众文化运行机制的社会化与群众文化服务供给方式的社会化。

1.群众文化运行机制的社会化

群众文化的运行机制已从事业单位内部的小循环转变为整个社会环境下的大循环，这极大地扩展了群众文化工作的视野。随着市场经济的不断发展及人民群众对文化的需求增加，群众文化运行机制的社会化表现得尤为明显，具体体现在社会文化机构积极参与群众文化服务，广泛利用社会文化资源以及社会资金的大量投入。在公共文化服务体系建设的大背景下，这种社会化特征愈发突出。

面对如何利用社会文化资源进行群众文化服务，以及如何引导和鼓励社会资金支持群众文化事业和服务机构的建设，成为群众文化工作的新挑战。一方面，我们需要认清群众文化运行机制社会化为群众文化带来的巨大利益，尤其是在提升群众文化服务质量、增强服务能力及满足群众多样化文化需求方面；另一方面，我们还需适应这种社会化带来的变化，确保这一变革符合群众文化的公益性特质和发展规律，最大限度地发挥运行机制变化的优势，促进群众文化事业的进一步发展。

2. 群众文化服务供给方式的社会化

群众文化服务供给方式的社会化是群众文化向社会化发展的重要体现。这主要表现在引入竞争机制，如通过政府购买服务、项目补贴等方式，从市场中采购群众文化服务；同时，政府也鼓励成立社会公共文化服务中介组织和多样的群众文化团体、机构来提供服务。这种供给方式的变革，打破了过去群众文化产品和服务主要由群众文化事业单位单一提供的局限，引入市场竞争机制，有效地解决了群众文化产品供需不平衡、服务质量不高的问题。

政府采购群众文化产品的方式通常是由文化和旅游部门或委托的群众文化机构，按照规定程序，以约定的方式向符合条件的社会文化组织或文化企业进行定向、定量购买。项目补贴则是政府部门通过资金补贴或奖励等方式向社会文化组织或文化企业采购群众文化产品。此外，还包括银行贷款担保、贷款贴息、减免税收等方式。但不论采用何种方式购买的群众文化产品，最终都应无偿提供给群众使用。

除了在生产环节采用市场购买的方式，群众文化服务的提供主体选择上也实行了市场化操作。除了传统的群众文化事业机构外，还积极鼓励社会力量成立公共文化服务的中介组织、各类群众文化团体和机构，共同承担提供群众文化服务的任务。这些公共文化服务中介组织作为文化市场的需求与供给双方的桥梁，发挥着促进交易、合理配置公共文化资源等重要作用。

因此，群众文化服务供给方式的社会化要求群众文化工作在政策制定、服务对象和服务方式等方面都要与市场经济的发展相适应，确保群众文化工作的现代化和社会化。

（三）群众文化需求的多方面、多层次、多样化对群众文化工作的新要求

多方面、多层次、多样化的群众文化需求，对群众文化工作提出的新要求主要体现在以下三个方面：

1.以提高服务质量作为工作的重点

随着社会进步和经济发展，人民群众的文化需求不断提升，特别是在构建公共文化服务体系的背景下，群众对精神文化生活的期待更是有了显著提高。因此，群众文化工作需要在解决文化服务供给不足的基础上，着重提升群众文化事业机构的服务能力，拓展服务领域，创新服务方式，改善服务条件，提高服务质量。

2.建立群众文化需求的反馈机制

随着群众文化需求的多样化，群众文化工作亟须强化对群众需求的研究，并建立有效的需求反馈机制，实施“按需定供”及“菜单式”服务方式。

以往的群众文化工作在研究群众需求方面存在一定的疏忽，现在必须改变这种状况，通过加强研究来深入了解群众的具体需求。近年来，一些省市的群众文化和旅游部门已开始针对本地区群众的文化生活需求进行系统调研，这些调研涉及文化设施、文化队伍、文化活动及服务方式等多个方面，收集了大量第一手资料。通过分析社会经济发展水平、群众的年龄结构、文化程度、收入等因素对文化需求的影响，这些调研为提供有效的群众文化服务提供了重要的数据支持，并为提升群众文化服务水平奠定了基础。

此外，群众文化工作还需要建立一个有利于供需双方信息沟通的平台，确立一个稳定且长效的群众文化需求反馈机制。这样可以

及时、有效地掌握不断变化的群众文化需求,并根据这些需求实施“按需定供”和“菜单式”等创新服务方式,更好地满足群众的文化生活需求。

3.提高群众文化工作信息的及时性和透明度

随着群众文化需求的多样化,提高群众文化工作信息的及时性和透明度变得尤为重要,以便群众能方便地获取并选择自己感兴趣的文化项目,从而满足他们的不同需求。群众文化需求的变化不仅体现在对群众文化服务内容的追求上,也反映在获取这些服务的方式上。为此,群众文化服务信息的提供形式和方法也需适应这种变化,具体体现在以下几个方面:

第一,向群众提供全面丰富的群众文化服务信息。这包括为群众文化活动提供易于理解的引导标识,比如文化场所的位置、活动区域的布局等,以帮助群众快速定位;提供详尽的服务信息,如活动项目、时间安排、规章制度及服务预告等,使群众能够及时参与并了解相关规定;提供设备设施的使用信息,标明使用方法和注意事项;以及必要的专门提示,如紧急联系电话、禁止事项、无障碍设施标识等。

第二,采用多样化的方式提供群众文化服务信息。这包括在显著位置设置固定的公告区域公布服务范围、内容、时间及服务承诺等基本信息;在容易被群众注意到的地方设置公告栏发布临时或变更信息,重要信息需提前公布;以及通过建立网站、电视台、电台等多种媒介公布信息,确保覆盖广泛的群众。

第三,确保群众获取文化信息的及时性、透明度和便利性。这意味着群众获取信息的途径应保持畅通无阻,速度要快捷;提供的信息应公开透明,内容准确详尽;同时,确保群众在获取信息后能够轻松选择、操作简单、易于掌握,从而提升群众的文化服务体验。

(四)政府职能转变对群众文化工作的新要求

1.加强对群众文化的宏观管理

各级政府需认真履行群众文化工作职责,包括转变职能、强化服务、改进管理、明确责任和提高效能，从而加强群众文化的宏观管理。历史上，政府在执行群众文化工作职责时，通常同时担任管理者、举办者和资源拥有者等多重角色，这导致了管理上的多种问题。在构建公共文化服务体系的大背景下，政府需要做出显著的改变，包括在职能分工上实现政事分开、管办分离，以及在管理实施上强化服务、提高效能，以更好地展现政府在群众文化工作中的宏观管理作用。

2. 政府应加强对群众文化的社会管理，支持各级各类文化单位开展群众文化服务

以往，政府在执行群众文化工作职责时，主要集中于管理群众文化事业机构和直接主办活动，而对广泛的社会群众文化工作管理较为疏忽。政府经常直接介入群众文化活动，并占用有限的群众文化资金，这在一定程度上削弱了其公共文化服务功能。因此，在公共文化服务体系的框架下，政府需要明确自己的群众文化工作职责，将重点转移到社会化群众文化管理上，积极支持和协助各级文化单位开展群众文化服务。

3. 建立群众文化事业单位的人、财、物保障机制和绩效评估机制

这要求文化主管部门和群众文化事业单位之间的关系要更加明确，管理职责具体化。群众文化事业单位在政府文化和旅游部门的指导下完成具体的群众文化服务任务。关系理顺的核心是确保群众文化事业单位的运营效率和管理科学，具体包括增强设施建设，改善服务设备；完善管理政策法规，制定发展规划；加强经费投入，确保人力、财力和物资的充足供应；明确机构功能定位，完善管理和服务标准；强化监督检查，完善绩效考核机制。这些措施旨在提升群众文化事业单位的服务能力和管理水平，更好地满足群众的文化需求。

（五）数字和网络技术的应用对群众文化工作的新要求

1. 促进数字和网络技术在群众文化服务领域的应用

促进数字和网络技术在群众文化服务领域的应用是当前群众文化工作的一项重要任务。21 世纪已经迈入数字化、网络化时代，数字

网络技术的发展改变了人们的生活方式，也推动了服务方式的更新。将数字和网络技术应用于群众文化实践工作，对于更新群众文化服务方式、提升群众文化服务能力具有重要意义。在公共文化服务体系建设的大背景下，加速数字和网络技术在群众文化服务领域的应用已成为当务之急。

2.加强数字群众文化的惠民服务

加强数字群众文化的惠民服务是当前的重点任务之一。以现代信息技术为支撑，以群众文化资源建设为重点，实施“公共电子阅览室建设计划”，加强数字群众文化的惠民服务，提升群众文化事业机构的服务能力。现代信息技术已广泛渗透到人们的生活、学习和工作中。充分利用现代信息技术改进群众文化工作方式、提高群众文化服务能力具有重要意义。作为专门从事群众文化服务的机构，可以利用群众文化资源制作数字化产品，拓展“公共电子阅览室”的服务范围，满足群众的查询、鉴赏和应用需求，同时提升艺术档案建设水平。

3.构建数字群众文化服务网

以文化共享工程为基础构建数字群众文化服务网络，是当前的重要任务。文化共享工程利用现代信息技术对各类文化信息资源进行数字化处理和整合，通过覆盖全国的文化信息网络进行传输，实现优秀文化信息资源的共建共享。这一工程是国家确定的重点文化建设项目之一，以基层站点和数字资源为核心，以多种传播方式为手段，促进文化信息在全国范围内的传播和共享。

构建数字群众文化服务网络以文化共享工程为基础，具有现实基础和广阔发展前景。它有助于升级群众文化服务手段，改善群众文化服务设备，丰富基层群众的文化娱乐生活，传播优秀文化艺术作品。在数字网络技术不断进步的背景下，应注重发展和传播健康向上的网络群众文化，使之成为传播社会主义先进文化的新途径、群众文化服务的新平台、精神文化生活的新空间。

第二章　群众文化的多样化展现

第一节　城市、乡镇与农村群众文化

一、城市群众文化

（一）城市群众文化的含义

城市群众文化的发展，不仅仅是城市化进程的副产品，更是推动城市社会进步和文明升级的重要动力。随着城市规模的不断扩大和人口结构的日益多元化，城市群众文化的内涵和表现形式也随之丰富多样。它不仅涵盖了传统民俗文化、地方特色艺术的传承与创新，而且还吸纳了现代流行文化、国际文化交流的成果，形成了独特的城市文化景观。公园、广场、社区文化中心、图书馆、博物馆、艺术画廊和剧院等公共空间成为城市群众文化活动的主要场所，不仅提供了丰富的文化消费选项，也成为居民休闲、学习和社交的重要平台。

城市群众文化的繁荣，还促进了文化产业的兴盛。创意市集、街头艺术、音乐节、电影节、艺术展览等新兴文化活动的兴起，不仅丰富了市民的精神生活，也带动了地方经济的增长，创造出大量的就业机会。政府和社会各界对城市文化建设的重视，通过资金支持、政策引导和平台搭建，进一步激发了群众参与文化活动的热情，促进了文化创新和多样性的发展。

值得注意的是，城市群众文化的发展还需面对如何保持文化生态平衡、防止文化同质化等挑战。在鼓励创新和开放交流的同时，也要注重保护和传承本土文化，维护文化多样性，确保城市文化的可持续发展。通过数字化手段记录和传播传统文化，以及开展跨文化交流项目，可以有效促进不同文化背景人群的理解与融合，构建和谐共融的城市文化生态，让城市群众文化成为推动社会进步和增强城市软实力的重要力量。

（二）中国城市群众文化的基本特征

城市每时每刻都在孕育着人类的文化成果，而人类的文化成果又大大加快了城市社会的发展。因此，城市群众文化对城市新的政治体制、制度规范、价值观念、文化行为，以及科学技术的产生与发展有着重大的影响，其结果是使城市群众文化表现出整合性、开放性、层次性的基本特征。

1.整合性

在中国城市的群众文化场景中，其社区构成呈现出多样性，涵盖了干部、职员、工人、教育工作者、学生、商业与工业经营者以及外来务工人员等群体。这些来自不同职业、拥有各自兴趣爱好的人群，对城市群众文化提出了更高的要求，即文化活动需超越简单的物质满足层次，以主动且具有自我意识的形态存在，积极促进新经济体系与秩序的完善，而不仅仅是被动适应或提供单一服务。其内容应体现出多元化特性，融合娱乐性、知识性、审美性等，形成综合性体验，旨在通过富有时代感的艺术和娱乐活动，让城市居民按个人偏好选择文化消费，从而有导向性地引领文化消费趋势，符合群众文化运动的发展规律。

城市群众通过参与这些文化生活，不仅享受到丰富健康的文化盛宴，还能在多维度上满足个人的文化需求。尤为重要的是，富含知识性的城市群众文化活动在提升市民科学文化素养、增长智慧、培养高尚情操及增强社区归属感等方面发挥着积极作用，构建了群众与文化之间相互促进、促进城市社会发展的正向整合效应。简而言之，城市群众文化旨在利用文化活动中的凝聚意识，通过多样的传播方式，协调个体生活与外部环境的变化，增强人们的都市认同感，这一过程不可逆转，深刻体现了城市群众文化在推动社会进步中的整合价值。

2.开放性

开放性特征于城市群众文化而言，可从两个维度解析。首先，城市在硬件与软件的群众文化基础架构中，构建了完善的自调节机制，确保文化活动的健康循环，并配套了系统化的组织体系。此体系涵盖了各级文化馆、社区文化站点，以及工会、共青团、教育机构和军事单位设立的各类文化场所，形成了交织互联的网络，这些实体不仅是文化活动的物质依托，也代表了高标准、高质量的承诺。它们在汲取城市文化特色的同时，还需灵活调整策略，以增强对市民的吸引力和影响力。

其次，城市具备了结构优良、配置合理的物质资源基础，体现于四方面：一是城市经济实力雄厚，人力、物力、财力充沛；二是生产力水平先进，即使是传统因素经现代化转型后亦超越农业生产力，这包括工具、土地利用、交通、自然与原料资源的高效利用，以及高技能、高知识水平的人力资源和科技辅助的管理；三是经济效率高，即投入产出比优化；四是形成了适应市场机制，平衡供需，彰显出现代城市生产力的开放特质。基于此，城市群众文化在形式上展现出与物质文明并驾齐驱的开放发展趋势。现代城市生产力的演进，将持续革新文化形式、内容及活动，预示着城市群众文化的未来将拓展至更宽广的领域，而那些受欢迎的、健康向上的、新颖有趣的活动形式，将随需求激增而更加蓬勃兴盛。

3.层次性

在现代社会大生产和市场经济环境下，城市群众文化活动被赋予了新的内涵，成为科技创新与文化教育交流、传播及竞争的综合体现，其覆盖面与意义深远扩展。城市因其高度的多样性特征，要求群众文化活动在策划与执行时必须充分考虑到参与者的职业差异与知识结构，通过多元化且针对性强的策略来满足不同层次的需求。这样做不仅促进了城市群众文化向更广阔领域的探索，也加深了我们对文化活动主体特性的理解和掌握。简而言之，精准对接城市多元群体的多元化需求，是推动群众文化活动有效开展并迈向新高度的关键，同时强化了对文化参与主体多维度认知的精准性。

（三）城市群众文化的特殊作用

城市群众文化是城市现代化进程的镜像，映射出高效基础设施、卓越管理、优质环境、高度社会协同与高尚艺术氛围的追求。其独特作用主要表现在两方面：

1.推进城市文明发展，巩固文化中心地位

城市群众文化作为社会生活的重要组成部分，不仅丰富了市民的精神世界，还成为推动社会发展不可或缺的力量。在实践中，它深深扎根于民间，依托社区、企事业单位、非政府组织等多元社会力量，共同培育文化创新与传承的土壤。通过举办各类文化节、艺术展览、民俗活动及公益讲座，不仅激发了民众的文化创造力，还促进了不同社会群体间的交流与融合，增强了社会的凝聚力和向心力。

城市群众文化的蓬勃发展，是城市软实力提升的关键一环。它不仅仅是城市面貌美化和经济指标增长的伴生物，更是推动城市文明深层次变革的内在动力。在促进物质文明发展的同时，群众文化活动引领价值观念的现代化转型，倡导社会公正、环保意识和人文关怀，为生产关系的优化和社会结构的调整提供了丰富的思想资源。

在意识形态领域内，城市群众文化更是扮演着思想启蒙与引领的角色。通过舞台剧目、文学创作、新媒体艺术等形式，传递时代精神与正能量，提升公众的文化鉴赏力与道德情操，使先进文化理念深入人心，为构建学习型社会、促进人的全面发展奠定了坚实基础。这样的文化生态，不仅让城市成为创意与智慧的孵化器，更提升了其作为区域乃至国际文化交流中心的吸引力和影响力，为城市的可持续发展注入了不竭的文化动力。

2.满足居民文化需求，提升文化素养

城市群众文化以其独特的优势，成为连接历史与现代、传统与创新的桥梁。在高楼林立、节奏快速的都市环境中，它以更加开放和包容的姿态，接纳来自全球各地的文化元素，融合现代科技与地方特色，创造出既有深度又具广度的文化产品。从街头艺术到高雅音乐厅，从线上虚拟展览到线下互动体验，活动形式多样，内容新颖，不仅满足了不同年龄层、不同文化背景城市居民的个性化需求，还促进了文化消费市场的繁荣，带动了相关文化产业的发展。

城市群众文化活动通过教育性、娱乐性并重的方式，不仅普及了基础知识和技能，还提高了居民的艺术鉴赏能力和文化自觉性。比如，通过公共图书馆的阅读推广、社区艺术工作坊、历史文化街区的复兴项目等，既保存了珍贵的文化遗产，又激发了居民对本土文化的自豪感和归属感，增强了社会的文化认同与凝聚力。

尤为重要的是，城市群众文化在促进社会创新、提升城市竞争力方面展现出巨大潜力。它鼓励居民参与文化创造，利用城市丰富的资源进行跨界合作，催生出许多新产业、新业态、新模式，如文化创意园区、数字文化产业集群等，这些都为城市经济增长注入了新的活力，同时也为解决就业、促进社会和谐提供了有效途径。

综上所述，城市群众文化不仅丰富了城市居民的精神生活，更是推动城市全面发展的重要引擎，它在提升城市文化软实力、促进经济社会转型升级方面发挥着不可估量的作用。通过持续的创新与实践，城市群众文化正逐步构建一个知识共享、文化共荣、和谐共生的城市文明新图景。

二、乡镇群众文化

随着国民经济的持续增长，人们不再仅仅满足于物质生活的富足，转而追求精神世界的充实与丰富，这使得文化产业在社会发展中的地位日益凸显。乡镇群众文化作为国家精神文明建设的基石，对于提升乡镇居民的综合素质、营造和谐宜居的生活环境、促进社会整体文明进步具有不可估量的价值。

(一)乡镇群众文化的含义及其形成

1. 乡镇群众文化的含义

乡镇群众文化是指在城乡接合地带的乡镇行政区划内形成的独特文化现象,它融合了非农与农业居民的文化需求,并在吸收城市文化影响的基础上发展起来,展现了特定的社会文化特征。其构建要素包含以下四个方面:

(1)城乡桥梁角色

乡镇位于城市与农村的过渡区域,扮演着物质与文化交流的纽带角色,促进城乡文化互动与融合。

(2)混合人口结构

乡镇人口构成复杂,包含固定居住者与流动人口,显示出农村剩余劳动力转移的多样性,这种结构凸显了与农业社会的紧密联系。

(3)经济自主性

乡镇经济多依赖于农村集体积累和农民投资,企业享有较大的自主权,能灵活应对市场,促进快速成长,体现了经济独立性和市场适应性。

(4)城乡融合的生活方式

乡镇文化是城市与农村文化的交汇点,既保留农村文化的底蕴,又吸纳城市文化的元素,形成独特的文化体系。居民虽然大多源自农村,但在现代化生产和城市文化的双重影响下,逐渐调整和采纳城市生活方式,这种文化的"转译"过程对推动城市文明向农村传播具有重要意义。

2. 乡镇群众文化的形成

乡镇群众文化的孕育与形成,与其母体——乡镇的形成与发展息息相关。乡镇,又常被称作小城镇,是人口集中且承载非农业活动的重要聚居地,历史悠久,其雏形可追溯至六千多年前集市的兴起。在中国,乡镇的足迹同样古老,春秋时期的集市已颇具规模,至秦汉时期更为繁荣，东晋南朝时集市遍地开花，逐步孕育出镇的雏形。集市周边因其规模与交通便利的因素，渐成商业住宿中心，吸引工商业者定居，形成多功能聚居地。

20世纪50年代以后，乡镇伴随农村经济的勃兴，转型为集工商、交通、建设、服务、教育、卫生于一体的农村发展核心。在行政框架下，中国乡镇分为建制镇与普通乡镇两类，按区域功能又可细分：一为县城镇，居全县心脏地带，交通要塞，政治、经济、文化中枢；二为中心镇，县内次级中心，交通便捷，承担周边乡镇服务重任，规模、经济、商业超越一般乡镇；三为一般乡镇，乡之中心，具备基础服务功能，但在人口、经济规模与服务辐射力上略逊色于中心镇。

乡镇的发展拓宽了群众文化的实践舞台，充实了文化内涵，催生了乡镇群众文化这一新型文化形态，它是城镇化进程中的独特文化印记，反映着城乡融合与地方特色的文化生态。

（二）中国乡镇群众文化的基本特征

鉴于各国在规模经济与产业集聚方向上的差异，乡镇化进程及其所孕育的群众文化模式也展现出多样性。中国乡镇群众文化独树一帜，既蕴含普遍共性，又不乏其特殊性，其建设方针强调开放性激活、积极引导与服务群众，兼顾供需双方利益，旨在实现共赢。其建设原则遵循多元化体制、多渠道供应、多层级并举、多种形式并存，确保了文化服务的广泛覆盖与深度渗透。

繁荣乡镇群众文化事业的关键路径在于，有规划地平衡发展国营、集体运营与私营的群众文化项目，科学组织、系统化推进各类形态的群众文化活动，这不仅丰富了文化生活，也促进了文化生态的活跃与进步。简而言之，中国乡镇群众文化的发展策略重视灵活性、包容性与实效性，通过多维度的推进方式，有效促进了文化活动的普及与质量提升。因此，中国乡镇群众文化的基本特征，主要表现在结构性、延伸性和目标性上。

1.结构性

乡镇群众文化展现了一种特有的主客体间相互依存与互助的动态模式，这一模式具有清晰的结构特征，主要分为两大类别：纵向型与横向型。

纵向型结构通常较为单一，直接与群众文化艺术活动紧密相连，体现为一个组织严密的文化实体，其人力资源、财务和物资集中在同一运作点。在中国乡镇群众文化环境中，纵向型结构分化为两种情形：一种由乡镇政府直接管理的文化站、文化科技咨询服务站等，直接与群众文化核心环节相联系；另一种是农民文化馆或文化中心站，作为独立、全面的文化实体，内部配备图书阅览室、剧场、民间剧团等多元文化艺术部门，实行集中管理。

横向型结构则是一种广义的文化聚合体，集成了多种文化科技设施，教育、卫生、体育及文化艺术资源。在较大的乡镇，常设有文化站、农业科技站、广播站、电影院、体育场馆、学校、医院、工艺美术企业及各类业余文化体育组织等。这些实体各自独立，来源多样，既有国家、地方政府、乡镇级别的，也有集体和个人创办的，还有企事业单位和群众自发组织的。它们分散于各独立单元，通常不相交集，但在举办大型文化活动时，会通过政府协调或统一规划安排实现合作。

综上所述，这两种结构模式在中国乡镇群众文化中并行不悖，共同构成了丰富的文化生态体系。

2.延伸性

中国乡镇群众文化的一大特点是其综合性和社会参与的广泛性，体现在地方政府领导下，以社会主义核心价值观为导向，融合教育、科技、卫生、文化产业、专业及业余艺术活动于一体，并且延伸至政治宣传、科普教育、广播影视、自然科学等领域，成为乡镇文化发展的综合性基地。服务内容涵盖了文化普及，科技、卫生、信息技术教育，广播电视知识传授，以回应乡镇及农村地区居民的文化娱乐需求，提升他们的科技素养、文化水平及健康状况，推动乡镇的现代化文明进程。为确保服务实效，乡镇群众文化积极向其他社会机构拓展，促进主体与客体间的深度融合、互动协作，形成互补合力。

3. 目标性

不论乡镇规模大小，随着经济发展的加快，其文化设施逐步完善，促使文化设施建设的目标性日益明确。首先，旨在激发集体与个人参与文化设施投资的积极性，国家通过加大对文化设施的投入，激励集体与个人参与，促进文化硬件建设。其次，有目的地调整文化设施投资比例，通过优惠政策引导，文化部门规划布局，控制建设规模与投资，确保设施与文化活动相匹配，高效利用资金。再次，建立健全管理机制，涵盖使用、扶持与秩序维护等，确保文化设施高效运行，实现服务与自身发展，社会效益与经济效益的双赢。最后，目标性要求具体化，通过系统化构建形式、内容、活动与设施，形成运行体系，提升乡镇的文化素养、道德水平，与现代文化趋势同步，最终实现乡镇人际关系的全面优化。

（三）中国乡镇群众文化的特殊作用

乡镇群众文化在农村文化建设中扮演着至关重要的推动角色，以乡镇为基点，融合政府主导、集体参与及个人力量，通过多彩的文化活动，不仅满足乡镇居民对新鲜、美学、知识和娱乐的追求，还通过其辐射效应，引领和示范，逐步改变周边农村的思想观念和生活习惯。中国乡镇群众文化在农村文化建设中的特殊贡献主要体现在以下几点：

1. 基础设施建设加速农村文化发展

乡镇群众文化的基础建设，包括硬件（如文化设施的实体投入）与软件（如文化团队组织、活动体系）建设，这些是农村文化建设的有力支撑。它们为农村打开新视野，扩展思路，培养文化意识，提供物质基础，是农村文化事业向前迈进的必备条件。

2.文化参与意识营造积极氛围

乡镇作为市场、文化教育的交汇点，乡镇居民文化参与意识活跃，无论是直接参与政府、集体组织的活动还是家庭自发动的文化活动，这种活跃度和前沿性都引领了农村文化转型：从单一走向多元、从简单娱乐到德智体美综合、从村级局部到乡镇带动村级俱乐部强化，形成全方位的农村文化发展态势。

3.丰富活动引领文化建设方向

乡镇中，官方与自发文化活动的交融，改变生活模式，形成文化“引力场”。政府的规划、文化部门的综合施策、活动的导向，尤其是面向农村，提高了文化活动的吸引力和社会性，引导农村居民对文化建设的兴趣与认识，认识到文化活动的健康、多样性是社会进步的标志，是劳动热情的催化剂，是生产力提升的有效通道。

三、农村群众文化

农村群众文化活动对于提升农民的文化素质和思想境界，以及推动农村文化建设具有重要意义。这些活动不仅是个人行为的集合，更是群体的展现，是历史长河中人类社会发展的一项成果，有助于整合和提升农村群体的综合素质，促进农民内在修养与外在行为的拓展。农村群众文化活动的优劣，直接影响到广大农民的根本福祉，而其进步亦能驱动整个社会文明的前行。

（一）农村群众文化的含义及其形成

1.农村群众文化的含义

农村群众文化是农村社区内成员在农业生产实践中形成的特有社会性文化现象。作为群众文化的一个分支，它具备一套独特且独立的结构特征，具体体现在五个关键要素上：

（1）人群组织基础

以农业生产为核心，结合特定的社会关系纽带，构建出一定规模的、主动参与文化活动的社群，这些群体通过农业活动紧密相连。

(2)活动地域与场所

确定的农村区域或指定的文化活动空间，作为农民聚集的场所，为文化活动提供实际的物理环境。

(3)服务设施体系

建立起一套相对完善的设施系统，旨在满足农民基本精神生活需求，这些文化生活服务设施是基础。

(4)制度与组织机构

一系列相互配合的制度和管理机制，设计用于满足农民文化生活的需要，成为农村群众文化调控的重要手段。

(5)文化认同与归属

农民在文化消费上的情感认同与心理归属感，体现了他们对农村群众文化的内在接受与依附感。

理解这些要素时，需注意到它们之间的相互作用和集成关系：人群是文化活动的主体；地域与设施构成了物质支撑；制度与机构是调控机制；文化认同与归属反映互动性，这些共同构成了农村群众文化生态的综合画面。

2. 农村群众文化的形成

我国，作为一个发展中的农业大国，其农村群众文化与农业生产力之间的协同发展，展示了典型的模式和深刻的意义。

初期阶段，我国农业生产力根植于传统的自给自足小农经济，这一时期农村群众文化特点鲜明，与较低的经济发展水平相匹配，表现出明显的自发性和局限性。农民依赖简陋的生产方式，文化活动受限于地域性和季节性，反映出封闭落后状态，与经济基础的不发达状态相一致。

进入 20 世纪 80 年代以来，随着家庭联产承包责任制的实施，我国农村迎来转折点。这一政策变革打破了旧有的人民公社体制，推动了乡镇企业的兴起，促进了农村经济结构的多元化和现代化。农民从土地束缚中得到解放，剩余劳动力得到有效转移，农村经济活力显著增强，逐步融入国家乃至全球经济体系中。这一系列变化加速了农业现代化步伐，同时深刻影响了农民的思想观念和行为模式，促使农民开始追求科技应用和文化教育，不再仅仅满足于基本的物质生活需求。

在此进程中，社会主义生产关系的调整优化不仅破除了农民的传统保守思想，还极大地激发了农业生产力，促使农民主动采用现代科技手段提升生产效率。农村经济的全面发展为农村群众文化的繁荣提供了坚实的物质基础，形成了一个良性循环：农业生产力的提升促进经济结构变化，进而带动农民文化需求的增长和文化生活的丰富，而更加活跃的农村群众文化又为农业发展注入新动力，促进农民整体素质和社会文明程度的提高。

综上所述，我国农村群众文化的发展与农业生产力的进步相互促进、相辅相成，农业地域的经济转型与新兴农业人群的形成，为农村群众文化的兴盛创造了必要条件，展现了农业现代化与文化建设协调并进的独特路径。

（二）农村群众文化的基本特征

农村群众文化是农业地域内社会性文化活动和人际关系的集结，所以，不同的聚落形态对农民群众的文化需求有不同的影响。那么，分析和归纳农村群众文化的基本特征，应该首先了解农业地域的一般类型和特点。

1. 农业地域的一般类型和特点

农业地域的分类和特征描绘了人类与自然环境相互作用下形成的各种农业生态系统和社会结构。从经济活动内容来看，农业地域的划分不仅反映了人类对自然资源的依赖与利用方式，还体现了经济发展的历史进程与社会变迁。传统的农村以种植业为主，山村则侧重林业资源的开发与利用，牧村专注于畜牧业，渔村则依赖于水域资源，而市场经济下的专业性经济村则代表了农业向专业化、商业化转型的趋势，如花卉村、果蔬种植基地等，它们往往依托特定的市场需求和优势资源，形成高效的产业链。

在聚落形态上，农业地域展现了人类居住与自然环境的适应策略。散村形态往往出现在地广人稀、地形复杂的地区，农舍散布于田间地头，体现了分散式生活的灵活性。路村和沿河村则利用交通便利，便于物资交换和居民往来的条件，促进了村落的线性延伸。团村则更多地出现在土地平旷、便于集中规划的区域，其规模性和有序性不仅便于管理，也有利于农业生产和生活设施的共享，反映了较高程度的社会组织能力。

2.农村群众文化的特征分析

根据农业地域的一般类型和特点，农村群众文化呈现出归属性、直观性、季节性的基本特征。

(1)归属性

农村群众文化旨在通过恰当的表现形式服务农民，而农民在接纳这些文化时会经历一个从逐步吸收到内化的过程。这一过程要求农村文化在面对同质性高的受众时，要选取适宜的形式和内容，确保农民能够接受并理解。

在发展中国家的农业地域，农村群众文化与农民之间的互动关系体现在：文化内容上紧密联系实际，关注政治、经济、文化现状及农民关切的问题；形式上采用朴素、通俗的方式，触动农民情感，建立情感共鸣，形成环形接受模式，增强归属感。同时，农村文化在塑造时需结合地域特色，注重实践性，作为意识形态的传播媒介，农村文化展现出强大的影响力与导向力，需制定科学策略，促进文化传播。

(2)直观性

任何事物都具备形式与内容的双重属性，且在稳定状态下要求形式与内容的和谐统一。然而，事物在发展过程中常常呈现复杂性，形式与内容的关系体现为：一是外在的、非本质的间接形式；二是内在的、与内容紧密相关的本质形式。形式与内容的界限并非固定，特定情境下，一事物的形式可转变为另一事物的内容，反映了内容与形式在事物发展中相互转化的辩证法。农村群众文化同样遵循这一规律，其内容与形式设计倾向于满足农民的精神需求，保有直观性特点，并在必要时通过人为创造或自然传承维持这种直观性。

社会发展的渐进性导致农民对文化的接受和反馈常与经济现状相匹配，农村群众文化在展现直观性时，需智慧地调整内容，采用形象化手法增强视觉与听觉效果，使文化易于理解。部分直观性源于传统，如富有民族特色的农村文化景观，因历史沉淀和广泛认知，成为农民所爱好的直观表现，即便形式多变，直观性依然能为新内容增添维度，有时虽看似偶然，却在农村群众文化中形成了稳定的直观性基础，成为其特色之一。

(3)季节性

农村群众在长期与自然的斗争中，形成了特定的日常生活习惯，这些习惯与土地利用、作物种植周期及气候变化紧密相连。在农业生产与文化活动的选择上，农民往往优先考虑前者，视其为主要任务，文化活动则退居其次。农业活动的周期性决定了农民文化活动的时间安排，呈现出与耕作相似的季节性特征，这是农村文化发展的自然规律。违背这一规律，即便是内容真实新颖的文化活动也会因参与度低而难以达到预期效果。因此，强调季节性意味着尊重农村文化特性，体现了文化活动的地域性和科学性。实践证实，农闲时节和传统节庆期间开展农村文化活动成效显著，因为这时农民有更多时间寻求精神放松和文化娱乐。这些时段，农民的精神状态更为轻松，文化活动参与度高，文化娱乐空间拓宽。丰收时庆祝，灾难时鼓舞士气，季节性如同坐标轴，有序分布于农村文化活动中，标示着活动的规模、强度和时间跨度。总之，季节性不仅贯穿于农村文化，也是其存在与价值认同的重要标志。

(三)农村群众文化的特殊作用

农村群众文化作为农业地域社会意识形态的直接反映,确实映照出该地域社会历史阶段经济基础的特性。确切地说,农村群众文化是在特定的农村社会政治、经济和文化环境的框架内孕育和成熟起来的,同时,它也反作用于这些社会结构,推动其从初级形态向更高级阶段演变。因此,我们可以断言,农村群众文化在农业现代化进程中扮演着不可或缺的促进角色,其不仅反映发展现状,更催化着农村社会、经济与文化的全面进步,共同迈向更高层次的发展水平。

1.具有提高农民群众的思想觉悟,使他们进一步摆脱愚昧落后状态的作用

我国是一个地域辽阔的农业大国,面临着人口众多、资源相对匮乏、经济基础薄弱、科学文化发展不均衡等挑战,且地区间差异显著。要实现从传统农业向现代农业的跨越,构建起以现代化工具、科技和管理方法为支撑的生产体系,提升农民的文化素质是关键。在此过程中,农村群众文化扮演着重要角色,应着眼于智力投资,着重于农业教育的推广与应用,培养适应现代农业发展需求的技术和管理人才。

2.具有提高农业生产社会化程度,发展农业生产力的作用

自20世纪80年代末以来,中国农村社会结构经历了深刻变革,以引入市场经济和提升农业生产效益为核心目标。这场变革推动了农业生态系统的改善,提高了土地生产效率,并致力于大幅提高农业劳动生产率。农业经济结构调整逐步确立了专业化与综合发展的模式,农民日益认识到农业生产社会化的关键作用与现代农业发展的重要性。农村群众活动的扩展为农村文化带来了新内容,活动开展需明确指出提升农业生产社会化的方向。

随着现代农业体系的成熟,机械化工具广泛普及,有机与传统农

业加速结合，促使农业劳动力向其他行业流动，解决了剩余劳动力问题。这些正面变化促使农村群众文化深入到农业专业生产的各环节及农村市场经济的发展中。

然而，我们必须认识到农村群众文化的发展受多种因素影响，不能脱离农村物质基础而孤立存在。从量变到质变的辩证角度分析，农村群众文化在推动农业社会化和生产力提升中的作用可能是间接的、潜在的，更多体现为文化意识的传播，其效果非即时显现，而是隐性的。这意味着农村群众文化的影响虽非直观，而是在潜移默化地影响着农业社会化的进程和农村经济的发展。

3. 具有发挥自娱性文化的优势，活跃和丰富农村群众文化的作用

农村群众文化独具特色，它包含了农民广泛认同的艺术普及自娱性质，对农民群众的文化艺术活动具有特别的促进作用。在发展的历程中，农村群众文化形成了一条清晰的发展轨迹，深深嵌入农民的生活方式，成为不可或缺的一部分。农民不仅仅是被动的接受者，更是积极的参与者，他们自由地融入各式文化活动中，享受着地域文化的丰富多样性。

农村文化艺术活动因其具有情感表达直接、放松性等特性，为了平衡物质与精神的双重需求，农民群众尤为重视文化活动在缓解疲劳、恢复体力上的实际效用。无论从活动的发起者还是参与者，他们致力于农村群众文化繁荣的目标是一致的，即通过文化活动提升生活质量，增进身心健康，实现文化与社会的和谐发展。

第二节　家庭、校园与企业群众文化

一、家庭群众文化

家庭，作为社会的基本组成单元，是群众文化建设的关键一环，其健康与否直接映射出社会文化的整体面貌。家庭文化的受众是家庭内的每一个成员，这些成员间通过独一无二的婚姻或血缘纽带联结，形成以亲情为桥梁的亲密无间群体。这种基于深厚情感的关系网，使得家庭内部互动频繁且细腻，家庭文化也因此蕴含丰富，层次深邃，远超寻常。简而言之，家庭文化在细微之处彰显社会文化的底色，其质量直接影响社会文化的整体构造与深度。

（一）家庭群众文化的含义及其特点

1. 家庭群众文化的含义

家庭群众文化，作为社会文化的一个温馨角落，是指在家庭这一基本社会单位内部，家庭成员利用各自的闲暇时间，共同参与的一系列文化娱乐活动。这些活动不仅限于观看电视节目、电影、听音乐，还包括共同阅读、手工艺制作、烹饪实验、园艺栽培、家庭旅行、体育运动、亲子游戏等多种形式。家庭群众文化的核心价值在于其能够营造出一个充满爱与理解的家庭氛围，促进家庭成员之间的情感交流和相互理解，加深血缘与情感的联结。

在现代社会快节奏的生活中，家庭群众文化显得尤为重要。它作为一种减压阀，帮助家庭成员从日常生活的压力中抽离出来，享受家庭生活的乐趣，共同创造美好回忆。通过这些活动，父母可以向子女传授生活技能和价值观，如责任感、团队合作、创造力和坚持不懈，同时，孩子们也能在这个过程中学习到如何表达自己，增强自信心和社交能力。

2. 家庭群众文化的特点

家庭作为社会的基本生活单元，不仅反映了经济基础的特征，也体现了社会上层建筑的特性，与整个社会形态特别是经济基础保持着内在且紧密的联系。家庭的功能、性质、结构以及与其相伴随的伦理、法律、文化观念，均随生产方式的变化而演进。

家庭与群众文化之间的密切联系，从社会上层建筑的角度看，体现得尤为明显。群众文化具有广泛的群众基础，跨越年龄、性别、教育、社会地位等差异，人们普遍追求文化生活，尤其是在劳动之余，渴求轻松愉悦的文化活动以调适生活，满足精神需求。家庭作为一个单位，既参与社会性文化创造，也满足成员自娱自教。家庭生活的两大要素——物质生活与精神生活，不论家庭规模与类型，家庭成员均为文化活动的参与者，家庭的多种功能与群众文化的多元社会功能相呼应。

因此，家庭形成后，作为社会上层建筑意识形态一部分的群众文化渗透至家庭日常，随家庭发展而演进，家庭群众文化随之持续进化与丰富。

（二）中国家庭群众文化的现状及其认识意义

家庭群众文化作为社会文化生活的核心组成部分，对社会文化的进步、社会稳定与发展具有深远影响。通过审视家庭群众文化的当前状况，我们能更深刻地理解其重要性。

我国历史悠久，家庭一直被视为社会秩序基石，与国家概念相辅相成。20 世纪 50 年代后，家庭经历了诸多变化，包括规模缩小、核心家庭的崛起，以及家庭内部结构与成员关系的调整。这些变化伴随着家庭功能的转变，如城市家庭手工业的复兴和农村家庭联产承包责任制，体现了家庭在现代化进程中的独特作用。

家庭内部，亲子与夫妻关系的转变显著，从以往以男性主导的亲子关系转变为强调夫妻间的平等，反映出家庭群众文化受此影响而发生的深刻变革。

家庭群众文化的发展展现出四个主要趋势：

1. 多样化

随着社会进步和科技普及，家庭文化活动的内容和形式更加丰富多元。

2. 高层次化

硬件设施升级与家庭成员对知识追求提升，文化活动不仅限于娱乐，更注重知识获取。

3. 从观赏到参与

成员不再满足于被动接收，更渴望个性化表达，主动参与成为文化活动的驱动力。

4. 联合趋势

家庭间的合作增多，文化活动跨越单个家庭界限，形成社区间的联合，促进资源共享与交流。

中国家庭群众文化是社会意识形态的体现，显示了强大的凝聚力，对人际交往与社区文化建设有积极作用。确保其与社会同步发展，需合理改革，去除落后封闭与自私的元素，顺应时代变迁。家庭与群众文化之间的协调，基于遵循文化发展规律，促进社会的整体进步。

二、校园群众文化

校园文化，根植于校园这一特定地理范畴内，社会文化为其深厚背景，由学校管理者、教师、学生及全体工作人员构成主体，以共同价值观为核心的精神文化体系，构成了一个独特的亚文化生态系统。它本质上是群众文化的一个分支，无法脱离群众文化的土壤而独立存在，因为群众文化是校园文化发展的根本依托和源泉。若缺少了这一基础，校园文化的生存和发展便失去了其应有的根基和生命力。

（一）校园群众文化的定义及其内容

1. 校园群众文化的定义

校园群众文化是校园生态系统中不可或缺的一环，它超越了传统的课堂教学范畴，成为连接知识教育与人格培养的桥梁。这种文化形态根植于校园特有的环境之中，融合了历史传承与时代创新，旨在通过多元化的文化艺术实践，满足学生日益增长的精神文化需求。从书法、绘画到音乐、戏剧，乃至现代数字艺术与新媒体创作，校园群众文化活动形式多样，内容丰富，为每位学生提供了展现个性、发展潜能的舞台。

在这一过程中，共享的价值观起到了凝聚人心的关键作用。它不仅体现在对知识的尊重、对创新的追求上，也蕴含了对社会正义的向往、对人文关怀的重视。通过集体参与文化活动，学生与教职工在共创共享中增强了归属感，促进了不同背景与思想的交流融合，形成了积极向上的校园风气。校园群众文化还担当着文化传承的角色，无论是弘扬民族优秀传统文化，还是引入国际先进文化理念，都为学生搭建了一个开阔视野、增进文化自信的平台。

此外，校园群众文化活动的开展，往往鼓励学生自主管理、自我服务，这不仅提升了他们的组织协调能力和团队合作精神，还为将来步入社会积累了宝贵的实践经验。综上所述，校园群众文化是校园文化建设的活力源泉，它在促进学生全面发展中发挥着不可替代的作用，是实现立德树人教育目标的重要途径。

2.校园群众文化的内容

校园群众文化隶属于校园文化的范畴，是校园文化这一概念的细化与深化。校园文化本身具备多重含义，可细分为广义和狭义两个层面上的理解。广义上，校园文化是学校物质资产与精神财富的综合，既包含实体设施、资金等有形资产，也囊括学术成就、校风校训等无形财富。狭义上，校园文化则聚焦于精神层面，特指学校的群体精神生活，比如校园特有的精神风貌、历史积淀的优良传统、教育理念、价值标准和道德准则等非物质的文化共识，这些都是群体意识的体现。

而提及校园文化时，其中与群众文化概念相近的，主要是指涉猎业余时间内的文化艺术活动，这部分应归类于校园群众文化之内。校园群众文化的内容丰富多样，覆盖活动策划、执行、工作实践、理论探讨等多个维度，触及科学、文学艺术、体育运动、思想品德教育、休闲娱乐等师生日常文化的方方面面。这样的界定，确保了校园文化与大众文化概念的兼容性,同时又保持了校园文化的独特性。

作为校园文化的一个重要构成部分,校园群众文化不应简单等同于通常意义上的"课外活动"或"第二课堂",其内涵远远超越单纯的学生课外艺术活动。校园群众文化的主体群体包括学生和教职工,活动的进行是自主自发的,教职工在其中起到引导作用。参与其中的目的是满足精神与身心健康发展的需求。校园群众文化是个包含诸多方面的文化体系,它涉及文化政策的规划、文化设施建造、组织架构的搭建、活动的推行及理论研究等诸多方面,其中,学生参与的文化活动是校园群众文化的核心组成部分。

校园群众文化作为群众文化的一个分支,其性质主要包含三个关键方面:

(1)综合性的文化形态

校园群众文化不仅涵盖了文学艺术等核心内容,还延展到学生文化生活的多个维度。其大部分活动,如文学、音乐、戏剧、美术、影视等,属于意识形态领域,而体育活动等则属于非意识形态领域。这种综合性使得校园群众文化能够多维度地影响学生的思想意识,强调其活动必须注重社会效益,体现文化教育的首要目的。

(2)民族文化传承与弘扬

校园群众文化是民族文化艺术素质培养的基石,反映国家的文明水平。从基础层面,它为大学生奠定了艺术实践的基础;从更高层次,健康进步的校园文化有助于学生形成正确的世界观和价值观。从长远看,引导校园群众文化健康发展对于提升民族文化素质、促进社会文明进步至关重要。

(3)鲜明的倾向性

文化反映阶级属性,特定意识形态塑造其特性。在阶级社会中,文化表现特定的倾向性是必然的。社会主导文化性质取决于统治阶级的需求和利益,服务于其地位维持。因此,不同统治阶级影响文化性质与服务方向。基于马克思主义指导的社会主义群众文化,校园群众文化亦应坚持正确的世界观，致力于服务工人阶级和广大人民的利益，坚定支持社会主义革命和建设事业。

(二)校园群众文化的基本特征

校园群众文化的核心特征可概括为广泛性、自主性、实验性三大要点。

1.广泛性

广泛性体现在多个维度：首先，学生获取知识的渠道拓宽，不再仅限于课堂，校园群众文化鼓励学生依据个人兴趣自主探索，突破教学框架，选择多样化的文化活动以充实自我。这不仅拓宽了学生的视野，还促进了信息量的增长与智能的开发。其次，校园群众文化的内容与形式丰富多样，兼顾不同层次的教育需求，从高等教育到基础教育均有覆盖，强调个性化教育与课堂标准化教育的互补。此外，参与群体广泛，横跨年龄、性别、民族、地域，从城市到乡村，覆盖各级学校，规模庞大，且信息传递及时，利用现代科技手段迅速分享最新知识。

2.自主性

自主性意味着学生不仅是参与，更是主导。相比课堂学习的被动接受，校园群众文化鼓励主动探索，培养独立学习、创新思维与自学能力。但这种自主性需适度，鉴于学生世界观尚未成熟，需适当引导，确保文化活动与社会文明建设相协调，促进学生的全面发展。

3.实验性

实验性基于教育心理，青少年阶段的探索欲旺盛，校园群众文化正好提供了实践平台。学生在活动中自动自发组织、设计、实施、总结，体验式学习过程强化了他们的实践能力，促进了其德智体美劳全面发展。同时，校园文化的社会性让学生在实践中增进社会知识，提升交际能力，实现了书本知识与社会实践的有效融合。

(三)校园群众文化的特殊作用

教育制度和教育方式是时代的产物，不同的时代有着不同的教育制度和教育方式。从中国的教育史来看，分散、个别的私学教育已成为过去，单纯的课堂教育也逐渐被“第一课堂”（指课堂教育）与“第二课堂”（以校园群众文化活动为主体内容）并行、配合的新的教育体系所代替。教育要面向现代化、面向世界、面向未来，是全社会成员的共同责任。那么，校园群众文化的蓬勃兴起正顺应了现代教育的发展方向。从这个意义上去认识，校园群众文化的特殊作用有五个方面。

第一，校园群众文化有利于弥补课堂教学的不足，提高学生的学习效率。课堂教学标准化、同步化，但学生的接受能力却有差异，因此存在教与学之间的矛盾。校园群众文化的发展使学校教学与课外个性化学习相结合，促进教学和文化活动的互补。其次，校园群众文化弥补了课堂教学传授知识的时间差，为学生提供及时的信息，帮助他们跟上时代步伐，并为课堂学习打下智力基础。此外，校园群众文化还可以调节学生的脑力活动，提高学习效率。

第二，校园群众文化有利于学生认识世界，优化智力结构。学生是国家未来的栋梁，他们需要了解世界、改造世界。校园群众文化为学生提供了认识、了解世界的机会，丰富的文化活动培养了学生的辨别能力、知识储备和社会生活技能，有助于培养有理想、有道德、有文化、有纪律的社会主义新人。

第三，校园群众文化有利于学生增强自信心，培养想象力与创造力。学生具有不同的天赋和智力，校园群众文化提供了展示和发展个性的平台，增强了学生的自信心，培养了学生的创造激情。此外，校园群众文化培养了学生的想象力，激发了他们的创造力，为他们提供了实现志趣、发挥个人创造力的空间，锻炼了他们独立思考和适应社会发展的能力。

第四，校园群众文化有利于学生提高审美能力，陶冶道德情操。美育是审美课程的重要组成部分，但仅凭课堂教学是不够的。校园群众文化提供了多层次的审美教育，消除了教育者与受教育者之间的差别，激发了学生的学习积极性和主动性，使他们在艺术活动中陶冶情操，提高审美能力。

第五，校园群众文化有利于学生提高社会活动能力，强化竞争意识。现代社会对新型人才有着更高的要求，校园群众文化活动扩展了学生的社会活动面，提供了社会活动能力的训练，为他们步入社会打下基础。

三、企业群众文化

（一）企业群众文化的含义及其形成

1.企业群众文化的含义

企业群众文化，亦称为企业文化，是指企业内部员工在共同工作与生活过程中形成的共享价值观、信念、行为准则、习惯和传统的一种独特文化现象。它不仅仅是员工自我娱乐和身心放松的渠道，更是一种通过团队互动与自我提升的过程，旨在达成以下几方面的影响：

（1）愉悦与陶冶情操

通过企业文化活动，员工在参与中找到乐趣，情感得到释放与调节，进而促进心灵的净化和道德情操的提升。

（2）知识获取

企业文化的活动常包含学习元素，如研讨会、培训、讲座等，使员工在参与中获取新知，提升专业与通用技能。

（3）凝聚力增强

共同参与文化活动能加深员工间相互了解，促进团队合作，强化团队整体的向心力。

（4）价值与行为塑造

企业文化通过日常实践，潜移默化地塑造员工的价值观、工作态度、职业精神及规范行为标准，成为指导员工行动的内在指南。

同时，企业群众文化作为企业精神与物质文明的交汇点，是企业发展的双引擎。它不仅作为精神文化建设的承载工具，反映企业精神面貌，也作为物质文明的推手，为企业发展提供智慧动力和创新灵感。因此，企业群众文化是企业软实力的体现，它既关乎人心凝聚，又关乎企业发展策略，是企业综合竞争力的重要组成部分。

2.企业群众文化的形成

企业群众文化的形成与企业本身的诞生与发展密不可分，企业是进行生产制造、流通或服务运营的实体，比如制造业、农业企业和商业公司等。从广泛的社会视角审视，企业是资源转换的载体，它将人力、资金、原材料、技术等投入转化为实际成果，如商品、服务、精神产品乃至市场。在这个转化进程中，企业追求盈利最大化，但也需肩负社会责任，确保提供高质量服务和充足的就业机会。企业必须建立稳固的供应链，创新转化机制与技术，协调内部与外部环境，确保顺畅运作。因此，作为社会经济的基本单元，企业具备独特的文化特质。

理解企业群众文化，我们可以从其在企业文化整体框架中的定位出发，视其为企业文化的一个分支，一种具体体现形式，是企业文化活生生不息、生动展现的一面。企业群众文化的核心内容可归纳为两大板块：

第一，文化娱乐活动：此类活动旨在丰富员工的业余生活，促进情感交流，增强团队凝聚力。具体活动形式多样，例如企业内部的运动会、部门间的体育比赛、棋艺活动，节假日的旅游、舞会、俱乐部活动、文艺晚会，以及摄影、电影评论、集邮票友等兴趣小组。这些活动不仅为员工提供了放松的机会，也在轻松氛围中加深了相互理解和团队协作。

第二，思想教育活动：此部分着重于提升员工的思想文化素质和觉悟，强化企业价值观认同。它包括企业理念的宣传教育、文化学习及树立典型模范。通过宣讲企业核心价值观、经营理念、目标、企业传统，组织专业知识、法律法规、政策经济知识学习，以及树立典型人物作为企业精神的具象，引导员工向身边的模范学习，深刻体会企业文化，成为思想工作与文化建设的重要抓手。

企业群众文化，作为企业内部的无形力量，其潜在价值在于：

第一，激发创新：激励员工创新思维，推动技术革新，引领企业向更高级技术发展。

第二，团队协作：强化企业间合作，优化资源配置，形成协同效应，提升产业效率。

第三，技术引进：加速技术吸收，提高生产效能，优化产品质量，降低成本。

第四，管理优化：提升管理与质量，全面优化企业治理水平。

企业群众文化作为潜在生产力，是推动企业持续发展和求存续进的灵魂动力。它通过以下几点具体体现其独特价值：

第一，激发潜能与创新：企业群众文化激发所有科技人员和员工的潜能，聚合集体智慧，共同提升企业科技水平，鼓励技术创新，勇于探索新领域，引入新工艺，促进产品革新，导向高新技术的转型升级。

第二，协作与优化结构：强化企业间的合作，促进专业化协作，优化资源配置，使得企业布局更合理，产品结构更优化，提高整体运营效率。

第三，技术引进与效率：企业群众文化开放接纳并吸收国际先进技术，提高内部工作效率，提升生产效率，确保产品质量，同时降低成本，增强市场竞争力。

第四，管理与质控：管理层面，企业群众文化促进高水平的经营策略与全面质量管理，确保企业运行有序，持续提升，为长期稳定发展奠定坚实基础。

综上所述，企业群众文化不仅是一种精神上的凝聚力，更是打下了企业进步的物质基础，是企业发展的不竭动力。

（二）企业群众文化的基本特征

企业群众文化作为企业文化的核心组成部分，其特征显著，主要体现在功效性、创新性和时代性三个方面，具体阐述如下：

1.功效性

企业群众文化紧密关联企业根本利益，融入企业文化精髓，旨在促进内部团结，激发员工的积极性、创造性。通过增强员工间的合作与友爱，提高生产效率，创造高质量产品，展现企业优秀的管理与精神风貌。这不仅有利于提升企业声誉，增强消费者信任，推动产品销售，还直接带动经济效益和社会效益增长。

2.创新性

企业群众文化通过多样化的活动形式，灌输进取和创新思维，鼓励员工在日常工作中开展实践活动。它倡导开放意识，融入管理与质量控制的每一个环节，强调战略高度的文化创新意识，发掘并推广技术改造和创新典范。这有助于企业灵活应对市场变化，调整产品结构，确保企业充满活力，适应竞争，稳定、持续发展。

3.时代性

企业群众文化属于意识形态层面，受社会经济、政治背景影响，具有鲜明的时代特征。先进的企业群众文化营造信任、和谐氛围，通过互助教育培养新道德观念、价值取向和抗风险能力，展现时代、民族精神与创业精神。这样的文化环境，让企业机制高效运转，适应市场，促进整体文明进步。

总结而言，企业群众文化以其特有的功效性、创新性和时代性，成为推动企业发展的重要动力，塑造企业形象，适应市场变化，营造积极向上的企业文化氛围，促进企业的和谐与可持续发展。

（三）企业群众文化的特殊作用

企业群众文化在促进企业发展中扮演着不可或缺的角色，其影响力主要体现在促进生产、经济效益以及企业整体凝聚力的提升上，具体表现在几个核心方面：

1.思想引导与情操陶冶

企业群众文化活动超越简单的娱乐层面，通过丰富多彩的文化艺术活动，潜移默化地将员工的思想导向正轨，树立正确目标，塑造积极的价值观。这种深层次的思想引导和情操陶冶，是企业群众文化活动的本质所在，也是其与一般娱乐活动的区别标志。

2.价值观认同与激励机制

企业群众文化构建了一个以价值观认同为中心的激励体系，包括目标激励（通过树立共同价值观的示范作用于员工培养），利益激励（确保国家、集体与个人利益的和谐统一），组织激励（强化价值观趋同的组织基础），文化激励（营造积极向上的文化氛围）。这些激励机制在活动的渗透中转化为内在动力，激励员工在生产、工作、学习中发挥更大效能。

3.增强凝聚力与向心力

企业群众文化能促进各部门员工间的团结，形成强大的向心力，增强员工对企业的归属感，使企业成为一个命运共同体，增强了团队合作和协同作战能力。

4.个人发展与精神享受

通过参与文化艺术和思想教育活动，个人才华得到展现和认可，员工在精神层面得到升华，不仅个人情操得到提升，文化生活也更加充实。这种参与体验对员工而言，是一种精神上的高度满足和无价的享受，增强了工作和生活的幸福感。

综上所述，企业群众文化通过其深层的思想引导、激励机制、凝聚力构建、团队协作以及个人成长的促进，对企业发展起到了全方位的推动作用，是企业软实力的重要组成部分。

第三章　群众文化组织与队伍建设

第一节　群众文化组织与管理概述

一、群众文化组织与管理

（一）群众文化组织与管理的含义和主要内容

1.群众文化组织与管理的含义

群众文化组织与管理，是指文化工作者为了确保群众文化活动及相关制度、组织结构、设施等要素能有效地服务于公众文化需求，而实施的一系列规划、调控、服务与协调措施。这一过程特别强调“组织”的双重含义：既指构建有特定目标、结构和功能的集体（名词概念），也指协调资源、活动使之系统化、有序化的过程（动词概念）。在群众文化语境下，“组织”更多侧重于动词含义，即通过特定方式整合资源、协调活动，以达成文化发展目标。

尽管“组织”与“管理”在广义上可能有交叉，前者可视为后者的一部分，但从精细区分来看，两者在实现群众文化目标中扮演不同角色：“组织”是前置阶段，负责规划和准备，为文化活动的实施铺垫定基础；“管理”则是确保活动过程中持续监督与控制，保证目标的顺利实现。二者相辅相成，缺一不可，组织是管理的基石，有效管理依赖于良好的组织；同时，良好的管理反馈又可促进组织优化，两者相互作用，共同推动群众文化工作的高效、有序发展。

2.群众文化组织与管理的主要内容

群众文化组织与管理主要包括四个方面的内容。

（1）群众文化活动的组织与管理

群众文化活动的组织与管理，是指对各类面向大众的文化活动进行全面策划、组织、协调以及资源调配的过程，以确保活动顺利进行并达到预期效果。这一过程围绕四大核心要素展开：一是群众文化活动的策划：这是活动筹备的起点，涉及内容创意、计划的制订以及执行人员的配置。通过细致的策划管理，确保活动目标清晰，策划方案的可行，团队成员职责明确，为活动的成功打下坚实基础。二是群众文化活动的组织：关注活动的运行机制与流程设计，通过合理的组织结构安排，使活动的各个阶段紧密相连，流程顺畅，确保活动机制高效运转，形成一个既能均衡又不失灵活性的运行体系。三是群众文化活动的协调：在活动实施过程中，协调涉及的人力、财力、物力等资源，通过高效的调度与控制，确保每个环节分工明确，资源配置合理，后勤保障到位，使得活动进行得有条不紊，确保顺畅进行。四是群众文化活动的资源整合：充分利用内部与外部资源，包括人力资源、财务、物资、设备、艺术资源等，通过整合各方力量，优化配置，最大化活动的社会效益，实现群众文化活动的广泛影响力，提升社会价值。综上所述，群众文化活动的组织与管理是一个系统工程，它涉及从策划到执行的全过程，通过高效的组织、协调与资源整合，确保活动的顺利实施，最终实现其社会与文化价值的最大化。

(2)群众文化队伍的组织与管理

群众文化队伍的组织管理涉及对各类群众文化团体进行的组织、培训、展示和规范等主要管理活动。该管理包括四个基本元素：第一是群众文化队伍的组织，根据群众文化的组织结构，把直接或间接参与群众文化活动的集体依据某种规范或制度进行整合。第二是培训，通过讲课、交流、研讨和考察等形式，传授知识与技能，这是更新群众文化知识、提升技能的关键方式，也是提升群众文化队伍素质和能力的必要环节。第三是展示，由群众文化管理机构组织，以文化社团为核心，进行各类文艺表演、展览等活动，以满足群众的表达和欣赏需求。文化社团作为群众文化队伍的重要部分，其展示功能是其存在的核心意义。第四是规范，依据群众文化队伍的发展目标，制订并执行的规章制度和行为准则，这不仅是管理群众文化队伍的基础，也是确保其建设成功的关键。规范通常由负责管理的文化部门制定和实施，文化机构或社团也可以自行制定规范，但需与政府部门的规定保持一致。

(3)群众文化事业的组织与管理

设施，支持群众文化活动的策划、引导及研究，为群众文化的实践和活动提供实质支撑和架构保障。

在组织与管理层面，其关键组成要素涉及：

首要的是群众文化发展战略规划的调控。这一规划立足于群众文化事业的长远视角与全面增进，是针对未来全局性、持久性及核心性议题的深思熟虑后形成的一系列行动计划。由群众文化领导部门负责制定，旨在明晰发展路径与愿景，减少管理中的盲目性与随意性，增强管理的科学性和规范力度。规划可细分至宏观总规与特定专题规划。管理活动囊括规划的筹备与制定、论证评估、实施方案与细则的编制，以及规划的阶段性、有序实施等多方面。

二是群众文化机构的组织管理革新。作为群众文化实践的核心载体，这类机构应群众文化活动的需求而生，标志着文化管理的阶段性进展。随着公共文化服务体系的成型与事业单位改革深化，其组织管理模式面临根本转型。此过程强调协调政府与事业单位的界限，深化事业单位法人的自治权限，实行政事权责分离，减少行政部门的微观干预，转而聚焦于政策法律制定、行业战略规划、标准体系建设及监督指导等宏观层面；探索并实施管办分离的新模式，逐渐消除机构的行政等级划分；依据科学方法设定机构编制标准，构建动态调整、结构优化的监管体系；加强法人治理结构的建设和多样性，比如引入理事会、董事会或管理委员会等形式，完善决策、执行与监督机制。此外，将打破单一区域对应单一文化馆的传统布局，采取根据服务人群规模配置文化资源的策略，并放宽准入，鼓励民间资本依法涉足公益文化领域。

三是群众文化机构内部管理体系的演进。随着事业单位整体改革的深入，其内部组织与管理模式亦将经历相应变革。当前，群众文化事业单位在组织管理上的核心实践包括：实施职工聘用制度与岗位责任制，构建职责分明、分类合理、机制灵动、监管有力的人事管理体系；推动职称体系革新，依据编制规则进行岗位分类，推行公开招募、竞争就职、岗位匹配与合同制管理；完善符合单位特性的薪酬分配体系，确保与岗位绩效挂钩，实行分级分类管理，推行绩效薪资制度以激励员工。

(4)群众文化服务的组织与管理

群众文化服务的组织与管理工作核心涉及两个维度：一是对多元服务提供者的活动组织与管理，确保各类文化产品和服务有效供给；二是对大型群众文化建设项目从筹划到执行的全周期管理，以推动文化建设项目的顺利实施与效能最大化。

服务提供主体多样化，其中政府扮演着核心角色，依据其公共服务职能在不同层级承担各异的责任：中央政府负责宏观指导与战略决策；省级政府实施地域性宏观管理及决策执行；地市级政府统筹规划与建设；县级政府负责基层实施；乡镇级政府执行具体操作；社区或村级组织则直接面向公众提供便捷服务。这一六级架构确保了服务的广泛覆盖与深度渗透，协同维护政府服务主体的综合效能。

对上述服务主体的组织管理旨在确保服务品质与普及度，构建一个全面、高效的群众文化服务网络。管理上强调导向明确、积极引领行业发展，整合资源与调控能力，直接提供服务，并积极改善服务基础条件，推动文化建设进步。

(二)群众文化管理的主要职能与基本任务

1. 群众文化管理的主要职能

(1)群众文化管理的决策职能

群众文化管理中的决策功能着重于合理确立工作方向，通过详尽调研与可行性评估，精选最优策略并执行。作为管理的核心环节，科学决策在确立任何群众文化目标时不可或缺。

决策过程应基于严谨的条件分析、价值评估及风险预测。条件分析涉及全面审视决策背景、环境及可用资源；价值评估侧重于衡量项目社会效益、群众参与度及其社会反响；风险预测则需预见实施过程中可能遭遇的安全、技术、资金等风险，进行概率评估及预设应对。

决策遵循一套系统程序：首先，明确决策目标，结合法律法规、政策导向及地方实际情况，全面收集资料，科学设定目标；其次，设计决策方案，基于群众需求与前期分析，提出多种可能性方案，特别考虑潜在问题与细节；接着，优化选择方案，依据目标，采用科学方法，对比分析各方案，必要时调整，敲定最终方案；最后，实施反馈，决策执行期间持续收集反馈信息，一旦发现方案与实际脱节或存有严重问题，迅速调整或终止，确保决策的精准有效。

(2)群众文化管理的计划职能

群众文化管理的计划职能是指围绕既定的决策项目，制定周密且可操作的工作方案。按时间跨度区分，群众文化管理计划大致分为长期计划与短期计划两类：长期计划通常涉及三至五年或更久，如文化设施升级、器材更新、人才培养等需长期投入的项目；短期计划聚焦于年度、季度或月度活动，或是单一任务，且需紧随长期计划的步伐，逐阶段具体化实施。

计划职能的实施涵盖了决策目标的细化、工作先决条件的筹备及执行策略的制定，以确保计划的科学性和可行性。

第一，决策目标的细化：在确立总目标后，需将其拆解为独立的小目标，进而为每个子目标订制详细的工作计划。计划制订遵循逻辑清晰的框架："做什么、怎样做、由谁做"，确保每项子目标转化为具体行动步骤。实践中，应避免脱离实际的空想和不切实际的追求，确保每一步都切实可行。

第二，工作条件的筹备：这一步涉及人力资源、财务预算、物资配备的合理配置，还包括政策法规、项目背景信息的搜集，以及必要时的实地调研。针对专业性较强的任务，还需预先联系相关领域的专家,以便随时咨询。

第三,执行策略的策划:细化目标与条件准备后,需精心策划实施策略,包括选取高效、易执行的操作手段和技巧。策略设计需注意平衡重点与非重点,既要聚焦关键环节,也要保持计划的灵活性,以应对实施过程中的变动,确保既能达成决策目标,又能优化项目执行效率和社会效益。此外,需预设应急方案,针对可能发生的复杂情况,明确应对措施及责任人,确保项目顺利推进。

综上所述,群众文化管理的计划职能是一个系统工程,涉及目标的细化分解、资源的合理配置以及灵活高效的策略设计,每一环节都对最终成果至关重要。

(3)群众文化管理的组织职能

群众文化管理的组织职能在于有效地整合社会各界资源与力量,确保决策与计划的落地执行。这是确保群众文化战略顺利实施与计划高效推进的核心管理功能,其实现依托于特定策略和方法的运用,旨在达成既定的决策与计划目标。

首先,构建与优化组织规则及制度框架是基础。这涵盖了确立与改革管理体系和运作机制,科学设置机构、明确职责,以及人员的选拔、培训、考核和激励机制;文化设施与财务资源的合理配置与利用;规章制度的建立健全与执行;任务分配、过程监督、指导评估;与政府部门及其他机构的沟通协作机制;以及活动与团体的管理策略等。这些规范与制度的健全,为组织职能的有效发挥提供了坚实的支撑。

其次,有效动员多元力量与文化资源是关键。在构建公共文化服务体系的视野下,除了政府的主导与专业文化机构的核心作用,还需激发社会力量的广泛参与。这包括各类文化服务中介机构、民间创办的文化机构、参与文化服务的企业以及热衷公益文化活动的文艺爱好者等,他们都是推进群众文化的重要力量源泉。同时,充分利用遍布社会的文化资源,如文化设施、文献信息、数字网络资源以及各类文化艺术人才和志愿服务资源，是实现文化服务广覆盖和高质量的保障。

最后，提升公关与沟通能力是组织职能的重要组成部分，也是群众文化管理者必备的素质。鉴于群众文化活动的广泛社会参与性，管理者需具备强大的社交网络构建能力，与各级政府部门、社会组织、企事业单位、社区等建立紧密联系。在信息时代，掌握现代通讯技能，如外语交流、数字化沟通工具（如电子邮件、微博等）的应用，成为增强组织效能、扩大文化影响力不可或缺的能力之一。因此，培养与时俱进的交流技巧，是现代群众文化管理者组织才能的重要体现。

（4）群众文化管理的调控职能

群众文化管理的调控作用是指通过调整与整合群众文化活动的多种内外部关系，对其实现过程施加引导与监督。此调控职能融合了协调与控制双重含义：协调致力于确保群众文化活动中各种关系的顺畅与协同，力求各方面和谐统一；控制则意味着监督活动进程，及时发现并纠正偏差，确保活动按既定目标推进。

在协调方面，群众文化管理注重系统内部的和谐与整合，这不仅包括上下级管理层级间的纵向协调，也涉及各平行部门间的横向协作，具体涵盖文化机构、人员、工作与活动间的相互关系调整。协调的终极目标是构建一个协同合作、高效运转的工作体系。此外，与外部环境的适应性调整同样关键，要求群众文化活动能与经济社会、政治科学乃至风俗道德等外部因素相辅相成。

在控制环节，群众文化管理不仅限于内部关系与外部环境的调适，还需对活动内容、形式、规模及质量等关键指标实施有效监控，旨在持续修正服务导向，确保民众能享用到丰富且高质量的文化产品与服务。控制手段多样，既有通过政策法规的制定与执行进行规范，也有通过树立典范进行正面引导。

决策、计划、组织及调控这四项管理职能，形成了群众文化管理的动态循环系统，它们各自独立却又相互依赖、相互作用。实践中，这四大职能常常相互交织，彼此渗透，共同构筑了一个错综复杂的管理网络。

2.群众文化管理的基本任务

第一，深入贯彻执行公共文化服务体系构建与群众文化管理的政策法规，坚守群众文化的根本宗旨与发展方向，根据不同发展阶段的特征规划目标并作出重大决策，以确保群众文化事业的兴旺与进步。随着社会进步和文明提升，文化已成为衡量国家综合实力的关键指标，文化构建更是中国特色社会主义事业的核心组成部分。群众文化的演进需契合国家文化战略的总体布局，坚守社会主义先进文化的导向。当前，应借力文化蓬勃发展的东风，遵循公共文化服务体系构建的标准和群众文化管理规范，坚持“双为”方针，即“为人民服务、为社会主义服务”，明确各阶段发展目标，持续推动群众文化事业向前跃进。此任务突出了对文化导向管理的重视。

第二，依据社会经济动态及民众需求，运用管理策略调节群众文化的总体供需，确保满足民众的基础文化需求并保护其基本文化权益。遵循公共文化服务体系的构建原则，群众文化需突出公共性、基础性、均衡性及便利性，优先解决民众最关切、直接影响其生活的文化权益问题，并不断拓展以满足民众多元、多层、多样的精神文化诉求。实现这一目标，核心在于加强群众文艺创作，提供更多优质文化产品，同时创新管理方式，有效利用管理工具，调节文化供需平衡，以达成公共文化的供给目标。此任务凸显了对文化目标管理的必要性。

第三，优化群众文化服务体系的结构和运作机制。强化对群众文化机构的指导与监督，并确保资金、设施、场地、机构、人力资源等方面的充足，以维持群众文化设施的高效运行和功能最大化。一套完备的组织架构与流畅的运行机制是确保群众文化活动顺畅进行的根本保障。此点着重体现了对群众文化基础保障机制的管理。

第四，强化指导、监督和调控职能，科学地统合全社会的群众文化服务。群众文化欲成为国家文化构建的活力源泉，需紧密融入民众日常生活，成为文化活动的关键载体。这要求有效整合社会范围内的文化资源与民众需求，编织全面覆盖的群众文化服务网络，并通过科学管理，凭借指导、监督与调控，合理配置文化资源，确保民众享有公平、丰富的文化产品与服务。此点着重于群众文化组织模式的管理。

第五，激发群众文化队伍的积极性与创造力，提升其综合素质，同时动员全社会及广大民众积极参与群众文化活动，充分发挥人在文化发展中的人本作用。群众文化的效能提升仰仗于广泛、专业、高效的服务团队，这是文化事业发展的基石。一方面，需激励专职干部团队，提升其工作热情与创新能力，持续改进其专业素养；另一方面，珍惜并激励以广大民众为主体的志愿队伍，激发他们的参与热情，充分发挥其在文化生活中的积极作用。此点关注于群众文化队伍的管理。

第六，持续完善群众文化相关政策法规与理论基础。群众文化的发展需有健全的政策法规体系和深厚的理论支撑，这是持续发展的基石。尽管在制度建设和理论研究上已取得一定成就，但整体水平仍有待提升。故而，推动群众文化深远发展需不断优化政策法规体系，建立完善的学科体系，这是一项长期的管理任务，强调了对群众文化基础性建设的管理。

（三）群众文化组织与管理的方法

1.行政管理的方式

行政管理方法涉及各级文化和旅游政府部门运用行政权力，对直属或资助的群众文化事业机构进行管理和指导。作为一种普遍应用在全国群众文化领域的管理模式，其采纳缘由在于：作为国家行政体系的组成部分，文化和旅游部门自然对下属文化机构负有监管责任；群众文化作为政府支持的公共事业，其管理职责归属于政府部门；行政手段有利于政策指令的快速传达和复杂争议的有效解决。

该管理模式强调下级对上级的遵从，体现了权威性、强制性及约束性特点，但也存在“人治”倾向、“外行领导内行”以及管理与执行混淆等问题，可能对文化管理水平与效果构成不利影响。

因此，群众文化行政管理亟须改革，核心改革点包括：明确政事分离，即文化和旅游部门作为行政主管应专注于政策法规制定、行业规划、标准设定及监督指导，减少对文化事业单位的具体干涉；加强事业单位的法人自主权，确保其运营独立；对于以公益服务为核心的事业单位，逐步废除行政级别划分，以此促进管理的专业化与效率提升，减少行政干预，提高群众文化事业的管理质量和实效性。

2.业务管理的方式

业务管理方法指的是各级文化和旅游行政管理部门及上级群众文化事业单位，依据群众文化的特性和运行规律，通过业务指导、辅导培训、专业技能提升、工作绩效评估以及举办展示、竞赛等业务活动，对所属或下级群众文化事业单位实施的管理。这是一种在群众文化领域广泛采用的管理模式。

群众文化事业单位本质上是以提供公益文化服务为中心的业务执行单位，不具备行政管理职能。在群众文化体系内部，上级与下级事业单位之间建立的是业务指导关系，意味着上级单位对下级的管理主要是业务层面的指导，区别于行政命令式的管理。业务管理的优点在于：贴合群众文化活动的实际需求，容易被管理对象接纳；与服务功能紧密结合，利于在提供服务的过程中自然融入管理；强调业务能力和业绩表现，促进了双方在专业领域内的互动与学习，利于共同提升。

3.市场管理的方式

市场管理策略指的是各级文化和旅游管理部门通过引入竞争机制，运用诸如项目推介、招投标、政府采购、委托运营管理等经济手段，并借助合同形式，对提供群众文化服务的主体进行的管理。这是一种政府引入市场机制，对群众文化服务供应方实施的新式管理方法。

市场管理的引入打破了官方文化和旅游部门及公立文化事业单位对群众文化服务的单一供给格局，促进了群众文化市场的繁荣，更好地满足了大众多元化的文化需求，为群众文化事业的多元化发展注入了新的活力。

4.政策法规管理的方式

政策法规管理模式是指政府借助制定和执行政策、法规、规章等法律规范，来合法调整群众文化服务的管理部门、服务单位、文化群体及其服务对象间关系的管理方式。作为群众文化管理的重要组成部分，此模式强调依法治理，通过明确的政策与法规确保管理的规范性与约束力，有力推动群众文化服务质量的全面提升。

5.自治管理的方式

自治管理模式则涉及居民委员会或村民委员会等基层自治组织对所在社区、村落的群众文化服务设施和文化组织实行的自我管理，同时也包括群众自发文艺团体的自我管理。作为国家民主制度的组成部分，基层自治赋予民众自我教育、管理和服务的权利，这不仅涵盖政治与行政领域，也延伸至文化领域。在社区和乡村层面，文化服务与组织应由当地自治机构主导，允许民众自主决定文化活动内容。群众自发组建的艺术团队也应自我管理。文化和旅游部门应为基层文化团体和业余文艺团队提供人员、资金、物资支持，以及业务指导和辅导。

6.精神管理的方式

精神引领管理模式则通过思想教育工作及荣誉激励，如表彰、命名等非物质奖励手段，激发群众文化团队和社会参与者的积极性，如“群星奖”“群众文化之星”“中国民间艺术之乡”等荣誉的授予。此管理方式对提升群众文化管理具有正面效应，有助于增强管理的效能和质量。

二、群众文化管理体制

（一）群众文化管理体制的模式和创新

1.群众文化管理体制建设的总体要求

（1）构建以政府为引领、公益文化事业单位为核心、全社会广泛参与的群众文化管理体系

这意味着政府在群众文化服务中扮演引领角色，负责设施供给、政策制定与资金保障等关键职责。公益文化事业单位则作为公共文化服务的中坚力量，发挥关键作用。同时，鼓励社会各界积极参与，激活社会资源在文化事业建设中的活力。通过政府、公益文化事业单位及社会的协同努力，形成一个全面覆盖、高效运行的群众文化管理体系。

（2）确立党领航、政府监管、行业自管、事业单位法治运营的群众文化管理体系框架

该体系涵盖四方面内容：首先，坚持党的领导，确保群众文化事业遵循党的路线政策，文化事业单位严守党规，强化党组织的核心领导作用（政府直管单位实行行政首长责任制）。其次，政府负责监管，将群众文化置于政府文化管理之下，由文化和旅游部门执行行业管理职责。再次，推动行业自律，即文化行业自我管理，严格遵守国家法律、政策及行业内规范与准则。最后，确保事业单位依法运行，作为独立法人，文化事业单位应享有自主权，依据文化政策和行业规范实施管理。

2.群众文化事业单位层级设置和管理体制

政府所辖的群众文化机构设置及其管理体系长久以来遵循了传统的行政层次结构，即自上而下依次建立群众艺术馆、文化馆直至基层文化站。具体而言，地级及以上城市设有群众艺术馆，县级设立文化馆，而乡镇与街道层面则配置文化站。每一级的群众文化机构由同级政府直接管理，同时上一级文化机构对下级提供业务指导。

3.群众文化管理体制的创新

群众文化管理体制的创新是群众文化繁荣发展的必然趋势，对于达成全民共享的公共文化服务的目标至关重要。其创新的焦点集中在几个核心方面：一是资源布局的优化配置，依据人口基数调整文化资源分布，确保文化服务供给与人口数量相匹配，逐步实现按服务人数科学规划文化资源的规模与配置。二是关系明确与协同，梳理并强化群众文化管理部门、服务部门与社会文化服务单位间的职责界限，促进多方合作，协同推进，形成一体化工作合力。三是管理模式创新，探索文化服务与管理的新思路与新手段，提升服务效能，通过引入现代管理理念与技术，提高群众文化服务的效率和质量。随着公共文化服务体系的深入建设，对群众文化管理体制的创新提出了更多新见解，旨在不断优化管理机制，以适应社会发展的需求，确保文化服务更加公平、高效、普惠。

(1)依据服务人口配置文化服务设施

在构建公共文化服务体系的进程中，以服务人口为基础配置文化资源已成为共识。国家发改委明确指出，文化馆建设规模应以服务人口数量为基准，即根据所服务区域内的常住人口数确定文化馆的占地面积。这一政策的实施，意味着以往每级政府仅设有一个文化馆的模式将逐渐转变为更灵活的配置。实际上，多个文化馆共存于同一行政区的现象已不再罕见。

(2)推动文化馆的合作服务与资源共享

文化馆在合作服务和资源共享方面已尝试了多种创新举措，具体举措包括：

第一，文化馆合作服务。此模式是两个或多个文化馆整合各自的群众文化资源，协同为公众提供服务，是创新的服务模式。合作不仅能够整合各馆的特色资源，增强馆际交流，还促进了资源的优化配置与共享。此外，文化馆与不同文化事业机构间的合作，如与工人文化宫、青少年宫、妇女活动中心、老年人活动中心等的联袂服务，也是创新服务模式，此模式有效拓宽了服务范围。

第二，总分馆管理模式。此模式源自公共图书馆系统，可以体现管理效率、资源共享与服务共享方面的优势。在区（县）文化馆与乡镇、街道文化站之间实行总分馆制，是群众文化管理的创新尝试。该模式通过扩展服务网络，有效激活并优化文化馆的资源，使区域内的设施、艺术人才等资源得到充分利用，提升了整体服务效能。

（二）各级政府群众文化管理职责的划分

1.县级政府是基层群众文化的管理主体和实施主体

在中国，县级政府作为连接中央、省级、地市级政府与乡镇及行政村的桥梁，扮演着承上启下的关键角色，是国家行政架构中的基石，对区域经济与社会发展的推进至关重要。其在法律与政策执行层面同样举足轻重，是国家意志落地的关键一环。

从群众文化工作的视角审视，县级政府是基层文化服务的直接管理者与实施者，是群众文化政策落地的核心推手，对文化服务的规划、执行负有直接责任。县级层面构成国家文化服务网的微观基础模块，其运作效能直接影响着文化服务网络的搭建进度与服务质量。

2.地市级政府是群众文化的统筹管理主体和建设主体

地市级政府在我国的行政架构中扮演着重要角色。历史上，这一层级的政府（原名为公署）通常作为省政府的下属机构，主要负责对县级政府进行行政监管。随着城市化的快速发展和地区向市级的转变，地市级政府逐渐形成，其具有较为强大的综合协调能力。地市级政府在群众文化管理方面的职责，主要源于其综合协调的功能，是群众文化统筹管理和建设的主体，负责群众文化服务的综合管理与协调工作。其核心职责包括：统筹城乡文化发展，确保城乡群众文化服务水平的整体一致；全面推动群众文化服务网络的发展，重点改善群众文化基础设施的薄弱环节；为地区内的农村基层群众文化服务提供重要支持。

3.群众文化宏观管理主体和决策主体

(1)国务院是群众文化的宏观管理主体和战略决策主体

国务院作为国家的行政执行机构，是全国人民代表大会的执行机关及最高行政机关。根据宪法规定，国务院承担制定行政法规、编制执行国民经济和社会发展计划以及领导和管理文化工作等职责。在群众文化管理方面，国务院担任群众文化的宏观管理和战略决策主体。文化和旅游部作为国务院的职能部门，它根据国务院的决策负责宏观管理的具体事务。

国务院的群众文化管理职能主要包括：设定群众文化发展的战略方向和核心价值观念，制定群众文化的宗旨、原则和目标；编制全国群众文化事业的发展规划；制定全国性的群众文化服务政策、法规和标准；确定重点的群众文化建设项目并提供财政支持；保障文化安全等。

(2)省级政府是群众文化宏观管理主体和执行决策主体

省级政府作为地方最高行政机关，在遵守国家宪法和法律的基础上，具有制定和颁布地方性法规的权力，并负责执行国家法律和国务院规章，制定行政规章，同时执行国家的决策和管理地方行政事务。在群众文化管理方面，省级政府是群众文化宏观管理的主体和执行决策主体。省级政府在群众文化管理方面的职责包括：制定本地区群众文化服务政策法规和实施标准；编制省内群众文化发展规划，推动地区群众文化事业的发展；建立群众文化服务的系统平台；为欠发达地区的群众文化事业提供财政支持；执行群众文化服务的绩效评估、监督和考核等。

(三)群众文化服务网络建设

1.群众文化服务网络建设的基本要求

群众文化服务网络建设的基本要求是从当前经济社会的发展水平出发，旨在确保和实现公民的基本文化权益，满足广泛的群众文化需求。此外，还需坚持公共文化服务的普遍性和均等性原则，同时考虑城乡、区域间的协调发展，进行合理的规划和安排，以建立一个实用、便捷、高效的群众文化服务网络。

2.建立、健全群众文化设施网络

群众文化设施网络的建立和完善是群众文化服务网络建设的基础。为实现这一目标，首先需要建立群众文化设施的联络网络。这包括三个主要方面的实施策略：一是关注布局，即以大中型城市的文化馆为核心，以县、乡（镇）以及社区的基层文化设施为基础，进行综合规划，实现设施布局的合理性。这不仅包括加强各级文化馆（站）的建设，也强调社区（村）文化室等基础文化设施的建设。二是关注配置，即在新建或改造群众文化设施时，同步优化和提升群众文化资源的配置，特别是要注重社区和乡村文化设施的资源配置，确保这些设施建设得当且能够发挥实际效用。三是关注功效，即确保建立的群众文化设施网络应具备城乡全覆盖、结构合理、功能完善、实用高效的特点。

3.群众文化服务网络的全覆盖

群众文化服务网络的全面覆盖目标在于将群众文化设施的定点服务（也称为阵地服务）、群众文化的流动服务以及群众文化的数字网络化服务有机整合。其中，定点服务主要是利用固定的文化设施向群众提供各类文艺、展览、讲座等服务；流动服务则是扩展服务半径，利用文化资源和设施，向社区、农村、企业、学校等基层单位提供文化服务；数字网络化服务则是利用网络技术和数字化信息资源，扩大群众文化服务的空间范围，为群众提供文化信息的传输、存储和供应等远程服务。通过这三种服务的有机结合，可以形成一个广泛的群众文化服务网络，从而实现真正的群众文化服务网络全覆盖。

第二节　群众文化多元化管理

一、群众文化的协调机制和群众文化服务机构的管理

(一)群众文化协调机制

1. 群众文化协调机制的内涵

群众文化协调机制主要由各级党委和政府统一领导,由发展与改革、财政、文化、公安、交通等部门分工负责,并且工会、共青团、妇联、文联等人民团体也积极参与。这一机制采用协调配合、共同议事、共同管理、参与决策的方式,专门用于协调群众文化相关事务。通常见到的协调机构包括政府各部门组成的协调组和某个区域内各相关社会单位组成的协调组。

群众文化协调机构具备合作性、协商性和功用性等特点。合作性表现在协调机构通常为非行政机构,各参与方由于各自部门的公共责任而参与合作。协商性体现在协调过程中虽由党委、政府牵头,但讨论和决策主要基于协商。功用性则在于协调机构能有效调动各方力量,共同提供群众文化服务,形成协同效应。

群众文化协调机构通常是为推动特定的群众文化项目或促进某区域内的综合性群众文化项目而设立。机构的形式可能是常设或非常设的,主要通过协调各方来研究实施群众文化工作,包括组织保障、资源整合、资金统筹和责任分配等事务。例如,非物质文化遗产保护工作联席会议、群众文化工作联席会议等。有些地方还设立了群众文化工作委员会或社会文化工作委员会,这些大多是非常设的协调机构。

2. 建立群众文化协调机制的作用

群众文化协调机制主要在群众文化工作和活动的组织与执行中发挥关键作用,具体体现在以下两方面。

(1)群众文化工作协调机制的作用

群众文化工作涵盖广泛,涉及政府的多个部门,因此需要高效地

协调这些部门的工作力量，以形成推动群众文化服务的强大合力。这种工作不仅需要获得党委和政府的支持，还需得到财政、公安、宣传等关键部门的协助，并有效利用和整合各类文化资源。群众文化协调机制能够促进部门间的合作，整合资源，并形成协同效应，从而提升群众文化服务的整体质量。因此，建立一个长期稳定的协调机制对于确保各方有效协作、履行职责至关重要。

(2)群众文化活动协调机制的作用

群众文化活动是群众文化工作的核心部分，尤其是涉及系列性的大型文化活动，因其涵盖的区域广泛、时间跨度长、参与人数众多，更需要各部门之间的紧密协调，以确保活动安全、顺利地进行。大型的群众文化活动往往不能单靠一个部门或单位独立完成，必须依赖多个部门的协作才能成功。因此，建立一个专门的协调机构来进行统一的组织和实施是必须的，这样可以确保活动在统一指挥下高效进行。如果缺乏有效地协调，活动很难顺利进行，这进一步凸显了建立群众文化协调机制的重要性。

(二)政府对群众文化事业机构的管理

政府对群众文化事业机构的管理包含宏观管理和机构自我管理两个层面，旨在确保群众文化事业机构的规范化和有序运作。具体管理内容如下。

1.加强对群众文化事业机构的指导与监督

政府在管理群众文化事业机构时承担着指导和监督的重要职责。这主要体现在制定和实施政策、法规及管理规范，监督这些政策和规范的执行情况。政府需要建立和完善管理制度，优化机构结构和人员配置，动态调整管理方式和用人机制，调整收入分配政策。此外，还包括对文化馆、综合文化站的建设标准和服务标准的制定，以及加强绩效评估。

2.保障群众文化事业机构的运转和功能发挥

政府需要确保群众文化事业机构能正常运转并充分发挥功能，

这包括提供必要的资金、设施、场地、机构和人员支持。政府还应建立长效的文化投入机制，提升群众文化事业机构的投入标准和质量。同时，政府应对资金和资源的使用情况进行监督检查，防止资源的挪用、浪费或违规使用，并通过考核、奖惩等措施提升机构的效益和服务水平。

3.群众文化事业机构的自我管理完善

群众文化事业机构的自我管理是确保资源有效利用的关键。机构应完善功能定位，明确服务目标、任务和责任，并建立相应的考核、激励和约束机制，以提高工作人员的积极性和创造力，确保文化资源的高效利用。

4.深化群众文化事业单位的改革

根据国家关于公益性事业单位改革的方针政策，群众文化事业单位应深化改革，转换和激活用人机制，健全聘用制和岗位责任制。这些措施应从完善机制、健全制度的角度出发，以提升群众文化服务的能力和水平，满足构建公共文化服务体系的基本职能需求。

（三）社会办群众文化服务机构的管理

社会办群众文化服务机构作为群众文化服务的重要补充，其管理是确保文化活动多样性和活力的关键。管理这些机构的主要内容包括以下几个方面。

1.制定相关政策和法规，激励社会资本参与群众文化设施建设

政府应鼓励和引导社会资本投入到文化馆等群众文化设施的建设中。通过提供用地或给予税收等方面的政策优惠，以及采用民办公助等模式，支持农民自办文化活动和务工人员成立艺术团体。社会资本可以通过独资、合资、参股等多种形式投入到建设文化站、文化室等设施建设活动中，以及个人或多人联合成立群众文化机构。对于经营性质的群众文化艺术团体，政府应按规定发放营业性演出许可证，并通过政府购买服务等方式给予支持，以促进文化活动的广

泛开展。

2.鼓励公共机构文化设施向社会开放，拓展群众文化服务的空间

政府应推动机关、企业、学校等单位的群众文化设施向社会开放，利用这些内部资源支持公众文化活动。这不仅有助于解决场地不足的问题，还可以通过建立文化资源共享机制、提供公益演出设备、扶植群众文艺团队等方式，促进公共和私营部门在文化服务方面的合作。开放这些设施可以采取多种合作模式，如双向或多向的资源共享，以及与机关、企业、学校共同建设群众文化设施等，以扩大群众文化服务的覆盖范围。

3.依法管理民办群众文化机构和从业人员

民办群众文化机构和组织对于繁荣和活跃群众文化活动起到了不可替代的作用。在对这些机构和组织给予积极支持的同时，也需依法予以规范管理。首先，应把这些民营群众文化机构和组织纳入正规的群众文化管理体系之中，详细了解和掌握这些机构和组织在本地区的运营情况，并制定或完善相关的管理规范；其次，需要建立必要的约束机制，对其进行法规培训和职业道德教育，防止低俗和违反社会公德的内容扩散；再次，设立奖惩系统，对表现良好的机构和组织予以奖励，对严重违纪的机构和组织则采取停办整顿或直接取缔的措施。

4.民办文化机构开放，获税收优惠与资助激励

这一援助机制的目的是利用社会各界力量共同推进群众文化服务，建立一个立体和全方位的支持体系。具体做法包括鼓励社会力量兴办群众文化设施，支持民办群众文化机构的建设，并推动这些机构的内部设施对外开放。

政府的支持是确保这一援助机制有效运作的关键。这表现为政府对于参与群众文化服务的社会力量给予积极的支持和认可。具体措施包括为参与群众文化建设的企业和经营单位提供税费优惠政策，为各类民办群众文化机构和组织提供资金支持，以及对积极参与

群众文化服务的单位和个人给予表彰和奖励，以此促进群众文化活动的发展与繁荣。

二、群众文化需求与供给的管理

（一）群众文化的需求与供给

1.群众文化需求与供给的基本概念

人们对群众文化的需求反映了他们对文化活动的向往和期望，这种需求主要体现在对艺术欣赏、文化娱乐、艺术培训及网络数字服务等方面的追求。例如，大众可能对观看文艺演出、参与文娱活动和艺术竞赛、接受音乐或舞蹈培训、使用网络和数字资源等方面表现出强烈兴趣。

群众文化的供给则是为了满足这些文化需求而进行的文化产品和服务的提供。这包括以政府出资购买或补贴的方式，由群众文化事业机构或其他社会文化机构生产的免费文化艺术作品，以及群众文化事业单位提供的各类免费的非实物文化艺术服务。供给文化的主体不仅有各级政府和群众文化事业机构，社会文化机构、文化企业以及文化志愿机构也是重要参与者。

人们的群众文化需求可以分为基本文化需求和特殊文化需求两大类。基本文化需求通常由政府和群众文化事业机构以及社会机构通过免费方式提供，而特殊文化需求则可能需要群众通过支付一定费用在市场上获得，或由群众文化事业机构以有偿服务的形式提供。群众文化事业的核心任务是满足广大人民群众的基本文化需求，确保文化活动的普及和可达性。

2.建立以群众文化需求为导向的群众文化服务供给模式

群众文化供应的核心目标旨在响应群众的实际文化需求，构建一个信息交流平台和高效的服务模式，确保服务项目丰富多彩、服务受众广泛普及、服务模式达到高品质标准。

该平台作为信息交流的数字化桥梁，借助互联网技术，在线汇集与传播群众文化相关信息，促进供需双方有效对接。其构建不仅是达成群众文化供应目标的基石，还使我们能够实时监测并精准把握公众的文化需求脉搏，进而在供需匹配上更加精准高效，提供更加贴近群众期待的文化产品与服务。

多样性在供给项目中至关重要，反映出对群众多元文化需求的尊重与满足。这意味着文化产品的种类与形式需琳琅满目，涵盖不同风格、类型的文化商品与便捷、贴心的服务体验，以全面回应不同群体的个性化偏好。

普遍化原则强调的是文化服务的无差别覆盖，体现了文化权利的平等与普及性。不论年龄、职业、社会地位如何，每个人都是群众文化服务的合法享有者，这要求文化服务网络广泛延伸，触及社会的每一个角落。

至于优质化供给模式，则是对服务质量和效率的严格要求，追求供给方式既符合高标准，又亲民易接受。这意味着需根据不同受众群体的特点灵活调整服务策略，确保服务既高效又深入人心，切实提高群众的满意度和参与度。

在此背景下，“超市式”与“菜单式”等创新供应模式应运而生，这些模式借鉴零售业经验，利用网络平台展示多样化的文化产品选项，让群众依据个人喜好自由挑选，再根据集中反馈调整实际供应内容。这种互动式、用户驱动的供给方式，不仅提升了服务的灵活性和针对性，也是深化文化供给侧结构性改革的积极探索，进一步促进了群众文化的繁荣与发展。

（二）群众文化需求研究

1. 群众文化需求是群众文化工作的导向

理解并精准把握群众的文化需求是群众文化工作的出发点，遵循需求导向原则是该领域工作的核心要义。因此，在规划群众文化发展蓝图、设定文化服务机构的工作议程，乃至策划具体文化活动之前，深入探究群众的文化需求是不可或缺的前置步骤，是构成上述决策与规划的基石。

进行需求调研，应追求深入透彻与实效性，避免流于表面的肤浅了解。这要求调研工作深入群众内部，运用多元化的调研工具和方法，确保收集到的第一手资料真实可靠。调研内容应全面覆盖调查对象的基本信息、现有文化设施与活动的使用状况、民众对文化活动内容、形式及举办条件的具体期望与需求，以及他们偏好的活动类型、时间等。

调研方式可灵活多样，涵盖问卷调查、座谈会、实地走访、项目投票、线上互动等多种形式，旨在通过动态互动与数据驱动的手段，确保调研过程的高效与反馈的即时性。

2.建立群众文化需求信息反馈机制

在群众文化管理工作体系中，确保需求信息反馈机制的有效性是至关重要的环节，因为这直接关系到能否精确捕获并响应民众的真实文化需求。以下是几点关于加强此方面的建议：

(1)构建系统化的信息管理制度

首先，应将群众文化需求信息的获取与管理内化为文化服务机构日常运作的一部分，并将其正规化、制度化。这意味着要建立一套成熟的信息收集渠道网络系统，确保各类文化需求信息能够高效、快速地上报，形成常态化的反馈机制。为此，文化机构需配置专业团队，负责信息的搜集、分类、汇总和维护，同时，完善相应的管理规章制度，确保信息处理的规范性与效率。

(2)强化需求信息收集的策略与执行

重视信息收集的关键，在于将其视为文化活动管理的日常核心任务，确保及时洞察民众的文化需求变化。实现这一目标，可以通过多种手段：

一是专项调研。设计并实施针对特定文化需求全面、系统的调查研究，深入挖掘群众的具体需求和偏好。二是统计分析。制定统一的报表格式，定期收集数据并进行统计分析，通过数据透视需求趋势和问题。三是活动反馈循环。在每项文化活动的规划与执行过程中，嵌入需求反馈环节，如活动后发放调查问卷或设置在线反馈渠道，及时收集参与者反馈，把握需求的新动向。这些即时反馈应成为下一轮活动策划与调整的直接参考，促使文化服务不断优化升级。总之，建立严格的制度框架、采用多元化的收集方法，并将需求反馈融入活动的每一个环节，可以确保群众文化管理更加贴近民意，有效提升服务质量和民众满意度。

(3)做好需求信息的加工处理和分析

收集到的群众文化需求信息应通过严谨的流程进行加工处理与深入分析。首先，对信息进行精细筛选，去除无关或重复内容，确保数据的纯净度。其次，对筛选后的信息进行逻辑分类，按主题、地域或其他相关标准归类整理，以便于对比分析。之后，通过横向与纵向比较，如与其他区域或过往年份的群众文化需求作对比，揭示需求的变化和差异。最后，对量化数据进行统计计算，得出需求量的比例和分布，为决策提供量化支持。在信息整理完毕后，深入分析信息，识别需求特征、热门趋势、发展方向等，提炼出需求变化的规律性。

(4)开展年度群众文化需求信息分析

基于全年的调查研究成果、统计数据和活动反馈，系统性地分析群众文化需求，用以指导来年的文化服务供给策略。持续跟踪并实时掌握需求动态，是确保分析结果时效性和准确性的前提。信息的准确性和翔实程度是分析质量的保证，因此，务必确保数据来源的可靠性。年度分析可依托全年累积的资料，采用多种分析手段，如数据对比、图表展示、典型案例分析等，直观、深入地揭示需求特点。分析结果应直接应用于指导接下来一年中文化服务的定向调整与内容优化，确保服务供给与群众需求的精准对接，推动群众文化事业的健康发展。

(三)群众文化服务供给的模式

1.直接政府服务供给

政府直接参与到群众文化的供给中，利用其宣传、文化和旅游等部门的力量，组织大规模的、具有教育意义及导向性的文化活动，旨在传播国家价值观与主流文化。目前，政府逐渐倾向于减少直接干预，更多地采用间接手段促进文化服务。

2.依托专业机构供给

群众文化事业机构作为专业服务提供者，是政府向公众提供基础文化服务的主要载体。群众文化事业机构专注于群众文化活动的组织与推广，是文化服务供给的核心力量，确保服务的专业性和多样性。

3.购买服务模式

政府采取购买服务、资金补助或奖励代替补贴等灵活方式，从社会文化组织获取文化产品与服务，随后免费或低成本提供给公众。上述方式促进了政府与社会力量的合作，丰富了文化服务内容。

4.数字化服务推广

利用互联网技术，政府通过在线平台提供数字化的群众文化资源，如视频、动画等，以适应公众对便捷、多样文化消费的需求。这种方式拓宽了服务范围，降低了获取门槛。

5.鼓励公民参与

政府积极鼓励公众参与文化服务的创造与分享，支持自发性或个性化文化活动，通过志愿服务、社区互助等形式满足特定文化需求，并通过资金支持或奖励机制激励这种自下而上的文化供给。

6.自我满足与创新

针对一些特定群体的特殊文化需求，鼓励并支持群众自我组织、自我创新，开发适合自身需求的文化产品与服务，实现文化需求的内部自给，增强社区文化的自生力与活力。

这六种方式共同构成了一个多元化、多层次的群众文化服务供给体系，旨在满足不同群体的文化需求，促进文化的普及与繁荣。

（四）建立群众文化资源供需长效机制

1.建立群众文化服务供给保障体系，包括制度机制保障、组织体

制保障、资金投入保障、人才队伍保障

构建群众文化服务供给保障体系，旨在确保文化服务的有效性、可持续性及质量提升，具体包含以下四个方面：

（1）制度机制保障

这是确保群众文化服务遵循正确方向和原则的基础。此保障机制需政府制定和完善一系列制度，涵盖文化设施建设与管理、服务供给规范、免费开放政策、内容与形式创新机制，以及服务绩效评估体系，以社会主义核心价值观为引领，强调文化需求的普遍满足、服务的公平性以及文化特色的保护与发展。

（2）组织体制保障

此保障机制通过优化管理体系和网络布局，确保文化服务的高效运作。这涉及加强各级群众文化组织的协调性，完善服务网络到基层，细化管理规范，确保文化活动有组织、有计划地广泛开展，满足不同地区和群体的需要。

（3）资金投入保障

此保障机制要求确立稳定的财政支持体系，平衡政府投资与社会融资，确保文化服务的资金来源。需根据文化发展战略和实际需求合理规划预算比例，实施资金使用绩效评价，鼓励社会资本参与和投入，确保每一分投入都能有效促进文化服务的发展与创新。

（4）人才队伍保障

人才是保障服务质量的关键。要建立严格的准入制度，提升从业人员的专业资质要求，优化队伍结构，形成多学科、多层次的人才梯队。同时，加强在职培训，提升团队的专业技能和创新能力，积极吸纳文化志愿者，构建多元化的服务团队，并通过合理的激励机制和职业晋升路径，激发人才的积极性和创造力，保障队伍的稳定和活力。

综上所述，构建全面的保障体系，需要从政策指导、组织架构、经济支撑和人力资源等多个层面协同推进，形成合力，以保障群众文化服务的高质量供给和发展。

2.建立群众文化服务资源库，充分利用社会文化资源

为高效推进群众文化供给工作的实施，构建一个全面、动态更新的群众文化服务资源库显得尤为重要。这个资源库不仅应涵盖物理资源，如活动场地、艺术设备、图书资料等硬件设施，还应囊括人才资源，如艺术家、文化志愿者、专业讲师等人力资源，以及各类非物质文化资源，如民间艺术、传统习俗等文化传承。通过系统地搜集、分类、存储这些资源，服务机构能够迅速响应各类文化需求，为活动策划与执行提供坚实的基础。

资源库的维护是一个持续的过程，要定期审核资源的状态与可用性，及时更新库存信息，确保资源库的时效性与准确性。例如，对于场地资源，需记录其容量、位置、预订状态；对于设备资源，需跟踪其性能、维护记录；人才资源则需关注其专业特长、可参与时间等。这样的动态管理机制使得文化服务团队在策划活动时能够迅速匹配最合适资源，避免资源闲置或冲突。

三、群众文化工作的绩效管理与评估

（一）群众文化工作的绩效管理

1.群众文化工作绩效管理的基本概念

群众文化工作的绩效管理，作为衡量与提升服务效能的重要手段，围绕着政府文化部门、文化服务机构及项目展开，旨在通过科学的指标体系和方法，全面评价工作效率、服务质量、职责履行及公众满意度，以实现对资源投入、工作成效的精准评估与分级。具体而言，绩效考核内容可细分为以下几个核心维度：

（1）效率评估

这一维度关注的是群众文化活动的投入产出比，即在达成既定文化目标的过程中，所耗费的财力、人力、物力及时间等资源与产生的社会文化效益之间的匹配度。量化指标如人均资金投入、人力资源利用率等，是衡量效率高低的关键指标，有助于精确评判资源配置

的合理性与使用效率。

(2)服务质量分析

这一维度侧重考察文化服务在多大程度上满足了民众的文化需求,是否达到了既定的服务质量标准。这要求对照既定的服务标准,详细审查服务的实际执行情况,以确保服务内容、方式及效果与民众需求高度契合。

(3)服务责任审评

明确文化服务主体的责任范围和义务,评估其在服务过程中的职责履行情况。这涉及对责任主体是否依规行事、是否有效管理资源、是否按时完成任务等方面的考量,确保服务过程的规范性与责任感。

(4)社会公众满意度调查

作为绩效考核的核心指标,公众满意度直接反映了民众对文化服务的心理接受度和满意程度。通常通过问卷调查、在线评分等方式收集个体反馈,以此量化公众的满足感与愉悦感,这是衡量文化工作成效最直接、最关键的标准。

为了确保绩效评估的公正性和有效性,事先设定清晰、可量化的评估标准至关重要,其评估标准应涵盖上述所有维度,并据此对绩效进行分级评定,区分优劣,从而为改进工作提供明确的方向和依据,推动群众文化工作持续优化与创新。

2. 群众文化工作绩效评估的对象

在群众文化工作绩效评估体系中,核心评估对象被细分为四大类,旨在全面覆盖文化服务的各个供应端和关键项目,确保评估的全面性和公正性。具体包括:

(1)政府机构

作为群众文化服务的主导与监管核心,政府,特别是文化和旅游部门,承担着规划、实施和监管文化公共服务的重任。政府是绩效评估的首要对象,重点在于评价政府在制定政策、资源配置、服务监管、促进文化服务的普及与质量提升等方面的成效。

(2)公立文化事业单位

公立文化事业单位包括文化馆、综合文化站等,这些直接受政府资助的事业单位在文化服务的前线运作,是提供服务的中坚力量。对这些机构的绩效评估侧重于其服务内容的多样性、质量、创新性、受众满意度以及服务覆盖范围,确保文化服务的高效和贴近民众需求。

(3)政府采购项目执行方

参与政府采购并提供文化服务的企业和社会组织,也是绩效评估不可忽视的部分。这部分评估关注其服务的成本效益、执行效率、服务质量、创新能力以及与政府文化战略的契合度,确保公共资源的合理利用和第三方服务的高效率。

(4)重大文化项目与活动

不论是政府直接负责、公立文化事业单位执行,还是政府采购项目的一部分,所有重要的文化建设项目、服务项目和大型文化活动都被视为绩效评估的重点。评估集中于项目或活动的实施效果、成本控制、目标达成、社会影响及文化价值的长期贡献,确保文化投资带来显著的社会文化效益。

通过这样的绩效评估体系,不仅能够促进政府及其相关机构、社会组织在群众文化服务领域责任意识和服务质量的提升,而且能够确保文化资源的高效配置和文化活动的正面社会影响,最终推动文化事业的繁荣发展与民众文化生活质量的提高。

3.群众文化工作绩效管理的作用

(1)强化公共性、公益性和民主性质

群众文化服务的根基在于保障公众的文化权益,体现了一种基于公民身份的基本文化福利。通过税收,公众对社会文化生活享有合法权利,有权享受政府提供的文化服务。因此,群众文化服务不仅仅是公共服务的展现,更是公益性和民主性原则的实践,确保每位公民的文化参与权。强化绩效管理,旨在确保这些根本权利得以实现,使文化服务更贴近公众需求,更具包容性和代表性。

(2)优化服务品质与强化责任认知

群众文化服务的满意度和认可度直接关联其质量水平,而高质量的服务背后是服务人员强烈的责任心、热诚的工作态度以及对公共资源的珍惜。绩效管理机制的加强,通过评价和激励措施,能够有效提升服务人员的责任意识,从而推动服务质量全面提升,确保每项文化服务都符合公众的期待。

(3)促进服务能力与资源利用的高效整合

高质量的群众文化服务需要服务人员具备良好的政治素质、业务能力和组织技巧,同时,还需要大量设施、设备和资金等资源的有效投入。绩效管理在此起关键作用,通过科学评估和资源配置,不仅能提高服务人员的综合能力,还能确保资源最优化使用,避免浪费,提升服务效率。

(4)提供技术与制度双重保障

绩效管理不仅是服务质量的监控工具,也是检验技术应用效果和制度健全性的窗口。通过绩效评估,我们可以发现技术应用上的不足,及时调整和升级,同时查缺补漏,完善制度建设,确保文化服务在技术的支撑下和制度的保障中,实现顺畅运作,高效管理,形成一套科学合理的服务体系。这样,群众文化服务不仅在内容上丰富多彩,在机制上也更加健全,更能满足人民群众日益增长的文化需求。

(二)群众文化工作的绩效评估

1.政府群众文化工作的绩效考核

政府对群众文化工作的绩效考核不仅是评估服务质量的关键环节,也是推动文化事业发展的重要驱动力,其核心价值体现在多方面:

(1)强化认知与定位明确

绩效考核机制促使政府深刻认识到群众文化工作在社会文明建设与人民精神生活中不可替代的作用,有助于政府清晰界定自身角色，准确把握文化工作的战略定位，确保文化服务与国家总体目标的一致性。

(2)提升工作效能与规范管理

通过系统性的绩效考核，政府能够有效监测文化服务的质量与效率，发现并解决管理漏洞，推动工作流程的规范化与制度化，确保文化资源的有效配置和高效利用，提升服务的整体水平。

(3)紧跟需求动态，优化服务供给

绩效考核机制强调对群众文化需求的持续监测与分析，帮助政府及时掌握需求变动，从而灵活调整服务策略，确保文化产品与服务的供给能够精准对接民众的实际需求，提升文化服务的满意度和公众参与度。

绩效考核的具体维度广泛，涵盖了政府在文化领域的关键作为，包括文化经费的合理投入与使用效率、文化设施的规划与维护、跨部门的协调能力、文化产品与服务的丰富度与创新性、文化事业单位的管理效能，以及文化政策、规范的制定与执行情况等。

2.群众文化事业机构的绩效评估

群众文化事业机构的绩效评估是衡量与提升公共服务效能、彰显其社会价值的关键环节。随着政府对公益文化事业投入力度的加大，确保这些机构有效履行职责，满足国家投资与民众的期待，成为政府与公众共同关注的焦点。

绩效评估体系应紧密围绕群众文化发展的现实需求和长远目标构建，采用量化、科学、实操性强的指标体系，确保评估既能体现政策导向下群众文化工作的创新发展要求，又能凸显其公益服务的根本属性，并为整体工作提供导向与示范，促进服务质量与效率双提升。

评估内容全方位覆盖，包括但不限于：文化设施的有效利用、经费使用的合理性与透明度、人才队伍的建设与培养、基础服务的覆盖面与质量、数字化服务的推广与应用、制度规范的建立健全，以及最为关键的服务对象满意度。其中，群众的满意度被置于评估体系的核心位置，作为衡量工作成效的首要标尺。

实施文化馆和综合文化站评估定级，是绩效考核的重要步骤，旨在通过这一机制进一步激发活力，提升服务水平。评估结果应与地方政府文化和旅游部门领导及文化馆（站）负责人的任期目标责任挂钩，形成激励与约束并重的管理机制，避免资源的低效配置与服务的同质化，驱动群众文化事业机构不断创新，更好地服务于民，满足人民群众日益增长的文化需求。

3.群众文化工作项目的绩效评估

群众文化工作项目的绩效评估是确保特定文化活动或项目高效执行与资金妥善利用的重要管理工具。它不仅聚焦于项目完成的质量与效果，还强调资金使用的经济性和效率。同时，通过专项评估，我们能够细化和优化现有的评估体系，使之更贴近实际工作需求，提高评估的针对性和实用性。

采用第三方或中介机构进行绩效评估，是确保评估独立性、客观性和专业性的重要手段。这种做法可以减少内部评估可能存在的偏见，增强评估结果的公信力。评估过程中，结合自评与外部专家评审，形成一套综合评判机制，确保评估的全面性和深度。

指标评估法作为主要评估手段，通过“听、询、查、看”四位一体的检查方式，实现了对项目实施全貌的立体考察。这种方式不仅能检验项目成果的直观表现，还能深入了解项目执行的过程细节与管理质量，是确保评估科学性与严谨性的关键步骤。最终，基于评分体系的综合评价不仅能明确项目完成的等级，还能通过评估意见提出改进建议，为后续类似项目提供宝贵的经验和指导，持续推动群众文化工作高质量发展。

（三）群众文化工作的主要指标

1.群众文化工作指标的内涵

绩效评估在群众文化工作中扮演着至关重要的角色，要求构建一套既符合群众文化特性又具备可比性的指标体系，确保评估的准确性和有效性。这一套量身定制的指标系统不仅要能够映射出群众文化工作的基本框架及其随时间演变的趋势，还要能够为绩效评估奠定坚实的数据根基，是评估流程不可或缺的先决条件。

精心设计的群众文化工作指标和统计分析，可以为洞察群众文化事业的发展阶段、量化文化工作成效及评判工作绩效提供有力的数据支持。这些指标不仅是衡量文化建设成就的标尺，也促进了资源的合理配置与服务效能的持续优化。它们如同一面面透镜，让管理者、参与者乃至整个社会都能清晰地看到文化活动的影响力、参与度及满意度等关键指标，进而指导未来的规划与决策，推动群众文化事业迈向更高的台阶。

2.现行的群众文化工作指标体系

列入现行群众文化工作统计范围的主要是政府举办的文化馆（含群众艺术馆）和综合文化站。其统计指标主要包括以下几个方面：

（1）机构数量和从业人员数量指标

机构与人员统计范围包括从国家级至地方级的文化馆与群众艺术馆、深入社区的基层文化站、小型文化室，乃至个体经营的文化户。人员统计则囊括上述机构中的正式编制人员及聘用的工作人员，确保全面了解文化服务网络的规模与人力资源配置情况。

（2）群众文化工作指标

服务质量评估则通过一系列活动指标来体现，这些指标是衡量群众文化工作成效的直接尺度。具体包括：年度展览活动的总数，年度展览活动不仅涵盖单独举办的展览，也包括与其他机构合作的国内外展览项目，但内容重复的展览只计作一次；文艺活动的组织频次，文艺活动涉及各种表演、会演和故事会等形式，无论单独还是合作举办均予计算；培训班的开设班次，培训涉及文化艺术、科普教育等多个领域，不论是由机构单独开设还是合作开设均予计算；接受培训的总人次，累计每期培训班的参与人数，以此评估文化教育普及的广度和深度。这些指标共同构成了评价群众文化工作效能与服务覆盖的核心要素。

(3)资金收入、支出指标

资金是群众文化服务机构运作的命脉,特别是对于提供公共文化的事业单位,其资金的来源直接反映了其公益本质,是确保文化服务持续开展的基石。在构建和完善公共文化服务体系的过程中,资金的筹集与分配应与社会经济发展水平及民众的文化需求相匹配,从而建立一个持续稳定增长的资金保障体系,以不断提升文化事业经费的投入规模与使用效率。

资金来源方面,主要包括:

第一,财政拨款:是由政府直接提供的、专用于公共事业且无须偿还的资金。

第二,上级补助:来自上级管理部门或其他机构的非财政性资金支持。

第三,业务收入:源自机构自身主营业务及辅助活动的直接收益,涵盖预算外的收入。

第四,经营性收入:在主营业务之外,通过非独立财务核算的经营活动获得的额外收入。

资金使用可细分为多个类别,分别是:

第一,基本运营支出:确保机构日常运行和基本职能完成的所有必需开支。

第二,项目专项支出:针对特定任务或机构发展目标,在基本运营成本之外的额外支出。

第三,经营性活动支出:非核心业务及辅助活动衍生的运营成本。

第四,人力成本与福利:涵盖所有员工的薪酬、奖金、社保缴费及其他福利。

第五,商品与服务采购:除固定资产投资外,购买商品和服务的所有支出。

上述分类细致的收入与支出指标管理，旨在确保资金的合理配置与高效利用，既维持群众文化事业的公益属性，又推动其在社会进步中不断发展壮大。

(4)资产指标

资产是衡量群众文化事业机构物质基础的重要尺度，涉及机构控制或运用的一切有经济价值的资源。资产的评估与管理对于确保机构运营效率及服务效能至关重要。关键的资产指标可细化为以下几个方面：

第一，资产总值：此指标量化了机构所拥有的全部固定资产的市场价值，涵盖了房屋建筑、技术设备、办公器具乃至文献资料等长期使用且非消耗性的财产总和。

第二，年增加值：它体现了机构在一年内资产规模的增长情况，计算上不仅考虑了因提供服务直接产生的增值部分，还囊括了固定资产的折旧。按照特定算法，年增加值由人员薪酬支出、税收支出、固定资产按4%年率计提的折旧，以及根据既定公式计算得出的营业盈余综合构成。

第三，公用房屋建筑面积：这项指标关注的是机构实际拥有产权或可免费使用的办公与业务场所总面积，明确排除了职工住宿设施及租赁的房产，以此来准确反映机构的自有运营空间规模。

第四，文化活动用房面积：特别聚焦于机构总建筑空间中专为开展群众文化活动所配置的空间面积，旨在衡量机构直接服务于公众文化需求的能力和基础设施条件。

这些具体的资产指标，有利于全面了解群众文化事业机构的财务健康状况、物理空间利用效率及其服务潜力，为优化资源配置、提升服务效能提供数据支持。

3.现行群众文化工作指标的作用

群众文化工作指标的重要性体现在其作为衡量和分析由政府主

导的群众文化事业发展全貌的关键工具。官方收集的相关数据，全面展示了机构设置、财政支持、人力资源、资产配备、设施建设、基础业务活动以及信息化进程等多维度信息，不仅描绘了群众文化事业的演进轨迹，还为深入探究文化发展趋势、提升服务质量提供了扎实的数据支撑。

4.群众文化服务均等化指标

群众文化服务均等化指标旨在确保每个人都能平等地享受文化服务，是检验和提升文化工作及服务质量的客观标尺，具体包括以下四个方面：

(1)设施指标

本指标关注的是群众文化设施的普及程度，如文化馆、文化站、文化室的建设情况。对县、乡(镇)、村三级单位中文化设施覆盖比例的计算，可以反映各地域文化设施建设的均衡性。而每千人拥有文化设施面积的实际与理想比值，则进一步量化了设施均等化的实现程度，直观地体现了文化事业的发展层次。

(2)投入指标

本指标侧重于人均群众文化事业经费的投入水平，强调城乡之间投入的均衡性。当前，城乡间存在明显差异，均等化努力的方向是缩小这一差距，确保文化服务资金支持的公平分配。

(3)人员指标

本指标通过考量文化工作者、志愿者、业余文艺骨干等与服务人口的比例，来衡量人才资源配置的合理性。均等化意味着人员配备需达到一定的标准，确保文化服务的人力支持到位。

(4)工作指标

本指标聚焦于活动参与度、文化场馆的访问频率以及群众满意率等方面。特别是群众满意率，作为服务成效的直接反馈，是评价文化服务质量的基石。这些指标共同构成了评价群众文化服务效能与公众受益程度的重要维度，推动了服务均等化目标的实现。

第三节 群众文化队伍建设

一、群众文化队伍的组织方法与建设目标

(一)群众文化队伍的组织方法

1.政府管理和监督体系

我国的群众文化事业管理体系明确指出,各级政府的文化和旅游部门承担着规划、管理和监督本地区群众文化事业发展及机构运作的责任。这一架构遵循国家法律法规及文化政策框架,确保文化工作有序开展。从中央到地方,国务院文化行政部门起着统领全国文化馆事业宏观管理的作用,而县级及以上地方政府的文化行政部门则直接负责各自区域内的文化馆事业管理,体现了分级管理的原则。文化和旅游厅(局)、文化委员会等机构在这一体系中扮演着直接管理同级群众艺术馆或文化馆的关键角色。

2.基层文化组织的培育与管理

各级政府设立的群众文化事业机构,例如群众艺术馆、文化馆、综合文化站,不仅是文化传播的中心,也是基层文化生活的组织者和管理者。它们在同级文化和旅游部门的指导下,通过专业团队,对基层文化组织和文艺团队进行有效组织、管理、协调和辅导,促进基层文化活动的多样性和提升其活跃度。这包括直接组建并管理一些文化团体,并规律性地举办各类文化活动,以丰富民众精神生活。

3.上下级机构间的业务指导机制

我国群众文化事业管理中的一大特色是建立了自上而下的业务指导关系。上级群众文化事业机构负有对下级机构进行业务指导的职责。上级群众文化事业机构通过业务辅导培训、实地调研、活动策划指导等多种形式,传递经验,提升下级机构的服务能力和创新能力。下级机构则需积极响应上级的指导,参与各项业务活动,包括信息上报、活动执行和优秀作品推荐,从而形成上下联动、协同发展的

良好态势，确保全国范围内群众文化工作的高质量推进与持续优化。

4. 系统内群众文化组织管理

除政府文化和旅游部门主导的群众文化体系外，工会、共青团、少先队、妇女联合会、残疾人联合会、老干部管理等部门或社会组织亦设立了自己的群众文化分支。这些机构专注于服务各自系统内部，负责组织、管理、协调、指导和辅导其系统内的群众文化组织与文艺团队。它们与政府主导的文化机构相辅相成，前者专注于特定群体的精准服务，后者面向更广泛的群众，二者的有效协作促进了群众文化生态的全面发展。

5. 自发群众文艺团队的引导与管理

鉴于公众文化需求日益增长，诸多自发形成的群众文艺团队在公园、街头等地活跃起来，成为民间文化生活的一道亮丽风景线。对此，各级政府文化和旅游部门，以及相关的场所管理方如公园管理局、街道办事处，需主动承担起责任，将这些自发团队纳入监管视野，提供必要的指导与帮助。这些团队在合理的引导下有序开展活动，不仅丰富了公共空间的文化氛围，也进一步激活了群众文化的生机与活力。

（二）群众文化队伍的建设目标

第一，首要任务是致力于群众文化人才的培养和选拔，打造一个能够促进优秀人才涌现的制度环境与社会氛围，构建一支规模庞大且素质优秀的群众文化工作团队，为群众文化的长远发展奠定坚实的人力资源基础。人才是推动进步的首要资本，群众文化领域亟须汇聚学识丰富、文化底蕴深厚、专业技能精湛、富有责任感且对群众文化充满热忱的精英。想要确保文化工作人才库的持续充盈，关键在于不断优化人才管理体系和任用机制。当前，尽管群众文化团队的人员结构已显著优化，越来越多具有高等教育背景的毕业生加入其中，但现行人事管理机制仍存在缺陷，限制了团队的发展步伐，导致亟须的人才难以引进，而不再适应团队需求的成员也难以被调整。正在进行的事业单位分类改革，有望解决这一难题，为优秀人才的脱颖而出创造更有利的制度与环境条件。

第二，构建和完善群众文化人才的培养、使用、激励和评价体系，以及确保职业资格管理制度的实施，以下几点措施至关重要：

①规划引领与政策保障：强化各级领导层对高素质人才队伍建设的责任意识，政府文化和旅游部门应设立专项小组，负责制定详尽的人才发展规划，将人才建设成效纳入基层领导班子的绩效考核。政府通过明确群众文化事业的定位，出台相关政策和法规，规范人才的发掘、培养与使用流程。

②分类培养与选拔机制：基于专业与能力对人才进行分类，实施个性化的培养计划，采用多元化的培训方式，如线上课程、工作坊、实习实践等。推广公开选拔和竞争上岗制度，鼓励人才公平竞争，积极发掘并培养潜力人才。

③优化使用与人事改革：坚持以人为本的原则，持续创新人事管理制度，推行职业资格认证、全员聘用和岗位管理制度，消除“官本位”观念，确保人才根据其专业特长合理配置，实现人才资源的最大化利用。同时，提升人才的政治待遇、经济待遇及社会地位，增强职业吸引力。

④科学评价体系：建立公正的评价机制，评价标准应综合考量个人贡献、工作业绩和实际能力，而非单一依赖学历、职称或资历。构建综合评价体系，确保评价的全面性和公平公正。

⑤创新管理体系：适应市场经济和文化事业发展的要求，创新人才管理机制，建立科学的考核、用人和激励机制，鼓励人才成长与创新。实施群众文化专业技术人员职业资格证书制度，明确社会文化指导员作为职业入门标准，构建初级、中级、高级到社会文化指导师的晋升阶梯，为人才发展提供清晰路径，激励其不断提升专业水平和

业务能力。

上述措施，有利于形成一个完整的群众文化人才发展生态系统，促进人才的持续涌入、有效使用、合理评价与激励，最终推动文化事业的繁荣发展。

第三，在提升群众文化工作效能的过程中，强化从业人员的规范化管理是不可或缺的一环，这不仅要求建立科学的管理体系，还需通过多元化的培训策略来提升队伍的整体素质，尤其是提升队伍的思想政治和适应新时代群众文化工作需求的能力。具体策略可归纳为以下几点：

①分类精细管理：根据群众文化从业人员的角色和职能，将其划分为管理人员、专业技术人员（如艺术指导和活动策划人员等）及工勤技能人员。针对每一类别制定个性化的管理策略，确保管理既符合其岗位特性，又能促进个人与团队效能的提升。

②健全引培选用机制：构建完善的引才、育才、用才体系，确保从人才引进之初就注重其专业素养与潜力，通过持续的培养机制，如定期培训、轮岗锻炼、实践学习等，不断优化和提升团队能力，同时建立公平透明的选用机制，确保人才能凭实力脱颖而出。

③动态分级分类指导：针对不同级别和专业领域，实施差异化、动态的指导与管理，确保每位从业人员都能在适合的平台上获得最佳发展，同时保持团队整体的活力与竞争力。

④绩效考核强化：建立严格的绩效评估体系，将从业人员的工作成效、服务质量、创新贡献等关键指标纳入年度考核，以此作为奖惩、晋升的依据，激励队伍的积极性与创造力。

⑤强化培训重点：培训是提升队伍能力的关键，应聚焦于提升从业人员的思想政治素质，强化新时代意识形态引领，同时，应注重从业人员业务能力的培养，如新媒体应用、文化创新、群众活动策划等，确保队伍能有效适应并引领文化发展趋势，满足群众日益增长的精

神文化需求。

上述措施，不仅能够提升群众文化队伍的专业水平与工作效率，还能促进文化事业的健康发展，更好地服务于民，满足人民群众的文化需求。

第四，拓宽人才引进渠道与落实激励措施。

①高校合作与基层实践。与高等教育机构建立紧密合作，鼓励艺术、文化等专业毕业生通过实习、志愿服务或直接就业等方式参与到农村与社区的文化工作中，如“大学生村官”项目，以此带动基层文化创新与传承。②专业人才流转机制。支持专业文艺院团改革中释放的人才流向群众文化机构及社区，担任文艺辅导员、文化指导员，利用其专业优势，提升基层文化活动的专业性与吸引力。③社会化招聘与选拔。对基层文化岗位实施开放性社会招聘，特别关注具备文艺特长及实践经验的人才，通过严格筛选考核后，将其配置到最适宜的岗位，促进人才与岗位的最优匹配。④人才流动机制。建立文化系统内部的晋升与调动机制，鼓励基层优秀人才向上流动，同时也提倡上层人才定期下基层锻炼，形成上下互动，确保人才流动与经验交流。⑤骨干挂职锻炼。鼓励资深文化工作者到基层挂职分享经验，带动基层文化水平提升，形成良好的传帮带效应。

第五，激活基层力量与进行团队建设。

①依托骨干作用。充分发挥基层文化骨干与文化能人的积极作用，他们是社区文化活动的中坚力量，通过他们带动更多的文艺团队与文化活动，增强基层文化生命力。②团队培育。在社区、农村积极培育业余文艺团队，发展文化中心户，培养义务文化管理员等，形成一支既有专业技能又贴近群众、服务群众的兼职文化队伍。③资源整合与支持。整合基层文化资源，为文化骨干与文艺团队提供必要的培训、资金、场地、设备支持，鼓励他们创作出更多贴近民生、反映百姓生活的文化作品。

上述策略，不仅可以有效解决基层文化人才短缺的问题，还能激活基层文化活力，促进群众文化繁荣发展，构建起一支稳固且充满活力的群众文化工作队伍，更好地服务于基层、服务于民。

二、群众文化专业队伍的管理

（一）群众文化专业队伍的基本概念

群众文化专业队伍的基本概念可分为广义和狭义两种。从广义上来说，群众文化专业队伍指的是日常从事群众文化活动的各类文化事业单位的工作人员，包括各级文化馆（群众艺术馆）、综合文化站，以及人民团体、社会组织中专门负责群众文化活动的文化中心（文化宫）、青少年宫等机构的工作人员。而从狭义上来说，群众文化专业队伍特指那些在群众文化事业单位中担任专职群众文化专业技术和管理工作的人员，主要包括管理人员和专业技术人员两类。这些单位主要通过专业技术提供社会公益服务，其中文化馆（站、中心）、群众艺术馆等单位的专业技术岗位通常不低于单位总岗位的70%。

（二）群众文化专业队伍的组建

群众文化专业队伍由各级政府或工会、共青团、妇联、残联等人民团体负责组建，由各级政府文化和旅游部门或各类人民团体、社会组织的相关部门承担人员管理职责。

群众文化专业队伍的组建涉及人员来源、人员构成和人员管理三个方面：

1.人员来源

群众文化事业单位应通过面向社会公开招聘的方式来扩充其专业队伍。公开招聘需遵循德才兼备的原则，并实施公开、平等、竞争、择优的招聘原则。此外，应特别考虑群众文化业务需求，并针对应聘者的才艺、业绩及实际工作能力进行细致考核。招聘流程包括：首先，公开发布招聘信息，详细说明招聘单位、岗位、人数、待遇、应聘条件、招聘流程、考试内容、时间和范围以及报名方式；其次，进行资格初审，审核应聘者是否满足聘用条件；再次，通过笔试和面试等多样化方式进行考试和考核，侧重评估应聘者专业知识、业务能力和工作技能（对于急需的高级专业人才，可以直接进行专业技能测试或考核）；之后，对通过考试的应聘者进行政治思想、道德品质、业务能力和工作业绩等方面的复审，并重新审核其资格；最后，集体研究择优确定拟聘人选，并在适当范围内公示 7 至 15 天，然后由人事管理部门审批或备案，法定代表人或其委托人与受聘者签订聘用合同，正式确立人事关系。

2. 人员构成

群众文化专业队伍应由在各群众文化事业单位中从事群众文化艺术及相关业务的专业人员组成，包括文化馆（站）和其他相关机构的专业人员。以政府设立的群众艺术馆、文化馆的专业人员为例，这些人员应涉及文学、音乐、舞蹈、戏剧、曲艺、美术、书法、摄影、非物质文化遗产（民族民间文化遗产）、群众文化理论及演出设备管理、数字化服务设备管理等多个艺术门类及其职能。群众艺术馆和文化馆需确保各专业门类和功能的全面配备，部分门类和职能应配有专门人员。各艺术门类和职能的专业人员数量根据单位实际情况调整，同一艺术门类内应包括多种专业人员，例如群众舞蹈需包括民族舞蹈、芭蕾、国际标准舞等专业；群众音乐应包括声乐、器乐、指挥等。虽然不必为每种艺术门类的不同专业都配备一名专业人员，但专业人员应具备多项能力。县级文化馆应根据人员编制合理配置专业人员，而综合文化站则因人员编制限制不可能配备齐全的专业人员，可根据地域特色和群众需求优先配置相关艺术门类和职能的专业人员。

3. 人员管理

根据国家对事业单位管理的规定，群众文化专业队伍的管理应采用人员聘用制度和岗位管理制度。群众文化事业单位的业务人员必须通过培训和考核后持证上岗。在专业人员管理方面，实施岗位职级管理制度，并配套人员聘任制度、工资分配制度和社会保障制度，从而将人员管理从传统的身份管理转变为基于岗位职级的分类管理。个人的待遇应与其岗位的工作量、难度和责任挂钩，实行“级随岗走、薪随岗变”的政策，加强绩效管理，激励专业技术人员向“专业能手”方向发展。

在人员聘任方面，应遵循“按需设岗、按岗聘任、签订聘约、优胜劣汰”的原则，科学设定岗位，严格考核，全面实行聘约管理。针对群众文化专业队伍的不同专业类别和岗位，进行分类和细化管理，采用不同的考核办法，实行“科学设岗、竞聘上岗、评聘分离、以岗定薪、岗变薪变”的管理模式。同时，应改革现有的单一职称评审制度，推行群众文化职称资格的社会评审、文化馆（群众艺术馆）专业技术职务的岗位聘任以及社会文化指导员职业资格的认证制度，实现这三者的并行。

（三）群众文化专业队伍的标准

群众文化专业队伍的人员应符合如下三项基本标准：

1.良好的政治思想素质

群众文化工作者从事的是社会审美教育，因此他们必须具备优秀的政治思想素质。首先，他们需要热爱群众文化工作，具备强烈的事业心和责任感，维护良好的职业道德和职业操守。其次，他们应具有高尚的思想品德和正确的人生观及价值观，能以身作则，成为“人类灵魂的工程师”，并能正视及解决自身存在的问题。再次，面对复杂的社会现象，他们应具备较强的识别和判断能力，能够弘扬真、善、美，摒弃假、恶、丑。最后，他们应具有群众文化工作者应具备的亲和力和服务意识，以及无私的奉献精神。

2.较强的专业技术能力

群众文化专业人员应具备较强的专业技术能力。首先，他们需要掌握所需的专业知识，并持续加强对相关学科的学习，以确保专业知识水平达到一定的标准。其次，他们应具备组织和操作群众文化活动的能力，包括策划、指挥、辅导和教学等。再次，他们需要具备一定的专业理论素养，能够分析和解决问题。最后，他们应具有较强的专业技能，能够在群众文化传播和理论研究领域展示出一项或多项特长。

3.必要的从业资格

群众文化专业人员需具备必要的从业资格，主要包括两方面的要求：一是必须具备相应的专业学历；二是通过群众文化专业技术知识和能力考核。在群众性社会文化活动中，从事文化艺术传授、表演和创作指导，以及民间文化艺术整理、研究和开发的人员的职业名称被定义为“社会文化指导员”。该职业的主要工作内容包括对社会文化活动提供咨询与指导、进行专业能力辅导、策划和组织演出，以及策划实施群众性文化活动，管理使用所需场地、设备、器材等，还包括民间民俗文化遗产的抢救、保护和开发利用。目前，“社会文化指导员”的职业名称尚未被广泛推广，职业资格考试也未设立，但未来将逐步规范群众文化行业的职业标准。

此外，群众文化专业人员的继续教育培训是提升专业队伍水平的关键环节。根据国家关于专业人员继续教育的规定，每位专业技术人员每年应至少脱产或集中培训12天或72学时。因此，群众文化专业技术人员应定期参加本单位或上级指导单位组织的继续教育培训，确保完成规定的培训学时。这样的制度不仅有助于提高个人专业能力，还能促进群众文化事业的发展。

(四)群众文化专业队伍的培训

各级政府文化和旅游部门的重要职责是加强公共文化服务人才队伍的建设，提升群众文化专业队伍的服务质量。在这方面，群众文化专业队伍的培训应由各级政府文化主管部门负责。这些部门应依据国家的文化政策和时代要求,结合群众文化专业队伍的整体水平、共性特征及其薄弱环节,有针对性地进行岗位培训和继续教育。

群众文化专业队伍的培训内容应包括国家的文化政策、法律法规,公共文化服务体系建设,以及群众文化的基础理论和专业知识,还有各类群众文化艺术的专业知识和技能等。了解和掌握这些政策法规是群众文化健康发展的基础,确保群众文化工作符合社会主义先进文化的方向。因此,加强这方面的培训是提高群众文化专业队伍工作水平的关键。

(五)群众文化专业队伍的考核

群众文化专业队伍的考核是构建该队伍的重要环节。考核通常着重评估从业者的工作业绩和工作态度,通常根据岗位职责或工作说明书来衡量绩效。考核内容需要符合岗位实际需求,主要围绕德、能、勤、绩四个方面,其中以工作业绩为考核重点。

1.德

本方面关注工作态度和职业道德,即要求遵守法律法规,尊重工作岗位,具有良好的职业道德和政治思想品德。本方面主要从群众文化工作的角度评估从业者的敬业精神和责任感,考查其社会主义觉悟和法律道德意识。

2.能

本方面涉及工作能力和创新能力,包括从业者的体力、知识、智力和专业技能。群众文化工作要求从业者了解和掌握群众的文化需求,具备扎实的群众文化专业知识和技能。本方面重点考核从业者的调研能力、创作能力和学习能力,同时检查其参与继续教育的情况。

3.勤

本方面涉及服务意识和工作态度,涵盖工作的积极性、责任心、纪律性和自觉性。群众文化从业者应具有强烈的服务意识,愿意为群众提供优质的文化服务。在考核中，本方面重点检查从业者的履职态度、劳动纪律和出勤情况。

4. 绩

本方面涉及工作效率和成果（也称为绩效），包括从业者在岗位上的工作数量、质量、成本、社会效益、经济效益，以及专业技术人员的获奖情况、发表论文、获得专利或出版作品等。本方面考核重点评估从业者完成本职工作的表现和取得的成果。

为提升群众文化专业队伍的考核质量，人们需要开发和完善一套科学的考核指标体系，并制定严格、规范且操作性强的考核方法，确保考核过程和结果的客观性、公正性和全面性。

三、群众文化（艺术）社团组织的管理

群众文化（艺术）社团组织通常由群众根据自己的文艺兴趣和特长，遵循自愿原则组建。这些组织拥有成员共同认同的章程，通过交流文艺技能、举办文化活动等方式，旨在丰富群众的业余文化生活、增强体质、促进人际间的感情交流以及推广地方文化。在广泛意义上，这类群众文化（艺术）社团组织即各类群众文艺团队。

（一）群众文化（艺术）社团组织的作用

群众文化（艺术）社团组织的功能主要体现在以下五个方面：

1. 凝聚群众文化爱好者

群众文化（艺术）社团是基于人们共同的群众文化需求而建立的。这些社团借助其固有的沟通、吸引和激励效能，促进内外部交流互动，有效地团结和凝聚了广大群众文化爱好者。许多社团从最初的几人发展到数十甚至数百人，成为聚集同好的核心。

2. 建立文化活动平台

群众文化（艺术）社团为其成员提供相对固定的活动场所，成为开展聚会性质活动的特殊平台。这种平台不仅为社团成员提供了固定的聚集地，也助推更多群众参与文化活动。

3.推动文化活动的广泛开展

群众文化(艺术)社团的活动促进了群众文化活动的广泛开展。无论是政府文化和旅游部门还是社会文化机构举办的活动,都依赖于这些社团的积极参与。社团的组织性和活跃性为举办方提供了便利,使得文化艺术的传播更为广泛。

4.提升群众文化活动的质量

群众文化(艺术)社团成员有共同的审美需求和荣誉感,且活动频繁。在骨干成员的带领和专业力量的指导下,团队能够整体发挥优势,有效地进行学习、交流、排练和演出等,从而提高群众文化活动的整体水平。

5.促进社会成员间的和谐

群众文化(艺术)社团通过共同的兴趣和活动,能在公共场所展现强烈的正能量。这不仅增进了人际交往,化解了潜在矛盾,还增强了团队成员的社会荣誉感和集体荣誉感,对社会和谐产生积极影响。

(二)群众文化(艺术)社团组织的特点

群众文化(艺术)社团的特性主要体现在以下六个方面:

1.广泛的群众参与性

群众文化(艺术)社团种类繁多,能够满足不同年龄、不同社会层次人群的文化娱乐需求,吸引大量群众文化爱好者加入。这些社团的入门门槛通常较低,基本上只要符合社团的基本条件,任何人都可以参与。其活动内容丰富多样,涵盖文学、音乐、舞蹈、曲艺、戏曲、小品、书法、美术、摄影等多种文化艺术门类,也包括灯谜、集邮、手工技艺、读书会等广受欢迎的活动形式。

2.社团组建的自发性

群众文化(艺术)社团主要由文化积极分子自发组建,依靠团队核心成员的积极性维持运营。这种自发性来源于成员对文化艺术的热爱及对学习、提升、交流和展示的需求,旨在实现审美教育和个人发展。群众文化(艺术)社团通常遵循自发组建、自愿参加、自我管理的模式,有利于团队的成长和发展。但由群众文化机构组建的社团需要进行登记备案并接受监管。

3.社团成员的内聚性

群众文化(艺术)社团通常具有较强的内聚力和一致的行为规范,成员间遵守一定的奖惩规则。社团内部通常会自然形成一些具有较高技艺专长、组织协调能力和综合素质的核心人物,这些人物具有显著的影响力和威望。他们的领导能够显著增强团队的内聚力,形成一群自觉维护社团核心利益和目标的骨干成员。这些骨干成员的带动作用使得社团成员具有较强的集体意识和从众倾向。

4.活动规律的灵活性

群众文化(艺术)社团的成员构成、活动方式和活动地点通常保持一定的稳定性,但在外部环境变化时容易调整。由于这些社团的活动大多是业余性质的,通常在工作学习之余或退休后的空闲时间进行,因此在时间和精力投入以及活动要求上较为宽松,受主客观条件的影响较小,活动的规律性较为灵活。

5.组织者的权威性

群众文化(艺术)社团的组织者通常具有较强的号召力和影响力。这些组织者一般是社团的倡导者和发起人,拥有较高的专业艺术技能和活动组织能力,具备良好的人际关系,因此在社团中享有较高的威信。他们的个人特质在很大程度上影响着社团的发展与进步。组织者的无偿付出和精力投入,加之社团基于共同兴趣和情感的纽带,使得组织者的权威性得到社团成员的认可。

6.保障条件的不确定性

由于群众文化(艺术)社团是自发形成的,它们面临着成员不固定、需求变化、资金不稳定和任务不明确等不确定因素,这些问题加剧了社团的不稳定性。特别是因为缺乏固定的资金来源和活动场所保障，许多群众文化(艺术)团体经营困难。尽管各级政府对群众文化(艺术)社团的支持力度逐渐增强，提供了一定的活动场地和业务指导，社团常利用公园、广场等公共空间进行活动，但这些不确定因素仍然在一定程度上限制了社团的持续发展和活动开展。

(三)群众文化(艺术)社团组织的组建

群众文化(艺术)社团虽然属于社会团体的范畴，但它们与政府相关部门成立的政治性社团组织有所区别。群众文化(艺术)社团可以由相关政府部门或单位组建和管理，也可以完全由社会成员自主组建和自我管理。尽管这类社团通常不与地方政府的文化和旅游部门存在行政隶属关系，但它们仍需遵循政府文化和旅游部门的管理、指导和监督，确保其活动符合法律法规，并且积极响应地方文化发展的方向和需要。群众文化(艺术)社团组织的组建主要有以下五种类型。

1.由群众文化事业单位组建和管理

由群众文化事业机构如文化馆、文化站、青少年宫、工人文化宫、老干部活动中心等组建和管理的群众文化(艺术)社团，通常需要在所属机构备案，并且具备一定的专业水平，其活动也更为正规化。

以文化馆组建的群众文化(艺术)社团为例，这些社团根据艺术类别的不同，其组建和管理方式也有所区别，主要可分为以下三种模式:第一，直接管理模式。在这种模式下，社团的组建和日常管理均由文化馆中具有相关文艺专业背景的业务人员直接负责。社团的所有活动和管理工作需要业务人员投入大量的时间和精力，以确保社团运作的专业性和高效性。第二，指导模式。此模式下的社团已具备一定规模和实力，拥有自己的组织机构和负责人，文化馆主要负责提供业务指导。文化馆派遣专业人员对社团进行定期或需要时的辅导，帮助其提升专业能力和管理水平。第三，挂靠模式。在这种情况下，社团在内部组织机构和运作上相对完善，主要利用文化馆提供的设施和场地开展活动，并以文化馆的名义对外开展活动。文化馆在这一模式中扮演的角色主要是进行定期的检查和指导，保证活动方向的正确并提供必要的支持服务。

这些不同的组织模式使得群众文化（艺术）社团能够根据自身的发展阶段和需求选择最适合的管理和运作方式，从而更好地发挥其在文化普及和艺术提升中的作用。

2.由街道、乡镇一级机构组建和管理

由街道（政府派出机构）和乡镇政府委派的相关职能部门组建和管理的群众文化（艺术）社团，通常承担着协助当地政府完成文化宣传任务的角色。这些社团在地方组织的群众文化活动中，代表地区的群众文化团队参与，并得到当地政府的资金或物质支持。这种模式不仅增强了地方文化活动的影响力，也促进了文化的普及和提升。

随着“政事分开、管办分离”的改革措施进一步实施，街道和乡镇政府需要调整其管理群众文化（艺术）社团的方式。这种改革旨在减少政府对日常运营的直接干预，转而通过行政和经济手段进行宏观管理。这样的管理方式不仅提高了社团运营的自主性，还促进了文化创新和多样性的发展，使群众文化（艺术）社团能够更灵活、更有效地响应社区和地方的文化需求。

3.由社区居委会、村委会组建和管理

由社区居民委员会和村民委员会组建和管理的群众文化（艺术）社团，主要任务是活跃地区群众的文化生活。这些社团所在的社区居委会和村委会是基于自我管理、自我教育、自我服务的基层群众自治组织。它们创建群众文化（艺术）社团的主要目的是满足群众的娱乐需求，因此社团组建过程简单，参与限制较少。

这种类型的社团在实施自我管理的同时，通常由社区（村）文化室负责具体的日常管理工作。这样的管理模式使得社团能够更加贴近群众的实际需求，有效地促进文化活动的多样性和参与度。同时，社区(村)文化室的参与也确保了活动的有序进行,帮助维护社团活动的正常秩序,保证活动可以持续且有效地为当地居民服务。

4. 由企事业单位、社会团体组建和管理

由企事业单位和社会团体为了构建和强化自身的企业文化而组建的群众文化(艺术)社团,主要功能是展示单位的外部形象和内部精神风貌,同时增强内部的凝聚力和向心力。这类社团通常由企事业单位的工会或者相关部门负责管理。

这种组建形式利用艺术和文化活动这种手段,不仅提升了企业或组织的公众形象,也促进了员工间的交流和团队精神的培养。通过定期举办文化演出、艺术展览、才艺比赛等活动,企事业单位能够有效地激发员工的创造力和归属感,同时向社会展示其独特的文化和价值观。定期举办的活动不仅提高了员工的生活质量,还强化了团队的整体协作能力和组织的凝聚力。

5. 由业余文艺骨干组建和管理

由群众文艺核心成员根据个人兴趣和专长自主发起并管理的群众文化(艺术)社团,通常在公园、广场等公共场所举行活动,有时也会使用组织者的个人住宅。这些社团的活动目的主要是自娱自乐。这些社团以情感为纽带,组织结构比较松散,成员经常变动。

群众文化(艺术)社团中有一部分较为正规,已经注册为面向全社会的法人社团组织;然而,大多数社团仅在地方群众文化管理部门进行备案,被纳入地方文化管理系统,以业余文艺团队的身份开展活动;还有一些社团未进行任何形式的登记备案。较为正规的社团通常有明确的组织规范,包括自觉遵守国家法律法规,拥有明确的社团名称和管理机构,成员相对稳定,拥有固定的活动场地和规律的活动时间及规范。

(四)群众文化(艺术)社团组织的标准

群众文化(艺术)社团主要分为两种类型:一般性群众文化(艺

术)社团和正规性群众文化(艺术)社团。

1.一般性群众文化(艺术)社团的标准

第一,社团需要有组织者或负责人。

第二,成员应相对稳定,且积极参与社团活动。

第三,必须有固定的活动场所。

第四,社团应有明确的名称。

第五,需要保持常规的活动安排。

这类社团通常由街道(乡镇)、社区(村庄)或机关、学校、工矿单位等基层组织构成,活动范围和人员比较有限,规模较小,影响力有限。然而,许多一般性的群众文化(艺术)社团随着时间的推移也可能发展成为正规性社团。

2.正规性群众文化(艺术)社团的标准

第一,需要有正式的社团章程。

第二,应设立明确的组织机构。

第三,必须有固定的活动场所。

第四,应实行严格的规章制度。

第五,需定期参加地区范围内的群众文化活动。

正规性社团多由区(县)级以上的群众文化机构及各种组织、单位管理,其成员和活动的覆盖范围较广,活动规模和社会影响力也较大,组织管理和业务执行上需要满足更高的标准。

(五)群众文化(艺术)社团组织的活动

1.日常的团队活动

群众文化(艺术)社团的日常活动涵盖了娱乐、排练、交流、创作、采风、培训、笔会等,目的在于自娱自乐、学习和技能提升。这些活动根据团队的艺术类别和特性,通常遵循一个固定的活动周期,如每日一次、每周一次、隔周一次、每月一次或多次等。以娱乐和排练为主的活动通常依赖集体参与,周期较短;而以创作和研究为主的活动,成果多由个人独立完成，集体活动主要用于交流和激励，因此活动间隔可能较长。在有演出或比赛等特殊需求时，活动频率可能会增加。

2.参与地域及机构的演出展示活动

群众文化（艺术）社团参与的演出、展示和比赛等活动，包括音乐、舞蹈、戏剧、曲艺、书法、美术、摄影、文学、民间艺术和民俗等，旨在服务所属地域和机构。这类活动占据了社团活动相对较大的比例，是地区和机构支持群众文化（艺术）社团的重要原因，也体现了社团的社会价值。

3.参与跨区域的国内外文化交流活动

群众文化（艺术）社团参与跨区域国内外文化艺术演出、比赛、展示和研讨活动，旨在为地区、机构及团队赢得荣誉。这些活动对艺术表演水平的要求较高，参与的社团通常需要通过选拔或比赛胜出才能获得参加机会。活跃的群众文化（艺术）社团也经常有机会参与这类国内外文化交流活动。

（六）群众文化（艺术）社团组织的管理目标

在对群众文化（艺术）社团的管理方面，首先应着重强调自治管理，即社团需要完善自身的管理制度和规范，不断开拓演出（展示）、场地和经费等方面的资源，以促进其健康持续发展。其次，各级政府的文化和旅游部门应发挥其管理职能，探索建立促进群众文化（艺术）社团长期发展的有效机制，通过定期会议、研讨和表彰等活动，激发团队的建设和发展活力。最后，群众文化事业单位应加大对群众文化（艺术）社团的指导和服务力度，重点从提升艺术水平和质量的角度出发，加强团队的业务知识和技能培训，构建社团展示与交流平台，积极支持并推动群众文化（艺术）社团的发展与进步。

群众文化（艺术）社团的管理目标主要可设定为六个方面：

1.活动方向

群众文化（艺术）社团的活动内容和形式应当积极健康，符合社会主义先进文化及核心价值观的要求。这意味着社团坚持“文艺服务人民、服务社会主义”的方向，并遵循“百花齐放，百家争鸣”的方针，弘扬社会主旋律的同时，鼓励文化多样性。社团应组织开展对人民群众身心健康和情操有益的活动，确保群众文化活动的方向正确。

2.日常活动

社团需保持持续的日常活动，确保活动成员参与率达到一定比例，活动应具有明确的计划、内容记录和检查机制。每年社团应拟定年度工作计划并作出总结，包括展示活动。日常活动是社团运营的基础，是成员间学习、提高和交流的主要平台。具体活动应围绕文化艺术的创作、排练、培训和欣赏展开，针对不同艺术门类，组织与艺术规律和特点相符的活动。例如，摄影社团的日常活动主要围绕展示和评审会员作品开展；合唱队则以发声练习和歌曲排练为主；舞蹈队则侧重基本功训练和舞蹈作品排练。

3.服务群众

社团应定期举办服务地区群众的公益性展示活动，以扩大其在地域群众文化活动中的受众面和影响力。根据所属地域或机构的文化活动安排，社团应参与或自主组织公益性展示活动，旨在丰富和活跃辖区群众的业余文化生活，增强社团在公众中的存在感和社会责任感。

4.品牌特色

群众文化(艺术)社团应该具备独特的文化艺术特色，并发展形成自己的活动品牌。这样的品牌特色是多年积累和不断创新的结果。在一定程度上，品牌即是群众对社团的认可和口碑。社团应根据自己的艺术门类，创作或开展具有鲜明艺术特点和深刻反映地域生活的原创作品或活动项目。社团应通过参与或组织演出、比赛、展览等形式进行推广，持续根据群众反馈进行优化，从而赢得群众的喜爱，产生良好的社会影响。

5.硬件条件

群众文化(艺术)社团需要有稳定的活动、排练场地以及必要的辅助设备。社团的活动场地应根据其活动的性质动态安排,动态类活动可以在室内外进行,而静态类活动通常在室内举行。虽然许多社团常将公园、广场等公共区域作为户外活动场地,但季节和天气变化可能会影响活动的正常进行。因此,各级文化机构或组织应提供必要的场地支持。此外,社团还应配备必要的服装、道具、音响等设备。政府设立的群众艺术馆、文化馆(站)应将提供活动场地和设备作为免费开放服务的一部分。

6.创编能力

群众文化(艺术)社团还应具备一定的创编能力,这反映了对高水平社团的期待,是一种创造性的文化活动需求。社团创作的群众文化作品应与社会形势、工作重心及当地群众生活紧密结合,采用大众喜爱的形式,体现地域文化特色,与社团艺术门类相匹配,强调作品的原创性和生活性,服务于地区建设和生活。群众文化(艺术)社团应鼓励有创编天赋的成员参与,依据社团的能力和条件,创作并排练一定数量的文艺作品,并进行演出。

四、群众文化骨干队伍的管理

(一)群众文化骨干的特征

群众文化骨干是群众文化活动中的核心力量,起着关键和领导性的作用。他们展现出三个显著的特征:

1.对群众文化的热爱

热爱群众文化是群众文化骨干的基本动力,他们以满腔的热情投身于群众文化工作中,能够在活动中充分激发并展示自身的潜能和热情。

2.专业文化艺术技能

群众文化骨干通常拥有高水平的文化艺术专业技能,并在群众中具有较高的威信和影响力。他们不仅能够进行艺术表演,还具备辅导和指导他人的能力，乐于用自己的专长帮助他人。

3.强大的组织能力

群众文化骨干通常兼具组织者、辅导者和管理者的角色，具有强大的组织和协调能力。他们能够鼓励和引导更多人参与群众文化活动，他们的表现在很大程度上影响着群众文化活动的发展和成效。

（二）群众文化骨干队伍的培植

群众文化骨干队伍的培养需要有目的、有计划地进行。具体的培育措施包括以下几个方面：

1.提升业务水平

尽管群众文化骨干热爱文化艺术并具备一定的艺术特长，但许多人未曾系统学习过相关的专业知识和技能，因此，需要通过不断的学习和实践来充实他们的知识库和提升他们的专业水平。各级群众文化事业机构应定期为群众文化骨干提供培训、交流、表演和深造的机会，满足他们对专业发展的需求。

2.提供资源支持

群众文化骨干及其组建的或在其中发挥重要作用的群众文化（艺术）社团在推动群众文化活动中扮演着关键角色。因此，政府文化和旅游部门以及文化事业机构应根据这些骨干和社团的水平、活跃度和贡献，提供必要的场地、师资和设备支持。此外，政府和机构还应提供必要的指导和服务，帮助他们更好地开展活动。

3.激励和表彰

采用表彰、命名和奖励等方式能有效激发群众文化骨干的积极性，同时也是管理他们的有效手段。政府文化和旅游部门及文化事业机构应从组织和业务管理的角度，通过多种形式对群众文化骨干进行表彰和奖励，以此调动他们的积极性和创造力。

（三）群众文化骨干队伍的考核

群众文化骨干队伍的考核是一个关键环节，它不仅有助于提升队伍的整体素质和效率，还可以激励成员们更加积极地参与文化活动。有效的考核制度可以确保群众文化骨干能够持续地为文化事业的发展贡献力量。以下是群众文化骨干队伍考核的几个主要方面：

1.业务能力的考核

业务能力是群众文化骨干的核心能力，包括艺术技能的掌握和创新能力的展现。考核可以通过组织定期的技能测试、作品展示或者实际表演来进行。例如，可以定期举办艺术展览或者表演会，邀请专业人士或者社区成员对他们的表演或作品进行评价。此外，鼓励骨干成员参与新的文化项目创作，以其创新能力和项目实施的成效作为考核的一部分。

2.组织能力的考核

作为群众文化活动的组织者和推动者，群众文化骨干需要具备良好的组织和协调能力。考核的内容包括活动策划能力、团队协调和资源整合能力等。可以通过评估他们策划和执行文化活动的效果，以及在活动中解决问题和应对突发事件的能力来进行考核。同时，还应考虑他们在动员和吸引更多社区成员参与文化活动方面的成效。

3.社会影响力的考核

群众文化骨干在推广社会主义核心价值观和提升公众文化素养方面应发挥重要作用。考核可以包括他们在活动中传播正能量的效果，以及他们在社区中的影响力和公众评价。可以通过调查社区成员的反馈，或者通过社会媒体和其他平台上的公众互动来评估他们的社会影响力。

4.创新和发展的考核

应鼓励群众文化骨干不断学习和创新。考核的重点在于他们引入新思想、新技术到群众文化活动中的能力。以此评估他们是否能够跟进最新的文化趋势，将现代元素融入传统文化中，以及他们在推动文化艺术形式创新方面的努力和成果。

5.遵守规章制度的考核

群众文化骨干需要严格遵守国家的法律法规和社团的章程。考核应包括他们的法律意识、职业道德以及对社团规章制度的遵守情况。通过定期的法律和道德教育培训，以及对其在实际工作中的表现进行监督，确保其行为符合规定。

五、群众文化志愿者队伍的管理

志愿者，又称为义工，是指那些自愿加入相关组织，在不寻求任何物质、金钱或其他利益回报的前提下，自愿奉献个人力量的人们。他们在个人条件允许的范围内，合理利用社会资源，为需要帮助的人提供专业性、技能性和长期性的服务。志愿者通过提供志愿服务，不仅给予人们具体的帮助和心灵的慰藉，还为社会带来爱的力量和积极向上的希望。

文化志愿者是志愿者队伍中的重要成员，他们活跃在图书馆、博物馆、美术馆、文化馆、音乐厅、影剧院等公共文化服务机构，提供相关的志愿服务。群众文化志愿者则特指那些利用自身的时间、财力和文艺技能，自发为社会和他人提供公益性文化艺术服务和帮助的人。这些志愿者通过各种文化活动，积极传播文化艺术，丰富社区生活，提升公众的文化素养。

（一）群众文化志愿者队伍的社会功能

群众文化志愿者主要是指那些为社会和大众提供文化艺术服务和帮助的志愿服务人员。他们是群众文化事业中的重要力量。在现有的群众文化服务能力无法完全满足需求的情况下，群众文化志愿服务有效地调动了地域内的社会文化资源，成了专业文化队伍的重要补充，扩大了文化服务的覆盖范围，并加深了文化服务的影响力。

（二）群众文化志愿者队伍的组织

1. 招募群众文化志愿者一般采用的程序

招募群众文化志愿者的流程通常涉及详细的规划和严格的程序，以确保招募有效且符合项目需求。以下是招募一般采用的步骤：

（1）确定志愿服务项目

首先，群众文化事业机构应基于群众文化工作的具体计划，提出需要志愿服务支持的文化活动项目,并制订具体的招募计划。这些项目可能是单一的或多元的,选择时应重视其公益性、可行性,确保项目能广泛覆盖、受众广、影响深远且成效显著。所有项目都应经过专家评审和验证。

(2)明确服务方式和要求

对每一个选定的志愿服务项目,根据招募计划具体明确志愿服务的方式及相关要求,以确保志愿者明确自己的角色和任务。

(3)明确招募对象条件

详细说明拟招募志愿者的基本条件,如年龄、学历、健康状态及必需的知识技能等。对于可能存在风险的服务项目,需要向志愿者明确传达潜在的风险。

(4)明确报名方式

决定志愿者的报名方式,包括但不限于现场报名、电话报名、网络报名等方式,并提供明确的联系人信息和联系方式。

(5)发布志愿者招募书

基于以上内容,撰写并发布《志愿者招募书》,通过报刊、互联网等媒介公开发布。招募书中应包含项目的背景、内容、服务方式、具体要求、招募对象条件、报名方式等关键信息。

2.制定群众文化志愿者指南和管理制度

为志愿者编制详尽的服务指南或手册,内容包括:志愿服务理念、誓言、基本条件、权利与义务、招募流程、培训内容、服务知识、基本要求、注意事项、日程安排、保障与表彰等。同时,为规范管理、保障志愿者权益、提升服务质量,招募单位应制定一系列志愿者管理规章,如注册登记、工作守则、培训和奖励制度等。此外,探索创新的志愿服务机制和方式,建立统一的服务项目发布平台,以提高服务项目与公众需求的对接效率,发挥最大的社会效益。

3. 群众文化志愿者的组织方法

群众文化志愿者队伍的组织方法可以分为以下几种形式，以适应不同的管理需求和活动特点：

(1)由群众文化事业机构进行管理

这种方式由群众艺术馆、文化馆、文化站等群众文化事业单位直接负责志愿者的招募、培训、使用和管理。这些机构根据自身举办活动的需要，组织志愿者队伍，直接对志愿者的活动进行监督和指导，确保志愿服务的质量和效果。

(2)由省市文化和旅游部门组建的文化志愿者服务中心进行管理

在这种模式下，政府的文化和旅游部门会设立专门的文化志愿者服务中心，负责群众文化服务范围内的志愿者招募、培训、使用和管理。这种组织方式有助于实现资源的集中管理和优化配置，同时能够提升志愿服务的专业性和系统性。

(3)由志愿者服务机构进行管理

第三方志愿者服务机构，独立于群众文化事业机构之外，负责志愿者的招募、培训和管理。这种方式允许使用单位根据具体的文化活动项目需求，委托专业的志愿者服务机构进行志愿者的招募和管理。这样可以为文化活动带来更广泛的人力资源支持，并可能引入更多创新的管理方法和技术。

组建和管理群众文化志愿者队伍是一个不断发展的新领域，需要不断地研究和探索，以建立一个完善、高效且能满足群众文化需求的志愿者管理机制。上述方法的实施，不仅可以提升文化服务的覆盖面和参与度，还能促进志愿者精神的传承和文化价值的普及。

(三)群众文化志愿者队伍的培训

培训是群众文化志愿者组织管理的核心部分，关键在于通过系统的培训提升志愿者的整体素质，这对于群众文化志愿者队伍的持续发展至关重要。加强培训能够有效提升志愿者的政治认识、文化水平和专业技能，从而不断优化志愿服务的质量和效率。

建立完善的志愿者培训体系，是提升群众文化志愿者服务能力的重要手段，有助于他们更好地履行义务服务的职责。从本质上讲，志愿服务活动是志愿者自我教育、自我发展和自我提升的过程。因此，根据志愿者的不同背景、专业技能和服务项目进行有针对性的培训，是确保志愿服务质量的关键。以下是志愿者培训的主要形式：

1.新志愿者培训

所有新加入的志愿者都应接受基本的入门培训。这是因为他们虽具备专业技能，但可能对志愿服务的理念和细节了解不足。培训内容应包括：

第一，群众文化志愿者组织的使命、结构和职责介绍。

第二，志愿服务相关的规章制度和纪律教育。

第三，志愿者服务指南介绍和具体志愿服务项目的详细信息。

第四，优秀志愿者先进事迹分享和经验交流。

2.项目专业培训

由于每个志愿服务项目都有其特定的要求，进行项目开始前的专业培训是必须的。这类培训应明确项目的目标、内容、时间、地点和具体要求，确保志愿者全面理解并掌握相关知识。对于需要特殊技能的服务项目，应邀请专业人士或具备培训资格的志愿者进行培训。

3.全员培训

全员培训是提升所有志愿者基本素质的重要方式，旨在保证服务的标准化和质量。培训内容通常包括志愿服务的基本理念、常用技能和行为规范等。建议全体志愿者每年至少参加一次此类培训，相关内容和参训记录应妥善保存在志愿者服务档案中。

这样的培训体系，不仅可以提高志愿者的服务效果，还能增强团队的凝聚力和志愿者的个人成就感，进一步激发志愿者的服务热情，为群众文化事业贡献更大的力量。

第四章　群众文化运作

第一节　社区文化运作

一、社区文化建设重在多元化、社会化

社区文化建设是公共文化服务体系中最基础和最前沿的部分，对构建和谐社区至关重要。社区群众文化面向社区居民，依托居民的广泛参与而发展。社区文化建设应以基层文化的“四基建设”为核心，建设完善的设施、健全的队伍，并因地制宜发展具有地域特色的文化，实行人本思想，积极促进广泛参与，以及资源整合和共享。社区文化中心的建设应纳入整体城市规划之中，从城市住房开发投资中划分1%用于社区公共文化设施建设，并注重设施的合理布局与综合利用。同时，为了确保文化设施建设的成效，还需要加强软件建设，积极探索活动内容与运行管理的多元化与社会化，从而提升社区群众文化建设的整体质量和效益。

（一）多元化：实现活动内容和活动方式的创新

随着人们精神文化生活日益丰富和公共文化建设不断加强，社区文化建设已逐渐采纳多元化与社会化的新运作机制。社区文化作为城市的重要文化符号，其多元性是城市和谐的关键。社区文化的地域性、群众性、交融性和多样性，以及资源整合、共建共享的原则，推动了社区文化建设的多元化与社会化，目标是建立一个完善的社区公共文化服务体系。

多元化主要表现在文化活动的内容和方式上。在推动社区和谐文化建设的过程中，以先进文化为主导，丰富文化活动的内容已成为迫切的需求。社区的多民族构成和当代的多元文化背景促使社区文化形态丰富多彩，并在文化的发展与融合中满足社区居民多样化的

精神文化需求。组织社区文化活动，应涵盖艺术文化、民俗文化、收藏文化和体育文化等多方面内容，坚持以人为本，提供多层次、多样化的精神文化服务。

此外，提升活动品位和探索形式新颖的活动方式也是关键。社区文化活动包括文化艺术讲座、培训、展览、比赛、游艺、健身以及读书会、茶话会、联欢会、消夏纳凉文艺晚会和社区文化艺术节等多种形式。

挖掘社区特色，注重个性化发展同样重要。根据各社区的地理风貌、人员组成和社会历史文化资源的差异，可以培育具有地区特色的社区文化。传统与现代、民族与国际、本土与外来文化的交流与融合，以及居民文化需求的持续更新，都为社区文化的个性化发展提供了丰富的素材和可能性。

（二）社会化：实现社区文化参与机制的创新

社会化是指充分利用政府、社区居委会、物业管理部门、民间组织、驻社区单位及个人等多方力量参与社区文化建设的过程。此过程通过发挥各方的作用，吸引广泛的社会资源共同参与，以实现社区文化的全面发展。

政府和相关职能部门应发挥主导作用，建立一个职责明确、合作共赢的工作机制，包括建立和完善社区文化组织机构，形成一个科学合理、灵活高效的管理体系。同时，应制定社区文化建设的整体规划、规章制度、评估标准和奖励办法。社区党组织和居民自治组织的作用也需被充分发挥，通过深入宣传和动员居民参与，加强社区文化队伍建设，包括文化艺术团队和文化志愿者队伍的组织。

为了实现资源的整合与共享，社会化运作需要在社区已有的文化设施和人员资源得到高效利用的基础上，动员和利用更广泛的社会资源参与文化建设。社区文化资源主要涵盖人力、财力和物力三方面。其中，人力资源是最关键的，包括专家和专业人员、文艺骨干、文化志愿者等。财力方面，应通过多渠道筹集资金，政府应根据规划提供必要的支持，并建立社区文化建设发展基金，鼓励社会赞助，形成多元化投资主体。物力资源则涉及充分利用社区内的机关、学校、企事业单位和家庭的物质资源，避免资源的重复建设和浪费，并可探索跨社区资源配置和利用。

社区文化活动的社会化拓展包括政府文化和旅游部门与社区的互动，主要通过“走下去”和“请进来”的方式。前者包括文化工作者进入社区进行指导和演出等，后者则是举办面向社区的艺术赛事和培训。此外，社区居委会、居民所属单位、驻社区单位、家庭及各类媒体也可以成为举办文化活动的主体，共同丰富社区的文化生活。

二、建立现代化城市社区文化室新理念

在城市的五级群众文化网络体系中，社区居委会文化室处于最基层位置，它直接与居民生活接触，最能反映居民的文化需求。这一级文化组织基于居民的自发活动，由社区居民委员会建立，并在城市区域及街道主管文化部门的具体指导下运作。管理体制上，社区居委会文化室隶属于社区居委会，并接受上级文化和旅游部门的指导以及文化馆、文化站的业务辅导。随着我国城市社区范围定位于规模调整后的居委会，社区居委会文化室作为社区文化娱乐的重要设施，其在社区文化建设中的地位日益显著。

社区文化室的建设与发展是社区居委会的基本职责之一。随着城市管理焦点向下转移和社区建设的持续推进，文化工作也应向基层和社会延伸，深入到社区层面。加强社区文化室的建设与发展是基层文化建设中的一项重要战略，被视为新世纪社区文化工作中具有前瞻性和战略意义的关键任务之一。以社区文化室为载体，全面推动社区文化的发展，已成为当前城市社区文化工作的核心任务。

（一）城市社区文化室的特征

1. 城市社区文化室的本质

社区通常指居住在特定区域内的居民所形成的社会生活共同体。目前城市社区的范围一般是指经过社区体制改革后，规模经过调整的居民委员会辖区。社区的组织结构主要包括社区党组织、社区自治组织以及社区中介组织，其中社区自治组织包括社区成员代表会和社区居民委员会。

社区文化建设依托于社区，以开展文化活动为纽带，以共同的文化观念、行为规范、民俗习惯和价值观念、审美情趣等为底蕴，联结社区内不同行业、不同阶层的成员，形成一种社会文化现象。社区文化建设不仅是城市社区建设的重要内容，还包括各种群众性的文化、体育、教育、科普活动及其他社会主义精神文明建设活动。社区文化建设是精神文明建设的重要组成部分，它不仅是塑造社区灵魂和形象的重要工程，也是培育社区人才和社区动力的基础，以及展示社区活力和风采的平台。社区文化建设是形成社区认同感和归属感的主要途径，是增强社区吸引力、感召力、凝聚力和创造力的关键手段，同时也是社区形象、传统特色和经济活力的直接或间接展现。

在社区文化设施方面，街道文化站和社区居委会文化室是推动社区文化繁荣的重要公益性群众文化设施。文化站是街道设立的全民所有制文化事业单位，经济上通常采取差额拨款与自收自支相结合的模式。文化室则是居委会设立的，主要作为社区居民的文化娱乐设施及开展社区文化工作的基地，其服务对象主要是社区居民。社区文化室是社区文化建设的核心，其运作有一套完整的体系。文化室的房屋、设施由居委会提供，大型活动的经费通常由居委会工作经费和城市建设专项资金中按比例支出，而小型日常活动则自行筹资。此外，社区共建单位通常愿意为社区文化活动提供支持和赞助。区、街文化主管部门通过定级、评比、表彰等手段，以以奖代补方式对文化室给予经济支持，同时也指导社区文化室的工作，文化室有义务协助文化主管部门和单位的相关工作。

2. 社区文化室的工作目标、功能与作用

体现以人为本的社区文化建设的终极目标主要体现在服务观和育人观两个方面。社区文化室不仅是居民的文化娱乐场所，也是社区文化活动的组织者和承办者。其工作性质强调服务性，主要服务对象是社区居民，涵盖社区所有成员。工作内容主要是组织和开展各类文化活动。社区文化室通过联合和共建的方式来满足社区内不同群体和单位的文化需求，尤其在服务社区弱势群体中扮演着重要角色。

在育人方面，社区文化室通过举办各种教育性和娱乐性活动来接触和服务居民，培养居民的公民责任感和社会意识，提高居民的思想道德素质和科学文化素质。这包括自觉抵制愚昧和腐朽思想的侵蚀，努力营造一个科学和健康的社会环境。社区文化室的工作也旨在促进社会公德、职业道德和家庭美德的建设，推动人的全面发展和社会的全面进步，为全体人民的共同富裕和社会主义现代化强国的全面建设不懈努力。

社区文化室为社区文化建设提供了重要保障，其功能在社区居民的文化生活中发挥多重作用，包括审美娱乐、宣传教育、文化传承、团结凝聚和普及知识等。这些功能在社区这一特定范围内，因社区工作的特性而具有特定的内容和形式。

文化室所开展的文化活动对于提升社区居民的整体素质和推动社区文化的建设发挥着重要作用。在社会主义市场经济这一背景下，这种推动作用主要体现在“以文化人”“社会文化导向”和“终身教育的学校”三个方面。

（1）以文化人

文化具有深远的传递性和影响力，无论是有意识的内容传播还是无意识及潜意识的影响，文化都在不断地塑造人并提升人的素质。文化的本质在于其创造性和人类性，它不仅是人类的创造物，同时也通过不断的文化活动来塑造和改善人。现代社会中，提升文化气质和文化品位成为人们的普遍追求。社区文化室通过举办各种文化活动，不仅营造了浓厚的文化氛围，还激发了居民的主动性、积极性和创造性，引导他们自觉追求高品质的文化生活，从而提高自身的文化素养和综合素质。

(2)社会文化导向

在经济转型和文化重塑的关键期，建立社会主义市场经济体制的同时，构建健康的社会文化环境尤为重要。社区文化室的社会文化导向功能在于其对社会文化整合和文明导向的积极贡献。这一功能关乎现代化建设的成功与否以及民族的未来命运，因为一个健康向上的社会文化导向可以有效地塑造民族的文化品格和精神。

(3)终身教育的学校

随着知识经济的发展和科技的快速进步，终身学习成为必需。社区文化室以其地域优势和社团组织优势，成为居民终身学习的重要场所。文化室不仅提供文艺、科普、道德、法律等各方面的教育，还通过各种教育活动帮助居民适应社会发展的需求，提升他们的知识水平和生活品质。

综上所述，社区文化室在提高居民素质、塑造社区文化和推动社会文化进步方面发挥着不可替代的作用，是社区精神文明建设的重要基地。

3.城市社区文化室的工作性质和活动特点

城市社区文化室的工作性质主要表现在开放性与群众性、综合性与务实性、经常性与服务性方面。

(1)开放性与群众性

社区文化室展现出显著的开放性与群众性，反映了当今社会“全球化”背景下社区的开放环境和大众传媒的发达状态。在这种后工业社会中，社区不仅是本地居民的聚集地，也是文化交流的开放场所。

开放性体现在社区文化室是一个开放的文化空间，能够接纳和传播各种现代文化潮流。通过现代传播媒介，各种文化时尚和创新精神不断渗透进社区，丰富和拓宽了居民的文化视野和生活方式。此外，社区文化室不仅服务本社区成员，还向外界开放，使得其服务和影响范围得以扩大，覆盖更广泛的受众。

群众性则是指社区居民在社区文化活动中享有主导地位和自主权，社区文化活动基本上是集体性活动，涉及广泛群体。这种活动形式培养了强烈的群体意识，使得参与者的感觉、思想和行动在集体中展现出与个体状态截然不同的特点。群体规范有助于促进群体成员行为的一致性和协调性。群众性要求文化活动的内容和形式应完全符合社区居民的期望和需求，目的是不断提升居民的文化实践能力和文化享受水平。

综上所述，社区文化室作为一座连接小社会与大社会的桥梁，不仅在本地社区中扮演着重要角色，通过其开放性和群众性的特点，也能有效地促进文化的交流与共享，提升社区整体的文化质量和居民的生活满意度。

(2)综合性与务实性

社区文化室作为“大文化”范畴的一部分，不仅涵盖了文学艺术，还包括教育、体育、游艺等多个方面，体现了其复合型文化的特点。这种文化的广泛性使得社区文化室的任务具体而多样，涉及场地管理、文化设施维护、图书借阅服务、文化活动组织以及文艺队伍建设等方面。这些活动不仅丰富了社区居民的精神生活，也对提升社区的整体功能和居住环境质量有着直接的积极影响，如改善社区卫生、提高治安水平、美化环境等。

由于社区文化室的工作直接关系到社区居民的日常生活，其活动和任务具有明确的目标性和实用性。这种综合性的特点要求社区文化室在工作中必须务实，反对空洞的讨论，需要具体而全面地执行各项任务，以实现其根本目的——全面提升社区居民的综合素质和生活质量。因此，社区文化室不仅是文化活动的发起者和组织者，更是社区精神文明建设的重要推手，通过具体有效的文化服务工作，促进社区的发展和居民福祉的提升。

(3)经常性与服务性

社区文化建设是社区建设的核心任务之一，而社区文化室则是实现这一任务的关键载体。文化室的工作不是阶段性的或突击性的，而是持续性的。这种持续性是由社区文化室的性质和目标所决定的——如果文化室不经常性开展活动，它就会失去其存在的价值。

社区文化活动应当融入居委会日常职能的核心。文化室通过持续组织多彩的文化项目，确保居民的精神文明需求得到充分满足，同时作为传达党和国家政策方针的桥梁，引导居民形成积极向上的世界观、人生观及价值观。文化室作为服务载体，其特色在于能紧密贴合社区独有的文化底蕴，灵活响应居民多样化的需求，运用创新多样的服务形式，精准对接并丰富社区成员的文化生活体验。

此外，文化室还应根据社区工作的整体需求，为社区的各项任务提供支持。考虑到群众文化消费的多样性及社区文化室工作的综合性，文化室应该拓展思路，为社区成员和社区工作提供多样化的文化服务。文化服务包括为特定时期和特定人群定制服务项目，利用文化室的资源和团队优势宣传和普及社区的各项活动。

服务性不仅是社区文化室的一个重要工作属性，也体现了社区的基本理念。随着社区功能的加强，这一特性将变得更加明显，使社区文化室成为提升社区文化生活质量和居民幸福感的强大动力。

城市社区文化室的活动展现了其独特的自发性与参与性、自娱性与引导性以及层次性与多样性的特点，这些特点共同构成了其活动的核心价值和操作方式。

（1）自发性与参与性

社区文化室的活动往往建立在群众自发的基础之上，居民可以根据个人的兴趣和爱好自由、自愿地参与。这种模式强调教育、个性发展、集体主义精神的培养以及医疗保健的作用。居民在这一过程中无距离感地参与，不仅是文化活动的参与者和创造者，也是成果的维护者和享受者。

（2）自娱性与引导性

娱乐是社区文化活动吸引群众参与的直接动机。大多数参与者虽非专业人士，但社区文化室的活动提供了一个平台让他们通过自我情感的抒发和展现来愉悦身心和沟通情感。同时，通过引导性的活动，文化室还致力于提升居民的文化素养和艺术审美能力。

（3）层次性与多样性

社区本身就是一个具有不同年龄、职业、社会阶层和思想文化层次居民的小型社会。这种多层次的结构使得文化室的活动必须具备层次性和多样性，以满足不同居民的需求。文化室的活动内容和形式需要考虑参与者的感知和理解能力，使文化活动成为一种审美的对象，实现美的享受、知识的认识和价值的教育。社区文化室应根据居民的多样化需求，提供形式多样、内容丰富且方法灵活的文化服务，确保不同层次的居民能在参与中获得文化的熏陶和享受。

通过这些特点的实现，社区文化室不仅丰富了居民的精神生活，还促进了社区的和谐发展和文化的持续传承。

（二）城市社区文化室建设与发展方略

随着城市化进程的加速、城市数量的增加和城市基础设施的逐渐完善，文化工作的重心逐渐向基层社区转移。在新时代背景下，城市社区文化室的建设与发展已成为社区自治组织和各级文化管理部门关注的重要任务和研究课题。

城市社区文化室的建设与发展是推动城市现代化、促进社会主义精神文明建设的重要措施。这一过程不仅关系到创建文明城市、传播先进文化，还是提升居民素质、增强社区综合实力的关键，同时也满足了居民日益增长的文化生活需求。

城市社区文化室的建设可分为硬件和软件两大部分。硬件建设涉及基础设施的建设，如场地、设施和设备等。而软件建设则涉及文化室的发展战略、管理机制和运行机制的构建，以及资金和人力资源的投入。软件建设的核心在于提升社区居民的精神素质，更新文化观念，建设文化队伍，完善文化政策，以及优化文化设施的管理和布局，制定社区文化事业发展战略。

这种综合性的建设不仅强化了社区的文化功能，还有助于提升居民的生活质量和文化享受，从而促进整个社区的和谐与发展。

1.城市社区文化室建设与发展的指导思想

城市社区文化室建设与发展应以中国特色社会主义为指导，认真贯彻党和国家关于加强社会主义精神文明建设的政策方针。应坚持“为人民服务，为社会主义服务”的方向，遵循“百花齐放，百家争鸣”的方针，以及以人民为中心的工作导向。应以社会主义核心价值观为引领，推动创造性转化和创新性发展，增强文化自信，传播正能量。其目标是构建现代公共文化服务体系，通过加强文化基础设施和活动方式的建设，提高管理水平和服务效能，以促进社区人口素质和精神文明的全面提升。

2.社区文化室建设与发展的基本工作方针

城市社区文化建设应具有先进性、集中性和辐射性，政府文化主管部门应从战略高度加强文化室的发展规划，确保文化室的建设和发展有据可依、有序可循。考虑到不同社区在文化底蕴、传统和氛围上的差异，政府应基于实际情况，发挥各社区的文化优势，实施分类指导和突出社区特色。文化运作机制应从传统的“办文化”向现代的“管文化”转变，注重文化室的管理、宣传和协调工作，加强设施建设和组织管理，培育社区特色文化。此外，应增强改革意识和创新精神，创建满足群众文化需求的新机制，以文化活动为纽带，团结社区各方力量共同推进社区文化建设。

通过这些方针的实施，城市社区文化室将有效提供文化服务，挖掘和利用社区文化资源，增强社区居民的文化生活质量，同时为社区的和谐发展和文化繁荣提供坚实的基础。

(1)政策法规是先导

政策法规是确保文化室长期发展和稳定运营的基石。为此，政府应基于深入的调查研究，根据不同时期的需求制定与社区文化室相匹配的政策法规。首先，区级政府应对基层文化实施政策倾斜和资金支持，制订具体的社区文化发展规划，清晰定义文化室的基本功能、队伍、设施、经费和运作机制，确保文化室在社会主义市场经济体制下维持其公益性，享受政府的政策支持。其次，区政府应将社区文化建设纳入街道的目标责任制管理考核，明确要求每个居委会中设立主管文化工作的领导和干部，并在主任办公会议上定期讨论文化室的工作，确保文化室建设成为一项常态化、可持续发展的任务。最后，中央及省、市级文化主管部门也应制定相关政策法规，提供指导和支持，以促进社区文化室的系统建设与进一步发展。这些措施将为社区文化室提供一个坚实的政策支持框架，保障其在服务社区居民中的核心角色和效能。

(2)创新管理办法

创新是民族进步的灵魂，也是国家繁荣的核心动力。为此，政府文化主管部门需增强服务意识，推动管理创新，采用适应21世纪的现代管理理念和服务理念，制定符合新时代需求的文化室管理办法，加强宏观指导，并建立一个既竞争又约束的机制。

首先是评定挂牌，即建立社区文化评估机制和文化室考评定级挂牌的管理体系。这涉及对街道内所有社区文化活动的全面考评与奖励，以及对文化室进行日常检查、定期验收和评级挂牌，同时为未达标的新开文化室提供启动资金。其次，树立典型，即通过培育、发掘和宣传先进的示范文化室，起到榜样的示范和引导作用。结合社区文化评先、表彰和经验交流，推动社区文化室的整体发展，并将其建设纳入社区服务和文明建设的整体规划中。此外，加强指导，政府文化和旅游部门以及相关辅导机构应增强对文化室的管理和业务指导，规范其内部管理，并通过培训、定期会议和典型文化室现场会等形式，将管理融入服务之中，切实为社区服务。最后，宣传交流，强化对文化室工作的宣传和交流，提高群众文化活动的可见度，通过各类媒体扩大文化室的影响力和交流范围，提升文化室的社会认知度和活动的参与度。

(3)阵地建设是基础

群众文化阵地对推动社会文化事业起关键作用，文化阵地建设是确定文化室能否有效运行的基础条件之一。首先在硬件建设上，必须确保有足够的活动空间，因场地不足可能限制居民参与文化活动的范围和程度。条件允许的居委会应设立一个或多个专门的文化室。随着居委会办公环境的改善，部分办公面积可以划拨作为文化室使用，也可以将文化室设在社区综合服务站内。此外，驻地单位和家委会的文化娱乐设施如图书馆、老干部活动中心、俱乐部等应向居民开放。同时，应积极利用室外空间如街心花园、小区空地等，发掘驻区单位的空地、操场等资源，进行室外活动。新建小区的开发商和物业部门应保障社区内的公益性文化设施建设。此外，文化室应配备完善的文体设施和设备，如文体用品、图书报刊、组合音响、电视、健身器材、电脑等，以适应信息化、网络化社会的发展需求。有条件的地方，文化室还应设立图书室、阅览室、培训教室及其他活动室。

在软件建设方面，需要加强文化室的自我建设，完善管理制度，提高资源利用效率，积极创新，丰富活动内容。应加强群众性文艺组织的建设和管理，构建一支高素质的文化队伍，发掘和培养社区的文艺人才，充分发挥他们的专长，为社区文化建设做出贡献。此外，还应为文化团队和协会创造更多的交流、展示和提升的机会，定期进行评优奖励，加强管理，以促进其继续进步。

（4）以活动为核心

开展具有特色的文化活动是社区文化室建设和发展的核心。社区文化室的活动不仅包括日常的普及性活动，还包括配合中央、市、区的指导精神和居委会的工作需要，在节庆期间举办的大型专题、专场、专项活动，以及各类群众业余文化组织的讲座、培训、排练、演出等。文化室活动的有效开展需注意以下四个方面：

第一，将普及与提高相结合。社区文化室的活动应本着内容健康、形式多样、寓教于乐的原则，深入挖掘活动的内涵，打破传统束缚，探索多样的文化形式。同时，也需注重提升活动的层次和品质，使之更规范。以老年群体为例，其文化活动内容应从动态到静态全面覆盖，不断丰富老年人的精神文化生活。社区文化室的活动应与居民的期望相符，同时适应居民文化水平和审美层次的提升，使活动既普及又高雅。

第二，重视三个层面的活动。首先，要抓好阵地活动，确保文化室有固定的开放时间，营造良好的文化氛围，满足居民的日常文化需求。在此基础上，应组织特色鲜明的专场文化活动，如文艺演出、展览、讲座等，并结合节日、纪念日等进行，使文化室成为社区居民的文化乐园。同时，增加文化室团队活动，并对其提供必要的支持，发挥其在社区文化活动中的引领作用。

第三，挖掘和培养社区文化特色。每个社区的文化底蕴各不相同，应在活动中引导和利用其特色，如诗社、民间工艺美术制作、戏曲等，以此形成社区独有的文化特色。

第四，确保活动服务性质。文化活动的组织应充分考虑居民的实际需求和利益，合理安排活动时间、地点和方式，旨在活跃居民文化生活的同时，不造成生活干扰，真正达到服务居民的目的。

通过这些措施，社区文化室不仅能够提供丰富多彩的文化活动，还能有效地服务于社区的精神文明建设和居民文化生活质量的提升。

(5)信息服务网络化

随着互联网技术的广泛普及，居民已能轻松访问各级文化网站，享受便捷的数字文化服务。政府文化和旅游部门应将社区文化室工作纳入电子政务和社区信息化数字工程战略，作为其核心部分之一。建议构建一个覆盖市、区、街、居四级的社区文化服务信息网络系统，通过建立社区业务信息资源数据库和图文资料库，大幅提升信息服务质量，满足居民对文化领域信息服务的需求。

对于条件允许的文化室，应推行电脑网络服务，将文化室工作作为社区信息服务网络的重要组成部分。这种服务方式不仅可以使图书借阅、文化活动等服务项目更加公开化、社会化，还能有效提升社区文化活动的参与度。同时，这种服务方式也能促进各社区文化室之间以及文化室与其他文化场馆之间的学习与交流，实现信息资源的共享，从而更好地服务社区居民，提高他们的文化生活质量。

(6)建立科学的筹资机制

在社区资源共享和社区文化共建的基础上，政府应在年度基本建设计划和财政预算中考虑社区文化室的建设发展，通过重点投入、以奖代补等多种方式确保必要的资金支持。这些资金主要用于更新文化设施、举办文化活动，以及设立社区文化基金，以表彰那些在传播先进文化和社区文化建设中做出突出贡献的项目和个人。

此外，社区文化室也应积极探索资金筹集的新途径，比如通过企业赞助、个人资助和联合共建等方式，在自愿的基础上向社区居民和受益单位募集资金。同时，文化室还需加强自身的运营和管理，提供无偿或有偿服务，有针对性地增加文化活动和社区服务项目，实现文化娱乐服务的良性循环，更好地服务社区居民，提升社区文化生活质量。

3.社区文化室建设与发展的现代理念和超前意识

新时代赋予文化室全新的使命，因此，文化室的运作模式需融入现代理念和超前意识。

(1)以人为本

"以人为本"主张把人置于服务核心，以提升人的素质为路径，以尊重人的主体地位为原则，全力为社区居民服务。社区文化建设的成效本质上体现在激发人的精神生产力上。社会现代化的首要任务是人的现代化，即培养具有现代意识和科学文化素质的人才。社区文化室建设与发展需将以人为本的理念贯穿于硬件设施、文化活动等各方面，关注人的心灵发展和自我完善，创造多样的文化空间和载体，促进个体与群体的融合，使文化室成为促进人际交流的桥梁。

(2)传播先进文化

文化发展应抑制落后文化，提倡先进文化，以促进新的文明形态的构建。主要体现在：首先是思想性，助力提升国民的思想道德水平；其次是广泛性，反映广大民众的文化需求，融合人类的文明成果；再次是科学性，代表时代发展方向，展现文化的内在规律；接着是时代性，传承传统文化精粹，并进行时代更新；还有民族性，展现民族优秀的文化传统和发展方向；最后是利于人性发展的，反对一切压抑创造性的文化。传播先进文化，关键是把握本质，转变文化观念，核心是更新价值观、管理哲学、美学、思维方式和伦理道德观。此外，文化载体也需要创新，探索多样的文化艺术形式，提升文化活动的品位，利用现代高科技手段，满足信息社会对社区文化工作的需求。同时，建立系统化的文化工作体系，以社区文化为中心，综合企业文化、校园文化、军营文化等，促进不同文化系统间的交流和借鉴。

(3)从“单位人”到“社区人”的转变

伴随着改革开放和社会主义市场经济体制的建立，原有计划经济体制下的“单位人”正逐步向市场经济体制下的“社会人”转变。随着“小政府、大社会”格局的形成，社区功能的增强对社区建设提出了新要求。社区成员应在单位中做骨干，在社区中做模范，快速实现从“单位人”到“社区人”的思想观念和行动上的转变，增强社区意识，提高参与社区建设的自觉性和热情，积极参与社区活动。社区文化工作者应采用灵活多样的工作方式，激发居民的创造力，培养居民的参与意识、互助意识和团结协作意识，使居民成为文化室的常客。社区文化室应以弱势群体为主要服务对象，同时关注家庭和老年文化，为更广泛的“社区人”提供文化服务，增强居民的归属感和认同感。

(4)以“参与率”和“利用率”为关键指标

社区文化室的活力核心在于社区单位和居民的广泛参与。居民的参与率是反映社区文化室工作水平和文化活动普及率的关键指标，只有做到人人参与，社区文化才能具备坚实的基础和旺盛的生命力。文化工作者应在策略和方法上持续学习和提升，既要了解文艺创作活动的规律，也要深入研究受众的审美接受过程，探索文化活动的内在规律，创新工作方法，以提升居民的参与意愿和活跃度。同时，提高居民参与率和培养文艺人口是城市社区文化工作的常态内容。社区文化工作者可通过场地共享、活动共办、人才互补等方式，激发居民参与社区文化活动的热情。文化室的利用率指其场地和设施的使用频率，文化室应在开放时间、活动形式、内容上更多地服务居民，低利用率即意味着资源浪费。上述两个指标是衡量文化室工作效能的重要标准。

(5)资源共享，协调共建

首先，实现文化资源的整合与共享已成为社区建设的关键。文化室应广泛动员社区居民、居民单位、物业管理部门及驻社区的各机关、团体、企业事业单位等参与文化室建设，共同提升社区文化设施。具体措施包括：一是鼓励社区居民共同参与文化室的建设，比如自愿捐赠图书、艺术作品、演出服装及其他文化用品。二是动员驻社区单位共同参与社区文化建设，与这些单位建立资源共享、共建的合作关系，促使群众文化工作在市、区、街、居四级文化网络的基础上向基层和社会延伸，构建一个立体、交错的文化网络。三是激发居民所属单位和物业管理单位的积极性，使其为提升居民文化生活水平创造更好的条件。在没有驻地单位的社区中，应尽力争取居民单位和物业管理部门的支持，以营造良好的文化氛围。四是在一些聚居区，应将图书馆、老干部活动中心、俱乐部等场所作为社区文化室的补充，对所有居民开放，充分利用现有文化设施。此外，可以通过横向联合、综合开发的方式，拓宽合作渠道，实现场地、设施、图书、文艺人才和文化活动的资源共享。为避免重复建设和资源浪费，应合理配置资源，将市民文明学校、老年活动站等也纳入文化室的功能范围，使文化室得到更充分的利用，并更广泛地服务于社区建设。

(6)重视社区文化理论建设

社区文化建设是一个系统的工程，其成功离不开成熟的理念和深入的思想支撑。群众文化理论可以分为基础理论和应用理论两大部分。基础理论致力于探讨社区文化室发展的根本规律，而应用理论则关注现实工作中出现的具体问题。目前，我国城市间及城市内部不同区域的社区文化室发展存在显著差异，基础设施建设亟须改善，基础理论研究更显薄弱。推动社区文化室建设迈向新阶段，必须借鉴先进理论，重视基础调查研究，强化社区文化的理论建设，同时关注理论的创新，以引入新的观点和思路，满足社区建设发展的需求。只有将充满活力的理论应用于实践，才能确保社区文化室的建设与发展步入科学化和规范化的轨道。

第二节 广场文化与文化志愿者

一、广场文化活动的多元化主体运作

社会运作文化、文化的社会化体现了群众文化发展的广阔前景，它表明了政府在主导公益性文化事业的同时，积极调动和利用社会各界文化资源的必要性。广场文化活动作为群众文化创新的重要部分，其创新不仅需要树立现代文化观念作为核心，还需要构建多元化的结构，并通过有效的运行机制来实现它。广场文化的广泛性、群众性和社会性要求充分调动和利用社会各界的参与。

在政府承担主体责任的基础上，广场群众文化活动的活力源泉在于主体多元化。这种多元化体现在投资主体的拓展、主办单位的多样性以及表演主体的广泛性。政府文化和旅游部门、社区群众、社会力量、区域单位以及民间艺术团体和专业艺术院团等都应在资金、组织、表演等方面积极参与，形成全社会共同参与的良好局面。

(一)多元化主体运作的内涵

1.主办主体多元化

城市广场作为一种公共空间，也是共享资源。当前许多城市在广场群众文化活动的组织中实现了主办主体的多元化。主办方不仅包括文化和旅游部门，还涵盖政府其他部门、群众团体、社会机构及企业商家，甚至跨越国内外不同地区和国家。主办主体的多元化最大程度地调动了社会各界的力量，促进了群众文化的社会化，丰富了广场活动的内容，并提升了广场的使用效率。

2.投资主体多元化

实现投资主体多元化，形成多渠道的投入机制和社会化、多样化的融资方式是公益性文化事业社会化的关键特征。群众文化获得投资可以通过国家资金、民间资本、外资投入、社会捐赠、志愿服务以及文化发展基金等多种方式。广场文化活动因其公共性和广泛性，能

够吸引多种投资者参与。政府应在文化活动中发挥主导作用，通过完善政策法规，吸引更多的社会资本参与文化的发展，为投资主体多元化创造有利条件。

3. 表演主体多元化

广场文化活动通常结合大型活动和日常活动，具有公益性和常态性。表演主体的多元化是广场文化发展的一个重要趋势，带动活动内容和形式的多样化。创造高文化含量的表演形式是广场文化创新的目标，多样化的内容和形式赋予文化广场独特的文化内涵。广场文化活动包括国内外文化交流、民族民间文化、节庆文化活动、企业文化、校园文化、大型文化展示等。表演主体不仅有普通群众，还有非营利性民间团体、专业艺术工作者和知名艺术家。通过专业与业余、国内与国际的结合，以及社会各界的广泛参与，广场文化活动展现出丰富多彩、吸引人的舞台效果。

（二）多元化主体运作应坚持的原则

1. 政府主导，科学管理

城市文化广场作为公共文化空间，其所有权及管理职责均归政府所有。政府应发挥其在文化活动中的主导作用，展现先进文化的吸引力，实现其教育、娱乐及审美等功能。政府需在文化管理方面建立如“项目洽谈会”等社会化运作平台，推动广场文化活动向社会开放，吸引社会资助和支持。同时，为抵御不良文化的影响，加强文化监管，按广场级别进行细致的管理。此外，建立有效的广场运营机制和科学的活动计划，提高广场的使用效率，确保广场文化活动的系统化和规范化管理。

2. 资源整合，共建共享

由于城市现代化的加速发展，文化广场成为重要的社会文化空间。现有广场活动场地在分布和利用上存在不均现象，如老城区广场空间稀缺，而新城区资源丰富但未被充分利用。政府需通过制定策略，加强指导和协调，整合包括活动场地、设施设备和人力在内的社会各界文化资源。通过优化资源配置，推动文化广场和公共文化空间功能的多样化，实现文化资源的共享。

3. 特色发展，品牌经营

广场文化活动应强调独特性和高品位，使之成为展示地方文化特色和进行国际文化交流的平台。广场文化活动应挖掘并展现各地区的文化特色，提升文化活动的审美价值和文化价值，形成具有区域特色的文化品牌。例如，“相约北京”活动中，每年五月的广场演出就融合了国际元素与地方特色，体现了高雅艺术与群众性娱乐的结合，成功塑造了北京广场文化活动的独特品牌和发展方向。

4. 文企联姻，合作双赢

广场文化活动应引入市场运作机制，采用商业模式创新，积极吸引社会各界力量，形成以政府投资为主导，社会力量为补充的广场文化建设新格局。例如，深圳市福田区每年在中信广场等地与有合作意愿的大型媒体或企业集团联合举办冠名的大型文化活动，邀请国内外知名的文艺团队和艺术家参与，如国际标准舞和拉丁舞公开赛，这不仅推动了政府的文化建设，也为企业带来了商业利益，同时丰富了群众的文化生活，实现了多方共赢。

这种“文化搭台，经济唱戏”的模式，虽然使得文化在某种程度上扮演了辅助角色，但在广场文化活动的实践中，文化与经济的合作模式却是双赢的。商业宣传与文化演出的结合，促进了文化与旅游业的融合，形成了一种互利共生的运作机制。文企联合成为广场文化与市场接轨的有效方式，为广场文化活动的健康和持续发展提供了广阔的视野。

二、文化志愿者：群众文化社会化的重要力量

群众文化事业作为公共文化服务体系的重要组成部分，正逐步向社会化方向发展。在这一进程中，社会各界力量积极参与群众文

化建设，这一变化打破了传统群众文化事业过度依赖政府的模式，使得群众文化事业的发展更为多元化。这种参与不仅有效弥补了群众文化在专业力量方面的不足，还为广大志愿者提供了服务社会的机会，更加全面地满足了人民群众日益增长的文化需求。

（一）公益文化：文化志愿者与群众文化工作者的旗帜

志愿者，即自发、无偿为社会和他人提供服务和帮助的自然人。他们利用个人的时间、知识、技能等从事志愿服务。志愿服务组织则是以开展志愿服务为目的的非营利性组织。志愿工作的基本特征包括志愿性、无偿性、公益性和组织性。在欧美等地，志愿者通常被称为义工，他们工作范围广泛，包括专业咨询、传统办公、票务销售、活动服务、文化艺术教育等多种类型。在中国，学雷锋志愿服务已形成广泛的群众基础，成为一项光荣传统。

文化志愿者是指那些利用自己的时间和技能，自愿为社会或他人提供公益文化服务的人。他们可能来自文化行政部门、文化单位，或是非营利性的社会组织。文化志愿者是公共文化服务人才队伍建设的重要组成部分。

从结构上来看，文化志愿者按参与群体属性可分为个人型和团体型。文化志愿者根据专业技能和人员结构，大体可以分为四类：专家型志愿者，如文化艺术界名人、学者，提供高水平的文化指导；专业型志愿者，如专业文艺院团工作者和文化机构指导员，参与和指导文化活动；特长型志愿者，如业余文艺团队骨干，成为文化活动的核心力量；支持型志愿者，热爱文化艺术，愿意为文化事业提供各种形式的支持。

从专业层面来看，文化志愿者涵盖的专业类别较群众文化领域广泛。他们主要服务于公共文化服务领域，涉及文艺、图书馆、博物馆、展览馆、美术馆等。与此同时，群众文化专业人员主要集中在文艺领域，他们在公益性文化事业机构担任社会文化指导员等角色，负责群众文化的组织、辅导与研究工作，构成群众文化的核心力量。文化志愿者中的文艺专业或具有文艺特长的人士，提供的志愿服务旨在满足群众多元化和多层次的文化需求。

在群众文化活动的实践中，文化志愿者起着不可或缺的作用。无论是大型广场文化活动，还是小型社区文化活动，以及各种文艺社团活动，均有大量文化志愿者积极参与。这些志愿者包括专业院团在职或退休的文艺工作者，以及具有文艺特长的文艺骨干。由于文化志愿者组织建设相对滞后，很多人在社区中以文化人才的身份参与管理，并未明确被命名为文化志愿者，但实际上他们长期从事的是文化志愿者性质的工作。他们和群众文化工作者一道，共同支撑起了公益文化事业的大旗。

（二）组织体系：文化志愿服务与群众文化工作各成体系

文化志愿服务和群众文化工作，虽然都旨在丰富和提升群众的文化生活，但两者在组织体系和运作方式上有着明显的区别。

文化志愿服务的组织体系广泛而灵活，通常由非营利性的文化志愿服务组织、文化行政部门、社会团体、文化单位及各类文化社团构成。这些组织以开展志愿服务为宗旨，依法成立，运作方式多样，侧重于利用志愿者的个人时间和技能，为社会或他人提供自愿、无偿的公益文化服务。文化志愿服务不受限于固定的时间和地点，强调个人的自发性和灵活性，注重服务的广泛性和多样性，涵盖文艺演出、教育辅导、文化普及等多方面。

相比之下，群众文化工作则侧重于由政府或公共文化机构主导的文化活动。这些活动通常在固定的文化设施内进行，如文化馆、图书馆、文化中心等，并由专业的社会文化指导员和文艺工作者组织和实施。群众文化工作的目标是普及基础文化知识和提高群众的艺术审美能力，其组织形式更为正规，活动内容和参与人员更为固定。

总的来说，文化志愿服务的组织体系注重社会参与和志愿精神的发挥，而群众文化工作则侧重于文化普及和教育的系统性和规范性。两者虽有不同，但都致力于提升公共文化服务的质量和效率，丰富社区成员的文化生活。

（三）服务社会：全社会共享文化发展成果

在社会持续发展的过程中，人们逐渐注重向他人和社会奉献自己，志愿服务精神成为人们全面发展的一个重要表现，也是社会进步的体现。特别是在社会主义发展道路上，志愿服务不仅体现了人们对和谐、友爱、奉献等价值的追求，还成为在新历史条件下防止人们精神失范、信仰缺失的一种重要的社会实践。文化志愿者们秉承社会主义核心价值观，树立坚定正确的社会主义荣辱观，积极参与志愿服务活动，弘扬社会正气，有效促进了“人人为我、我为人人”的社会风尚，提升了市民素质和城市的文明程度。

志愿服务在社会管理中呈现多赢效果：志愿者在服务中可以增强社会责任感，体验到帮助他人的快乐；服务对象可以得到实际帮助和心灵慰藉；社会整体的志愿精神和公民意识也可以得到提升。随着志愿服务体系的完善，文化服务方式不断创新，服务渠道持续扩展，形成了全社会共享文化发展成果的局面。

公益性文化事业需要全社会广泛参与，这也构成了群众文化社会化的理论基础。群众文化的社会化意味着群众文化要为每位社会成员提供全面、普及的文化成果，同时也要动员社会各界力量参与到群众文化事业的建设中来。随着国家文化软实力的提升和群众文化生活质量的提高，公益性文化事业迎来迅猛发展。由于群众文化事业的目标是保障群众基本文化权益，单靠专业力量难以满足日益增长的文化需求，因此需要通过文化志愿者的力量，提供多样化的文化服务。

随着群众文化的需求日益呈现多样化和多元化，文化志愿者需要提供多层次、具有特色的文化服务项目。特别是在社区文化建设中，各种文艺社团的兴起极大地丰富了社区文化生活。这些社团中的文化志愿者队伍，成为社区文化繁荣的重要力量，是推动社区文化发展的生力军。

第三节 群众文化事业的社会化运作

当前我国正处于经济社会转型期，伴随着新体制和新机制的建立，公共文化服务体系亟须适应市场经济新环境。群众文化事业作为公益性文化事业的一部分，需要建立一套新的运行机制，以适应社会主义市场经济的需求，同时也要开拓新的发展思路，尤其重要的是社会化运作。

社会化运作的核心是多渠道投资，这已成为公益性文化建设的显著特征。随着公益性文化建设日趋社会化，建立一个规范而有效的运作机制显得尤为重要。这种机制应当形成一个由政府支持、社会广泛参与的多元化投资体制，旨在在政策和资金的保障下，最大限度地发挥群众文化自身的潜力和创造力。

群众文化的社会化运作包括政府的公共文化社会化规划与决策、群众文化事业自身的社会化运作模式、社会参与机制以及市场运作机制。形成以“政府倡导、专家指导、社团组织、民众参与”的动作模式，充分动员全社会的力量，打造大型公益性文化项目。

群众文化事业的社会化不仅是时代发展的需求，也是全面建设小康社会的需要，更是群众文化事业自身发展的需求。作为国家公益性文化事业，群众文化在社会文化发展中扮演着龙头、导向和示范的角色，对规范社会主义文化市场的方向、发展具有中国特色的社会主义文化起到了重要作用。公益性的文化产品和服务在提高社会文化生态环境和人们的文化生活质量方面发挥着不可替代的作用和深远的影响。

一、构建政府公共文化管理的新模式

在社会主义市场经济体制下，政府的文化管理需要建立一个与市场经济相适应的体制，需要建立与之相适应的政策法规体系及投融资机制，为文化事业的社会化创造必要的社会氛围和条件。这就要求文化行政部门要积极推进文化体制改革，实现从传统的管理型

政府到服务型政府的根本转变，构建以服务为主导的文化行政模式，使公共文化行政部门成为公共文化事务的宏观管理者和决策者。

具体而言，应明确管理职能和业务运作的界限，实施管办分离，确立清晰的职能定位。同时，利用市场机制和法律手段进行宏观管理和决策，确保文化政策的执行力和实施效果。此外，政府还应承担起提供文化服务的责任，加强舆论引导和政策导向，通过各种媒介和渠道加强对公众的文化教育和意识形态引导，以提升公共文化服务的质量和覆盖面。

（一）科学的投入机制

政府在推动群众文化社会化的过程中，通过运用法律法规等手段行使其宏观调控职能，有效参与并支持群众文化的发展，确保群众文化筹资渠道的畅通和多样。政府应在建立科学的筹资机制过程中制定相关法规，确保对群众文化事业的投入增长至少与财政收入增长保持一致，从而保证群众文化事业人员经费和业务经费得到稳定支持。

此外，政府应通过制定相关法律法规来确保群众文化事业经费与群众文化设施建设相配套，最大限度地发挥文化设施的服务功能。同时，扩大动态经费的投入，逐渐将资金投入方式由传统的单位和个人支持转变为以项目投入、补助和奖励为主。

在财政投入的基础上，政府还应积极调动社会资金参与群众文化事业，通过实施鼓励政策和措施，促进配套的良性循环机制的形成。政府不仅要在资金投入上建立有效的筹资机制，还应在政策上提供指导和支持，完善各种激励机制，通过制定有利于群众文化事业发展的政策，形成法律保障机制，实现对群众文化资金的直接或间接支持。同时，鼓励群众文化单位改革内部管理体制和运行机制，确保政府拨款能够更多地用于文化事业的发展。

（二）全新的文化管理体制

文化管理旨在通过有效的组织和管理手段，实现对文化资源的保护、开发和传播。政府应建立符合社会主义市场经济的行政管理体制，发挥其公共性、主导性、协调性的服务职能，为文化事业的发展营造优良环境。这就要求政府要构建现代化、科学化的公共文化服务体系，该体系应结构合理、发展均衡、资源共享，具备完善的网络平台、高效的运行机制和优质的服务理念，并配备相应的政府管理和市场运作体系。

政府需加强规划和监管功能，提升宏观管理效能。要从办文化向管文化转变，从微观管理向宏观管理转变，从直接管理单位向广泛管理社会文化资源转变，加强政策调节、市场监管、社会治理和公共服务功能，实现政事分开，依法行政。

同时，加快政策法规体系建设，完善评估体系，具体措施包括：建立新型法人治理结构，采用理事会领导下的执行人负责制度；建立科学的绩效评估制度，形成监管机构、理事会与执行人之间的有效制衡机制；完善支持群众文化建设的资金补助措施，如支持群众文化设施建设、奖励为群众文化事业发展做出贡献的单位和个人等。

政府公共文化行政管理的成效体现在保障了群众文化设施的建设和大型文化活动的开展，保护和扶持中国民间传统文化，确保群众文化精品战略的实施，促进了群众文化事业的繁荣发展和先进文化的传播，保障了公民的文化权利。

二、建立群众文化自身社会化发展模式

建立群众文化事业的自身发展机制，旨在通过挖掘群众文化单位的社会化潜力，拓宽其发展渠道，实现文化服务方式的革新与服务质量的提升，推动群众文化事业的新发展。社会化运作是群众文化事业发展的必然趋势，不仅响应时代号召，也满足文化事业自身的发展需要。非营利性的群众文化事业单位，在确保社会效益的基础上，应充分发掘并利用自身所蕴含的文化价值，将文化产品和文化服务扩展到更广阔的社会领域，以促进其持续发展和社会功能的实现。

（一）树立群众文化事业的科学发展观

坚持以人为本的原则，全面贯彻科学发展观和新发展理念，包括

创新、协调、绿色、开放和共享五大发展理念，对于推动文化建设具有深远的意义。首先，应当强调“大文化观”，充分认识到文化建设在社会发展中的战略地位。其次，需要培养“深服务”的意识，根据地区特色和实际情况，制定具体策略和措施，为文化发展创造良好的条件。始终坚持“为人民服务、为社会主义服务”的正确方向，积极探索和增强群众文化事业的自我发展能力。此外，重视“远见”视角，建立科学的投资机制和社会化的发展模式是文化事业发展的基础与保障，有效发挥公共文化服务的职能。这些措施和方针将有助于提升文化事业的质量和效益，实现可持续发展。

（二）群众文化事业单位运营模式的探索

在公共文化服务中，群众文化事业单位面临着政府资金不足和社会资助机制不完善的双重挑战。因此，这些单位需要在开展公益性文化活动的同时，挖掘自身的潜力，通过经营性服务来补充资金，用于支持公益性活动。这种探索不仅是自身经营的需求，也是适应社会主义市场经济新体制的必要方式，有利于寻找新的文化服务方式和提高服务质量。

群众文化单位应积极探索如何在市场机制中发挥作用，完善自身的文化产业和群众文化产品的生产、运作、投资模式。结合激励与约束机制，确保经营性收入能在政策和规模经营上得到保障，从而为社会和文化事业的发展服务。

具体实践中，应树立“大文化观”和“以文为本”的经营理念，探索适应市场的经营模式。这包括：①将符合市场需求的文化产品和服务商业化，如开设文化艺术培训班、节日庆典活动等；②利用现代化的文化设施提供场地出租、设备租赁等服务；③利用现有文化资源和市场优势，创办或与企业合作文化经营项目，如演出公司等。

在经营过程中，应坚持社会效益与经济效益相结合的原则，处理好经营与业务、市场与管理的关系，建立科学的经营管理体制。例如，一些文化馆在保证基本功能的同时，尝试“一馆两制”模式，将部分具有经营才能的人员投入到文化产业中，探索社会化运作的有效途径。

随着改革的深化，群众文化事业单位的经营项目将逐渐独立运作，实现自负盈亏的经营模式，推动群众文化事业的社会化运作向社会价值主导功能的转变。政府和社会的支持将是这一转变的重要保障，为公共文化服务提供持续的动力和发展空间。

（三）群众文化专业功能的社会化拓展

群众文化事业单位在执行其专业文化职能和确保社会效益的基础上，应从业务运营角度，充分利用自身在文化艺术及娱乐方面的潜力，适应市场经济的需求，提供具有高文化附加值的智能化服务，推动自身的社会化发展。这些单位在向社会和群众提供文化产品及服务的同时，应最大限度地发挥师资力量、场地和设施等文化资源的效能，创造出综合的社会和经济效益。

一方面，这些单位应加强系统内、地域内及行业内的相互合作。另一方面，也应进行跨单位、跨地域和跨行业的横向联合，实现先进文化的共建共享。他们应主动承接党委和政府的文化服务项目，积极为人民群众提供文化享受及指导，精心为不同单位和部门提供形象设计和创意策划。

例如，文化馆等群众文化单位在开展公益性活动和提供无偿或低成本服务的同时，也可以开展面向社会的有偿文化项目，如承办展览、文艺演出、项目策划、社会团体的文化宣传活动、音乐制作等。根据实际情况，他们还可以承接企业、商家、学校等举办的各类庆典活动，提供活动场地及设备等综合服务。通过这些多样化的策略，群众文化单位不仅可以拓宽其业务渠道，还能提供更全面的文化服务，进一步延伸到更广泛的社会化领域。这种策略不仅增强了单位的市场敏感性和经济自主性，也有助于更好地服务社会及文化的发展。

（四）探索群众文化艺术服务的产业运作方式

当今世界的文化发展趋势之一是文化的经济化和经济的文化化。随着社会发展的工业化、商业化及信息化，文化产业已逐渐成为发达国家国民经济的支柱产业。在群众文化的社会化进程中，适当引入文化产业的经营思维，探索群众文化的产业化运作方式，通过低偿或公益性方式扩展文化消费渠道和自身发展空间，规范文化市场，从而提升群众文化服务水平变得至关重要。

目前，一些群众文化事业机构的经营性活动，包括自主承办或出租形式运作的文化活动或项目，如文化艺术产品经营、艺术培训、电影放映、文化娱乐、文化服务、信息咨询服务、美术展览等。这些活动既包括纯粹的文化艺术服务，也涉及具有文化产业性质的活动。因此，群众文化事业机构须严格控制公益性与经营性的比例，避免偏离主业，同时应进行细分，实施分类管理。

群众文化产业主要是通过文化艺术创作和服务，生产出符合市场规律且广受欢迎的文化艺术产品和服务性活动项目。通过市场运作，这些产品和项目不仅能够实现良好的社会效益，还能获得可观的经济效益。重视前期策划和市场营销，通过推广群众文化创作精品和文化活动精品，建立群众文化品牌，以高质量的产品和服务占领市场，是群众文化产业化运作的重要实践。例如，北京东城区的第一文化馆就是通过新春游乐会，将群众文化活动与市场接轨，作为文化产品来运作，成功实现了社会效益和经济效益的双赢。同时，还可以挖掘民族民间文化艺术等社会文化资源，将其纳入文化产业链中，在与旅游、国际文化交流等融合中产生更大的边际效应。

三、建立社会参与机制

社会参与机制是指在政府的主导下，动员各种社会力量参与到提供群众文化产品和服务中去。这种机制可以调动包括国际资源在内的广泛社会力量。在国际层面，联合国及其相关组织在促进文化交流和支持文化项目中发挥着重要作用。国内层面的社会参与主要体现在学术研究、人力资源提供、财务支持以及社会舆论等方面。政府的策略、受益群体的积极参与、专家学者以及学术机构和专业团体的指导是推动群众文化发展的关键因素。

群众文化的繁荣不仅依赖于政府支持和内部努力，还需利用外部力量，积极拓展国内外企业和个人对文化的投资。政府资助与社会资助的结合可以形成全社会参与的新局面。在举办重大群众文化活动或实施文化设施建设项目时，应争取更多的国内外企业和个人的赞助和支持。同时，在探索社会力量资助的新机制时，应在现有模式的基础上，寻求互利互动的方式。政府应在学术研究、人力资源、财务支持和舆论引导方面提供支持，形成政府与社会协同的良好局面，共同推动群众文化的发展。

（一）探寻促进筹资的机制

为了实现社会力量对群众文化资助的良性循环，应建立一套促进多渠道资金筹措的机制和综合投融资格局。首先，应在社会上形成一种支持社会办文化的舆论氛围和宣传导向，鼓励通过赞助资金、捐赠物品、提供设施设备等多种方式支持群众文化，引导社会力量关注并投入群众文化建设，从而促进企业形象的提升。

其次，政府应制定一系列政策，鼓励和支持社会力量参与群众文化建设。例如，在信贷、税收方面给予优惠，为对群众文化进行支持和资助的企业和单位在信贷审批、税收减免等方面提供优惠政策。根据企业提供的支持和资助力度，在国家政策范围内减免一定比例的税款，或在特定的经营目标和工作优先权上给予特别的考虑，从而形成良性的资金循环。

此外，受益于社会资助的群众文化单位应为资助方提供适当的回报，如在文化活动中提供联合主办、冠名机会，或在活动现场对其进行企业宣传，以及提供广告位等，以助于他们扩大企业影响力和塑造良好的企业形象。

此外，还可以探索设立公益彩票基金会，整合和分配彩票销售所得资金，将群众文化事业纳入资金分配范围。类似于其他国家的做法，通过发行专门的公益文化彩票来筹集资金，支持群众文化项目的发展。

通过这些措施，结合政府的政策支持和社会力量的参与，可以有效地扩大公益文化事业的资金来源，推动公益文化事业向社会化、市场化方向发展，实现公益文化服务的多样化和持续性。

（二）赞助文化和自办文化相结合

在争取赞助方面，首先是通过举办群众文化活动吸引企业、商家及个人赞助。企业通过资助文化活动来塑造和提升其品牌形象，利用文化活动的公共关注度来扩大其市场影响力，同时将企业文化与经济发展相结合，丰富企业的文化内涵，同时促进群众文化事业的发展。在西方国家，企业赞助文化事业已成为常态，许多个人和企业通过向基金会捐赠，支持文化发展。

第二，引入外资以促进群众文化事业发展。在全球化的背景下，中国的群众文化凭借其独特的民族特色，越来越多地受到国际社会的关注。因此，除了依靠政府资助、群众文化单位的自筹资金和企业赞助外，引入外资也应成为群众文化资金筹措的一部分。

同时，在鼓励企业赞助的同时，应促进企业及社会机构开展自己的文化活动。企业可以投入资金组织文化活动，不仅可以提升员工的文化素养，还能提高整个企业的文化水平，这同样是对群众文化事业的一种重要支持和贡献。通过这些方式，可以形成政府、企业和社会多方参与的群众文化资助体系，共同推动群众文化事业的持续发展。

（三）建立长效合作机制

在推动群众文化事业的现代化与社会化进程中，构建与专业文化领域、现代媒体以及旅游业的长效合作机制显得尤为重要。这种跨界融合不仅能够拓宽群众文化的传播渠道，增强其社会影响力，还能促进文化创新与多样性的发展，使群众文化事业焕发新的生机与活力。以下几点策略可作为拓展合作的方式参考：

1. 专业文化联盟

与专业艺术团体、文艺协会建立深度合作，举办系列品牌活动，比如音乐会、戏剧节、美术展、文学讲座等，不仅可以提升群众文化活动的专业水准，也能吸引更多人参与。北京市文化馆举办的“北京周末相声俱乐部”就是一个成功典范，通过与专业相声艺术家携手，为市民提供高水准的公益演出，既丰富了市民的文化生活，也传承了传统文化艺术。

2.媒体融合

充分利用好现代数字媒体与社交平台，如直播、短视频、微博、微信公众号等，通过这些平台扩大群众文化活动的宣传与互动。通过制作高质量的文化节目、开展在线课堂、制作活动预告片花絮等，增加与观众的黏性，同时吸引年轻一代的关注。也可以与电视台、网络视频平台合作录制文化专题，让优质的群众文化节目走进千家万户。

3.旅游融合开发

与旅游业联手，打造文化旅游项目，如文化体验游、民俗节庆、历史文化街区、艺术市集等，将文化体验融入旅游线路，让游客在旅行中感受当地文化的魅力，同时也为文化活动带来经济效益。比如结合古镇文化节庆，举办传统手工艺展销会，既有利于手艺人的技艺传承，又为古镇旅游景区增添亮点。

4.教育培训合作

与教育机构合作，开展青少年的艺术教育项目，如夏令营、艺术工作坊、文化讲座，培养青少年的艺术兴趣与文化素养，长远来看，这为群众文化事业培育了未来潜在的参与者和欣赏者。

5.企业赞助与公益合作

探索与企业合作的模式，通过冠名赞助、文化基金等形式，为企业提供品牌曝光，同时为群众文化活动募集资金支持。同时，鼓励企业参与社会责任项目，如文化扶贫、公益活动，让文化资源惠及更广泛的人群。

通过这些跨领域合作，群众文化事业不仅能够汲取专业资源，提升内在质量，还能借助现代媒体与旅游业的翅膀，拓宽影响边界，真正实现文化的社会化、大众化，让文化成为生活的一部分，滋养人心，促进社会文化的繁荣与和谐。

（四）提供多种社会参与方式

在推进文化事业的社会化运作中，实现资源共享与共建，发掘文化的新潜能，是一个综合性工程，这就要求我们必须打破界限，动员并融合各方力量，共同参与。以下几点策略尤为关键：

1.广泛吸纳社会力量参与

积极吸纳群众、民间文艺社团、专业文艺团体、社会机构等多元主体的广泛参与，通过合作、赞助、志愿者服务、项目合作、资源共享等多种形式，拓宽参与渠道，让社会各界成为文化事业的共建者。

2.整合社会资本

鼓励和引导民间资本、企业、基金会、慈善机构等投资群众文化事业，通过公益捐赠、项目合作、冠名赞助、文化设施共建等形式，实现社会资金与文化资源的有效对接，共同繁荣群众文化市场。

3.政府与社会协同

政府应扮演好引导者与协调者的角色，通过政策优惠、资金支持、法律保障、平台搭建等手段，促进社会力量与政府资源的整合，形成合力，构建多元投入、多方共赢的文化事业发展机制。

4.鼓励多元经营与体制创新

支持非文化机构、非公有经济实体、外资参与群众文化事业，引入市场机制，创新运营模式，比如PPP项目、社会企业运营、公益创投、混合所有制等，激活文化市场的活力。

5.重视群众主体地位

明确群众是文化活动的主体，鼓励群众自组织、自发活动，通过社群、网络平台等激发群众的主动性与创造力，让文化活动更接地气、更生动。

6.专家智囊括资源

积极邀请各界名人、专家学者、专业团体等给予智力支持,通过顾问咨询、讲座、研讨会、项目指导、工作坊等形式,提升群众文化事业的专业水平和理论深度。

7.形象塑造与传播

利用名人效应,如邀请名人担任文化大使、代言人、导师等,增强项目的社会影响力和吸引力,同时,通过媒体、社交平台等渠道,扩大宣传,提升群众文化活动的知名度与参与度。

通过以上这些策略,不仅能够实现文化资源的高效整合与共享,还能够激发社会各方面的参与热情,形成文化事业发展的强大动力,最终促进群众文化事业的全面繁荣。

四、建立市场运作机制

市场运作机制在群众文化事业发展中扮演着至关重要的角色,它是指利用市场规律和原理,通过供需、竞争、价格机制、资源配置等市场力量来驱动文化活动的有效展开。这一模式不仅可以促进文化事业的自主发展,而且通过与市场其他环节的紧密互动,如生产、流通、消费等,共同形成了一个复杂的市场运作系统,其相互作用和效益共同构成了文化市场的运作机制。构建科学的市场运作机制,实质上是打造一个健康、快速且可持续的群众文化事业生态,它依靠市场机制的规范性与高效性,实现资源优化配置。

(一)利用现有市场的文化资源为群众提供服务

随着文化行政部门职能的转型,从直接主办文化活动转变为以监管和规划为主,其工作核心正逐步向更高层次的文化战略规划与政策制定迈进。政府通过有效运用市场机制,强化公共文化的宏观调控与管理,旨在提升行政效率,促进文化的均衡发展,确保公共文化的全面繁荣,以满足广大民众日益增长的文化需求。

在此背景下,群众文化事业单位在面对丰富的社会文化资源时,承担着构建和完善公益准入机制的重任。这意味着文化行政部门需精心挑选发展健康、充满正能量的社会文化资源，通过提高准入门槛，从而用优质的文化内容丰富群众的精神世界，提升社会文化生活品质。此过程须确保公平、透明，鼓励多元文化创新，同时维护公共利益，促进文化市场的健康发展，努力构建一个开放、包容、高品质的文化生态环境，让群众文化生活更加丰富多彩，社会文化资源的利用更趋合理高效，共促社会文化繁荣。

（二）重视市场文化需求信号

把握住市场脉搏的动向，即是把握住了社会的需求脉搏。在公共文化的供应与民众需求的匹配中，市场是关键桥梁。政府须通过深入了解民众的文化需求，洞察非营利性文化组织的动态，据此规划公益项目，并以市场为媒介，将项目交付于文化事业单位、社会文化团体或企业，由他们遵照政府指引为群众提供文化服务与产品。这样，政府的治理以民众需求为核心，交予市场执行，实现了治理与执行的分离，迈出了建设"服务型"政府的第一步。

以重大公益文化项目为例，政府运用财政与预算外资金，通过公开发布信息、资格审核、专家评审、合同签订、监督等流程，以"契约"形式委托符合条件的实体（企业、事业单位、社团）实施。这些重大项目涵盖了大型文化节庆、艺术展览、演出、政府文艺活动、社区文化送温暖等。

在这个市场平台上，群众文化事业单位与社会资源平等竞争，它们需洞悉消费者心理，强化市场导向，不断创新，推出健康、优质、多样的文化产品和服务，形成多元化的文化消费格局，满足不同层次的需求。

（三）利用市场手段

随着市场经济体制的日益成熟与市场机制的广泛应用，众多公共服务领域纷纷引入市场机制，以提升效率、激发竞争活力，推动职能转换。市场运作作为一种创新策略，已广泛融入文化行政实践中，成为提升文化管理的普遍模式。文化行政领域中的市场运作手法，诸如授权经营、外包服务、政府采购、项目承包、财政补贴、绩效奖励等，均成为优化资源配置、激发创新的关键工具。

在此背景下，公共文化服务被赋予了新的经营管理理念，它是一种针对特定市场细分与目标群体，精心设计的文化产品推广艺术。这一过程不仅关乎创意产品的营销，更在于通过精准定位（价格策略、广告宣传、增值服务等）吸引目标受众，以文化艺术体验的交易，从而实现文化传承与公共文化的普及、教育目的。这要求文化事业机构既要保持文化内涵的纯粹，又要善用商业智慧触达至更广泛人群，形成双赢局面，推动文化服务的持续发展与社会价值提升。

（四）品牌开拓市场

在群众文化事业的社会化运作中，主动拥抱市场、深入理解市场、积极开拓市场，并有意识地培育与参与市场竞争，是必经之路。政府主导的群众文化事业在市场中具有得天独厚的品牌影响力，凭借政府信誉背书，集合了人才、资产、实体资源及广泛的群众文化网络，构成了一个自然的品牌基础。强化品牌策略，塑造鲜明形象，挖掘特色活动与文化产品，以此赢得市场，通过专业操作，协同文化主管部门，引导和规范社会文化娱乐活动，促进健康向上的文化消费，用高质量内容占据文化领地，更好地服务公众。

综观全局，群众文化建设在社会发展中扮演着举足轻重的角色，其社会化运作应是多维度、交互、立体的循环系统，这一良性循环将极大促进群众文化事业的飞跃。因此，应持续优化环境，加速体制革新。当前，群众文化面临需求的快速增长与供给不足、多样化需求与供给结构单一的矛盾，以及多渠道投资与相应管理、监督体系不完善、市场参与不充分，经济效益与社会效益平衡问题尚待解等问题，均需进一步建立科学、现代化的管理机制。

总结而言，群众文化的社会化运作是群众文化发展的战略议题，需要国家政策支持和社会合力。文化工作者需提升综合素养，勇于观念革新，拓宽思路，实现多元化、多渠道的社会化运作，增强“文化力”，为群众文化事业的长期发展打下坚实的物质与制度根基。

第五章　群众文化活动管理与品牌战略

第一节　群众文化活动管理

一、群众文化活动管理的内容

（一）活动方向的管理

群众文化活动的管理，作为确保文化活动策划者与组织者有效达成既定目标的关键环节，涉及对活动从策划、组织到宣传全过程的全面指导与控制。它包含了对活动的思想导向、宗旨设定、原则、目标以及预期效果的系统性设计和综合管理，旨在确保活动的正面影响与预期目标的实现。

在具体实践中，各类群众文化活动应致力于引领文化潮流，教育群众、服务社会，促进发展，秉承“以人为本”的核心理念，充分激发群众的文化创新潜力，确保活动源于并服务于群众的真实需求，以提升参与者的思想道德修养、艺术修养和文化自信为目标。组织活动时，须遵循公益优先的原则，贯彻“自愿参与、健康有序、积极向上、丰富多彩、节约高效、灵活创新、紧跟时代”的方针，在愉悦中实现自我参与、自我娱乐、自我发展、自我展现、自我教育和互助服务的多重效果。

综上所述，群众文化活动的管理是确保活动策划和执行的科学性、有效性的关键，通过遵循一系列原则和要求，丰富群众的精神生活，提升他们的文化素养，促进社会文化自信与和谐发展，形成一个健康、积极、自主、富有活力的群众文化氛围。

（二）活动内容的管理

群众文化活动，作为广大民众利用闲暇时光对现实生活进行艺术加工和精神提炼的实践，深受不同时代背景、经济社会、政治氛围、科技进步、地域特色等因素的影响，展现出纷繁复杂、多姿多彩的面貌。这些活动不仅集思想性、知识性、趣味性于一体，还寓教于乐，让参与者在娱乐的同时，既能享受精神的愉悦，又能锻炼身心、增进人际交流，提升文化素养，加强社区群众的凝聚力和文化认同感。

在群众文化活动的管理上，思想性和知识性体现了活动组织者与参与者对文化价值的深刻理解与表达。精心策划的活动内容，不仅传递了组织者的文化价值观、世界观，还传授了文化知识和技能，同时通过文化活动对特定意识形态的宣传、文化精神的传播或抵御，展现出活动的深层导向性。管理需立足于群众实际需求，多角度、多维度展现社会主义核心价值观，推动文化艺术知识的科学传播，实现文化活动的大众化、民主化。

是否具有娱乐性和趣味性是群众文化活动能否吸引参与者的关键，直接关乎活动的参与度。在日常管理中，应注重选择那些能帮助民众在业余时间放松心情、恢复体力、提升精神状态的活动，选择那些可以增强体质、丰富生活乐趣、提升审美情趣的文艺内容，以满足不同群体的差异化需求。同时，避免娱乐内容的过度浅薄化，确保活动既有趣味又不失格调，从而提升群众文化活动的吸引力和参与度。

（三）活动形式的管理

群众文化活动的管理是一项复杂而细致的工作，它涵盖了活动的策划、组织、实施、协调、评估等各个环节。这就要求管理者需具备创新思维，能灵活运用各种策略，结合地域文化特色和传统，积累经验，总结规律，创新活动模式，以适应不同地区、吸引群众参与，形成特色鲜明、内容新颖、受群众欢迎的活动形式。

活动组织方式大致分为“散”与“聚”两种。“散”的特点是规模小、时间跨度长、参与灵活、参与者广泛且不拘泥于特定类型。“聚”的活动则强调集中、目的性强，参与者有共同兴趣，时间、地点、内容一致，组织严密，标准清晰，影响力大，吸引力显著。“散”类活动可采取本能引导法，鼓励自发参与，利用骨干带动；“聚”类活动则运用兴趣吸引，行政指令动员，设置典型示范，激发竞赛促进。

文学艺术作为群众文化活动的核心，管理者需关注各类艺术形式的创新与推广，如文艺创作、培训、演出、宣传、科普、民间艺术等，同时结合阵地文化、数字文化、流动文化，利用技术设备设施，根据不同活动类型的特点，优化活动形式管理。

活动组织是群众文化活动的基石，需要根据目标、内容、规模、预算组建团队。组织管理分为专职、协调、社团三类。专职组织如文化馆、博物馆，它们由政府或社会力量设立，服务公益。协调组织多为推动特定项目或区域文化，在政府部门的指导下，多部门协作，如文化委员会。

二、群众文化活动管理的特点

（一）管理内容的综合性

群众文化活动的管理内容具有综合性。这种综合性主要体现在以下几个方面：

1. 管理项目的综合性

群众文化活动作为社会文化生活的重要组成部分，其涵盖面广泛，涉及文化艺术、娱乐、传统习俗、文化服务、科普教育等多个维度，这些丰富多彩的活动不仅丰富了人民群众的精神世界，也促进了社会文化的多元发展。随着社会的进步与民众文化需求的日益多元化，群众文化活动项目也日渐增多，对其的管理变得更为复杂与精细，这要求管理者不仅要具备宏观视野，更要注重微观操作的灵活性。

管理者在管理实践中，能够区分不同活动的特性是首要步骤。例如，文化艺术活动，如书画展、音乐会，可能更侧重于审美体验与教育性，管理上就要更注重艺术质量与氛围营造；而娱乐活动，如电影放映、社区运动会等，强调参与与互动，管理时则要注重活动的趣味性和安全性;至于传统节日庆典、民俗活动,如春节灯会,它们更侧重于文化传承与社区凝聚,管理上需尊重习俗,强化文化内涵;科普宣传活动,如环保周、科技展等,侧重知识传播,管理上需确保信息准确,形式创新易懂。

针对不同的活动项目,采取差异化的管理策略是关键。这包括但不限于:首先,对活动策划阶段的创新性与可行性分析,确保活动内容既符合群众兴趣又具有新意;其次,执行阶段的资源配置与人员调度要合理,根据活动规模与性质匹配合适的场地、物资、人力;再次,安全与应急准备,任何活动都需制定详细的应急预案,确保活动的平稳进行;最后,评估与反馈,活动后要及时收集意见,为将来的活动优化提供依据。

同时,利用现代技术手段也是提升管理效率与效果的重要途径。数字化管理平台,如活动报名系统、在线直播、互动 APP,不仅方便民众参与,也便于管理者统计分析数据;文化云服务,如电子图书馆、在线课程等,让文化服务不受地域限制,拓宽了活动边界。

综上所述,群众文化活动的管理需细致入微,兼顾普遍性与特殊性,通过综合管理策略,既能确保活动的安全有序,又可以展现其个性,利用现代科技赋能,不断适应并引领文化需求,以文化活动为载体,促进社会的和谐与进步。

2.管理过程的综合性

群众文化活动的管理过程是一个系统工程,它不仅仅局限于活动当天的现场调控,而是从活动的萌芽构思到后续影响的全周期覆盖。这种综合性管理策略,旨在通过精心策划、周密组织、安全护航、高效保障、广泛宣传和深入反馈等多环节的无缝对接,确保每一项文化活动都能达到预期目标,满足群众的文化需求,并在社会中产生积极的影响。

活动策划创意是整个管理过程的起始点,这一阶段需要集思广益，深入调研群众的兴趣偏好和文化需求，结合时代背景和社会热点，策划出既有创意又接地气的活动方案。这不仅是对活动内容和形式的创新设计，还包括对目标群体的精准定位和活动价值的深度挖掘。

进入活动组织实施阶段，管理的重心转向资源调度、时间管理、人员分工及培训等方面。高效的组织工作要求管理者对每个细节都有清晰的规划和预案，确保活动流程顺畅，参与各方职责明确，协同合作，从而为活动的成功举办奠定坚实的基础。

活动安全保卫是不可忽视的关键一环，它涵盖了场地安全、人员安全、设备安全等多个方面。通过预先的风险评估，制定详尽的安全预案，配置必要的安保力量，以及对参与者进行安全教育，确保活动在任何情况下都能有序进行，保障所有参与者的安全健康。

活动后勤保障则是活动顺利进行的隐形翅膀，包括交通、餐饮、医疗急救、环境卫生等各个方面。良好的后勤支持能有效解决参与者的基本需求，提升活动的整体体验感，确保活动无后顾之忧。

活动宣传教育则是扩大活动影响力，引导正面舆论的重要手段。通过线上线下多渠道的宣传推广，吸引更广泛的公众关注和参与，同时利用活动契机，传播正能量，弘扬社会主义核心价值观，提升公众的文化素养和社会责任感。

最后，活动评价反馈是整个管理闭环中的重要一环，它不仅包括活动结束后的效果评估，还涉及对参与者的满意度调查、意见收集和建议采纳。这一过程有助于管理者总结经验教训，明确改进方向，为未来的活动策划与管理提供宝贵的数据支持和实践参考。

3.管理效益的综合性

群众文化活动的管理效益是多维度、多层次的，不仅限于基本的文化服务供给，更延展到现在社会环境的正面影响、个体能力提升与安全保障等多方面，形成了一系列复合型的社会与个人效益。

首先，基础服务效益体现在满足公众的文化需求。政府通过免费或低成本的文化服务，确保了文化资源的广泛可及性，使得广大民众在无须负担过高费用的情况下就能参与文化活动，享受精神文化的滋养，满足了人们对美好生活的精神文化需求，增进公众文化福祉。

其次，社会环境的净化与风尚培育效益。在活动策划中融入积极向上的思想主题，如爱国主义、诚信友善、环保、和谐共生等，通过文化的传播，移风易俗，形成正向的社会风气，提升社会道德水准，净化文化环境，对社会氛围的正面引导与价值引领作用不可小觑。

再者，个体成长与知识技能的增进效益。活动中的趣味性与知识性设计，如互动讲座、工作坊、体验学习等，不仅让群众在轻松愉快的氛围中放松心情，还可以获取新知，提升个人的知识面，增强技能，促进终生学习的社会风气，为个人能力提升和社会发展储备了人力资本。

最后，安全管理效益不容忽视。严密的组织与安全措施是活动成功举办的关键，包括现场管理、应急处置预案、安全教育等，确保活动无事故，保障了参与者的人身安全，维护了社会稳定，这是群众文化活动顺利开展的前提与质量保障，对社会稳定和公众信任的构建具有重要意义。

（二）管理范围的广泛性

群众文化活动的管理之所以具备广泛的特性，是因为其涉及的受众基数庞大，内容丰富，而且空间覆盖广泛，充分体现了文化活动的全民性、多元性与普及性。

1. 群众文化活动形态的广泛性

群众文化活动的参与者涵盖了所有社会成员，不论性别、年龄、职业、教育背景、经济状况、兴趣爱好等，整体形成了一个多样化的参与群体。这直接促成了活动形态的多样化，从内容上来看，既有聚焦于政治教育、政策宣传的活动，也有休闲娱乐放松的文化体验；既有传承传统节日的庆典活动，也有融合现代时尚元素的创新文化活动；既有大型综合性的文化盛宴，也有专注于特定领域的单项活动；既有日常持续的文化项目，也有为特定时刻定制的临时活动。这种形态的多样性，满足了不同群体的个性化需求，确保了文化活动的普及与参与度。

2.群众文化活动空间的广泛性

群众文化活动的开展不分时间与地点，横跨全年四季、覆盖城乡，从城市到乡村，体现出时间与空间的广泛性。活动不仅在节假日、传统节日、纪念日、庆典等特定时刻集中展现，也在日常生活中持续开展，形成了从国家殿堂级文化广场到社区角落的全面覆盖。活动场所多样，从国家级文化设施到街角角落，再到居民区、个人居住空间，无处不在，既有开阔的户外广场、公园，也有文化馆、室内的专用设施，以及兼具专业与临时的活动区域，几乎触及人们生活、工作、学习的每个角落。这种空间的广泛性，使得群众文化活动能够深入社会的每个层面，成为民众生活的一部分，真正实现了文化的普及与共享。

（三）管理方式的多样性

群众文化活动的管理策略展示出显著的多样性特征，通过不同的管理方法以适应活动的规模、地域、艺术特性以及活动类型，确保文化活动的高效性与丰富性。以下为三种主要的管理方式及其特点和应用场景：

1.区域式管理

这种管理方式以地域为单位，强调了活动的地域特色和资源整合，特别适合于社区、村落、庙会、公园等地方性活动。它通过在特定区域内的集中组织和协调，促进了活动的综合管理，不仅提升了活动的连贯串通性，还强化了地方文化特色，便于基层的统一运作。

2.总分式管理

适用于大型或系列性群众文化活动，如艺术节、大型主题活动，通过宏观与微观层面的结合，总览与分项管理并行。宏观层面负责把控整体方向、主题设定、活动原则等共性决策，而微观层面则深入到每个项目细节，确保活动实施的顺利执行。两者互动互补，宏观管理提供框架与指导，微观管理细化执行并反馈实践中的具体需求，形成有效的互动循环。

3.按艺术门类管理

门类管理关注于艺术门类自身规律与群众文化活动的结合，适合专项艺术类活动，如美术、书法、摄影、音乐、舞蹈、戏剧等。每个门类活动因其独特性，需要有针对性的管理策略，尊重其艺术规律，确保活动的专业性。艺术创作、培训、比赛等同样适用，强调根据门类特征，综合管理，确保活动具有针对性和专业性。

这三种管理方式在实际操作中并不孤立，而是相互交织，根据活动的特性灵活运用，有时可能同时采用多种管理方式，以达到最佳的活动组织效果。管理方式的灵活性与综合运用，体现了群众文化活动管理的复杂性与适应性，同时也展示了文化活动的多元化与丰富性。

（四）管理对象的层级性

群众文化活动的管理与参与层次分明，依据参与深度和角色定位，可以划分为四大类群组别：

1.群众文化专业工作者

既是活动的策划者也是管理者。他们扮演着活动的灵魂角色，拥有坚定的政治立场、专业的素养，精通党的政策方针，善于运用文化活动传递正能量，富有公益心与奉献精神。专业技能扎实，通晓活动管理之道，精通规律与技巧，艺术门类知识广泛，是活动的中流砥柱。

2. 群众业余文艺骨干

活动的中坚力量。他们有文艺专长，才艺技能出众，热爱文化，是活动的先行者和组织者，部分人还具备管理潜力。在活动中不仅技艺高超，能引领示范，更有组织力，服务意识强，是活动中的活跃分子和推手。

3. 群众文艺爱好者

活动的主力军。兴趣驱动他们参与活动，主动投入文化活动，追求技艺交流与提升，乐于共同进步，是文化活动的活跃参与者和文化氛围的制造者，为活动增添了活力与生命力。

4. 普通群众

活动的广泛参与者和观众。他们是活动的基石，通过观赏与参与，不仅获得精神享受，接受文化熏陶，更在活动中逐渐萌发对文艺的兴趣，潜在地成长为爱好者，甚至文艺骨干乃至专业人才，是文化发展的源头活水。

这四类群体间并非绝对隔离，而是相互影响，相互转化，通过有效的管理，可以激发更多人的文化潜能，推动群众文化活动与社会文化的全面发展。

三、群众文化活动管理的原则与方法

（一）群众文化活动管理的原则

群众文化活动管理的原则主要包括：在社会主义核心价值体系引导下的尊重群众意愿原则；按文化艺术规律和活动规律进行管理的原则；依靠群众自我管理的原则；坚持服务为先、管理与服务有机统一的原则。

1. 尊重群众意愿的原则

尊重群众意愿是确保群众文化活动成功的关键，尊重每个人的自主选择权利，是活动得以顺利进行和圆满实现的先决条件。这一尊重体现在，每位参与者能根据个人喜好自由选择加入或不加入任何文化活动，个体无压力，自主权衡定夺。同时，尊重意愿需在社会主义核心价值观的框架内实施，活动设计需弘扬以爱国主义和改革创新为核心的时代精神，通过正面价值观引领，推广健康向上的活动，满足民众多样的文化需求，丰富精神生活。

在活动组织与实施过程中，重视信任并倚赖于群众的力量是核心。不仅是协同工作，更是要创造平台，激励每个人在活动中发挥潜力，展示才华，共享艺术与创意。简言之，尊重与信任群众，共创文化活动，让每一次的聚会都充满活力与价值，让群众文化成为精神文化生活的精彩篇章。

2.按文化艺术规律和活动规律进行管理的原则

遵循文化艺术的发展规律和活动的内在逻辑，是群众文化活动科学管理的基石。各艺术门类的发展轨迹各异，历史演变各异，它们在适应环境变化中求生存，展现出独特的艺术风貌与多样形式。这要求我们要深入洞察艺术规律的继承性、创新性，掌握因时代变迁、经济、政治、道德、哲学等对艺术规律的多维度影响，特别是经济发展对文化艺术的推动作用。

自20世纪80年代起，中国群众文化活动秉持的“业余自愿、形式多样、健康有益、勤俭省”原则，是群众文化实践智慧的总结，成为活动组织者与参与者行动的指南，是持续开展文化活动必须遵循的管理原则。这强调了活动的自发性，形式灵活丰富，健康积极向上，及资源合理利用，既满足了群众的文化需求，又促进了文化的健康发展。

3.依靠群众自我管理的原则

依靠群众自我管理作为群众文化活动管理的核心原则，源自文化活动的本质规律，是确保活动顺利进行的基础保障，也是开展有效管理的基石。在实际操作中，这不仅适应了当前的现实状况，即专职文化工作者的数量与能力难以全面满足群众日益增长的文化活动的需求，也凸显了群众参与的必要性。全民文化权益的维护与基本文化需求的满足，无群众的主动参与与协助是难以达成的。

此外，群众自我管理亦标志着政府角色的转型，通过引入社会中介，培育文化骨干，激发社会力量，推动共建共享文化生态。它强化了群策动力，集合社会各界的积极性，推动资源优化配置，以实现活动效益的最大化。总之，依靠群众自我管理不仅回应了现实的挑战，也促进了政府职能的创新，是文化活动管理的高效策略。

4.坚持服务为先，管理与服务有机统一的原则

坚持“服务为先，管理与服务相统一”的原则，深刻体现了群众文化活动的根本是以人为本，即“以人为本”的核心理念。这要求活动组织者必须致力于为民众提供优质的文化体验，确保参与者能在活动中收获愉悦、感受艺术魅力，满足民众的文化需求，这既是活动策划的初衷，也是终极目标。

强调“服务为先”，意味着服务不仅是管理的前置条件，更凸显了服务在整个活动管理中的核心位置。提供高质量服务，不仅是组织者的责任体现，也是其对社会的回馈，更是持续提升服务品质，迈向更高层次、更优体验的基石。

服务与管理是辩证统一的关系，它们相互促进，协同进步，组织者通过提升服务来实现管理目标，同时利用管理优化服务品质。要提升服务水准，就必须强化管理效能，建立制度规范，明确流程，确保责任到位，这样方可高效、有序地进行群众文化活动的管理，确保每一次活动都能成为群众文化的盛宴，为民众的精神生活增添色彩。

（二）群众文化活动管理的方法

组织一般性群众文化活动经常用到的四种管理方法是：综合管理法、目标管理法、协同管理法、委托管理法。

1.综合管理法

群众文化活动的综合管理，作为一种全方位的策略，它整合了经济调控、法律法规、行政指令、宣传动员等多种管理工具，形成了一张一弛、张弛有度、相互协同的管理网络，以确保群众文化活动的高效、有序进行。这种管理方法不仅强调了对活动本身的内部机制优化，也重视了外部环境的互动与协调，体现了管理的立体性与全面性。

活动内部管理，核心在于活动本体，即活动自身，这涵盖了活动的策划、执行与评估三个关键环节。策划阶段，涉及活动的创意构想、定调研讨、资源筹备、流程规划等，工作人员要确保活动设计既符合初衷又切实可行；执行阶段，重在活动的组织、协调、监督，要确保活动按计划顺利推进；而评估阶段，则是对活动效果的回顾、反思，包括社会效益、经济效益、受众反馈等，为后续活动的开展提供宝贵经验。这一系列管理链条确保了活动从筹划到总结的连贯，各节点都能得到有效监控与协调，是活动成功运营的支柱。

活动外部管理则侧重于活动客体，即影响活动的外部环境与参与方，包括政府、赞助商界、媒体、观众等。这方面的管理，关键在于如何有效整合这些外部资源与力量，利用政策支持、社会动员、宣传推广、合作互动等手段，提升活动的影响力与参与度，优化活动品质。通过积极的外部合作与引导，不仅增加了活动的可见度，更促进了社会参与度，提升了活动的品质与社会效用，是活动推广与提升的有力手段。

2. 目标管理法

目标管理法在群众文化活动中的应用，实质上是一种策略性、结果导向的管理手段，旨在确保活动目标的圆满达成。该方法以活动的总体目标为核心，围绕活动管理者展开，通过目标的设定、分解、执行、监控、评估和激励机制，形成一个管理闭环。

具体而言，目标管理法实施步骤可细分为三大环节：

(1)目标设定

此阶段首要任务是确立活动的总体目标，基于充分的前期调研和论证，确保目标既有挑战性又具可实现性。随后，将此总体目标逐层分解为各级项目目标乃至个人目标，构建一个从宏观到微观、层层递进的活动目标体系，确保每位参与者都能明确自己的职责与期望成果。

(2)目标执行

在目标体系明确后，活动进入执行阶段。此阶段需制定详细的实施方案，明确各子计划的协同机制、任务标准与完成时间线，确保活动进程的有序进行。过程中，持续监控活动进展，遇到问题及时调整，保证活动按既定轨道进行。

(3)成果评价与反馈

活动结束后，对活动目标的达成情况进行综合评估，这包括成果的量化与质化分析。基于评价结果，收集各方反馈，既是对活动成效的肯定也是对其不足的揭示。基于此，制定奖惩制度，表彰优秀团体或个人，激励参与者，同时针对不足提出改进建议，为后续活动提供宝贵经验。

目标管理法在群众文化活动中，不仅是一种管理工具，更是一种能够激发参与度、提升效率与责任心的机制，确保文化活动达到既定目标的同时，又促进群众文化的传承与创新，提升社区文化生活的质量。

3.协同管理法

协同管理法与委托管理法作为群众文化活动管理的两种重要策略，分别从资源集成优化与专业化运作角度为活动提供了有力支持。

协同管理法的核心在于通过构建一个紧密合作的网络，将活动体系内的人力、财务、物资、信息资源等不同模块有效联结成一个整体。尤其在大规模文化活动中，面对复杂的资源分布与隶属关系，协同管理强调跨层级、跨模块的整合，通过“联”策略，将行政事业单位、社会中介、业余团队等多方力量拧成一股绳，围绕活动目标，科学调配资源，形成资源的高效协同机制，确保活动的顺利进行。

4.委托管理法

委托管理法则代表着一种现代化管理趋势，通过法律契约精神，将活动运营职责赋予专业文化机构，借助其专业优势，提升活动的效率与效益。这不仅体现了社会分工精细化的深入，更明确了委托双方的权利义务，促成了活动管理与执行的分离，形成良性的互动。实行委托管理，关键在于要精准选择合适的受托机构，通过协调机制、监管评价机制等，确保委托过程的透明高效，最终实现活动的优化。

第二节 群众文化活动品牌的培育与开发

一、群众文化活动品牌意识的形成

(一)特色是活动的生命

一项活动的成功与否,是否受到群众的喜爱,以及它的生命力是否旺盛,关键在于其是否具有特色。特色在很大程度上决定了活动的成败,影响了活动的参与率,以及活动是否能持续进行。因此,可以说特色是活动的核心所在。群众文化活动的特色通常体现在以下四个方面:唯一性、地域性、认知性以及主题性。

1.特色的唯一性

每项群众文化活动都拥有自己的独特性,这包括活动的目的、时间、地点、组织者、参与者以及活动的效果等。这些不同的因素共同构成了群众文化活动的独有特色。

2.特色的地域性

不同地区的群众文化活动需要适应当地的经济、政治、文化、社会和生态文明建设的需求,同时也需基于本地的自然环境、文化传统和民俗,进行适当调整,从而进行文化活动的传承与创新,展现出鲜明的地域特色。

3.特色的认知性

每一项群众文化活动都有其独特的组织形式和内容,并通过多样的宣传手段来传播信息,使得不同的受众产生多样的文化认知。这种文化认知的差异性正是群众文化活动想要传达的,可以有效地影响和启发受众。

4.特色的主题性

群众文化活动通常与人们的生活实际紧密相关,通过各种文艺形式传达一个或多个主题思想。这种主题性的文化特色引导着活动的方向和宣传,吸引有着不同文化需求的群众参与其中。

（二）品牌存在于群众的喜闻乐见之中

群众文化活动要想成为某地区的标志性文化品牌，必须建立在深厚的群众文化基础之上。这类活动通常传递着地区的主流文化价值观，满足了当地大多数群众的文化需求，因而受到群众的广泛欢迎。这种活动展现了广泛被群众接受的文化主题、形式、内容及载体，并在此基础上维持了持续的文化创新机制，通过各种方式不断地将人们日益增长的文化需求融入其中，满足不同时代的文化审美需求。

品牌群众文化活动深植于本地的文化传统，能够将历经时间考验的优秀文化传统和公认的文化习俗赋予新的内涵，并添加具有"新奇特"元素的文化内容，从而保持其文化的持久活力。这种活动通过多种形式将日常生活中的正面人物、事件和精神艺术化地呈现，有效地将文化品牌与社会热点紧密连接，并在较短的时间内吸引群众的注意和参与。品牌群众文化活动不仅仅是普通活动，它聚集了地区内丰富的文化资源，设定了高起点和高标准，体现了群众对参与高质量文化活动的渴望和追求。

（三）品牌需要一定时间的磨合和认同

品牌群众文化活动的形成经历了时间的积累与磨合。这种活动的完善是一个渐进的过程，每个群众文化活动都是从零开始，逐步发展和完善的。作为品牌活动，它必须经历从起步到成长再到提升的循环过程。在自身的发展和演变过程中，以及与其他活动的竞争中，品牌活动需不断识别问题，并逐步吸收新的或可借鉴的元素，完善组织活动的各方面，使之更科学、更先进，从而在众多群众文化活动中凸显其品牌价值。

品牌群众文化活动需持续举办，时间的持续性是其成功的关键。

这种活动的连续性是其基本特征，只有定期且持续地组织，才能吸引更多群众参与并深刻体验活动的魅力，才能适应不断变化的文化需求，保持品牌的活力。长期的积累和社会认可是这类活动获得成功的基石，广泛的群众参与和社会各界的支持能让品牌活动展现出其独特的文化价值和不可替代性。

打造群众文化活动品牌还需要运用多样的宣传手段。利用各类新闻媒体作为活动品牌影响的扩展器和推动器，一方面通过社会媒体策划和组织有序的宣传推广，主动吸引群众参与，营造文明和热烈的氛围，提升活动的社会知名度；另一方面，媒体的报道也能引起社会各界对活动的关注和讨论，帮助解决活动中的实际问题，有助于活动内容和形式的丰富，提升活动的质量。

此外，打造品牌需要考虑活动的可持续性。从微观角度看，品牌活动是定期举办的，每次都需继承前一次的内容并增加新元素；从宏观角度看，活动的可持续发展意味着既满足了当下的文化需求，也能自我更新，与经济、政治、社会、文化及环保等方面协调发展。

二、群众文化活动品牌的基本概念

当前阶段，可以将群众文化活动品牌定义为“连续进行三年以上，涵盖所辖区域，受到广大群众喜爱，具有广泛参与性、鲜明特色并产生广泛影响的活动项目”。构建群众文化活动品牌需要明确目标、创新规划、有效实施，坚持并强化正确的活动理念，在充分考虑群众文化需求和周围环境变化的基础上，不断丰富活动的内容和形式。

（一）打造群众文化活动品牌，需要保持活动的高质量和连续性

群众文化活动品牌源自激烈的群众文化活动竞争，它具有明确的文化定位，并能与广大群众的文化情感产生共鸣。活动质量的体现，一方面在于严格的组织管理和丰富的活动内容及形式；另一方

面，在于参与群众所体验到的优质文化体验和感受。维持群众文化活动品牌的高质量是将活动执行的高标准与群众认可的文化体验紧密结合的过程。

在保证活动质量的同时，还必须保持活动的连续性。只有通过定期且持续的举办，才能积累和形成一套完善的群众文化活动品牌的组织管理和服务模式，从而在地区内形成显著的文化影响力。通常，群众文化活动品牌需要在同一地区连续举办三年以上。

（二）打造群众文化活动品牌，需要扎实的群众文化基础和鲜明的地域文化特色

群众文化活动品牌通过组织文化活动来传播和展示地域优秀文化，因此应具备符合当地群众文化审美的基础。同时，随着地域经济、政治、文化和社会环境的变化，群众文化活动品牌也承担着引领群众文化价值观和审美趋势的任务。从这一点出发，其与一般性的群众文化活动相比，品牌活动应具有更强的文化导向力，能够灵活调整组织形式和活动形态，满足群众不断提升的文化需求，提供高水平的寓教于乐服务，保持其在群众中的引导作用。

地区的独特文化特色是打造群众文化活动品牌的关键。通过深入挖掘地域文化底蕴，利用独特的文化资源，并根据地域特点与群众的文艺兴趣相结合，避免活动形式的千篇一律，坚持独特的地域群众文化活动特色，从而将地域文化特色转化为群众文化活动品牌。

（三）打造群众文化活动品牌，需不断创新并扩大其社会影响力

为了保持群众文化活动品牌的活力，创新是关键，它可以为活动品牌注入新鲜血液，赋予其创造新价值的能力。这包括理念、主题、管理制度、内容、方式、技术以及运作模式等方面的创新。品牌创新不仅可以借鉴其他类似文化活动的创新手段，并在此基础上进行再

创新，还应积极收集参与者的反馈和建议，挖掘以往活动中未充分利用或被忽视的文化资源，并对其进行改进和利用。此外，群众文化活动品牌还应加强自身的宣传力度，树立主动宣传的意识，通过多种渠道扩大社会宣传，对活动进行全面报道，从而提升品牌的社会影响力和知名度。

（四）打造群众文化活动品牌，需配备监督机制和激励措施

在打造地区标志性的群众文化活动品牌过程中，需要引入政府、主办方、承办方及社会的监督机制，实时监控活动的进行，确保活动质量，及时发现并解决问题，并基于这些监控提出有助于品牌持续完善和发展的建议。管理者应将监督机制视为品牌文化内涵的重要组成部分，自觉组织实施，增强品牌在未来竞争中的吸引力和感染力。

同时，为了激励群众文化活动的持续开展，应建立有效的激励措施。鉴于群众文化活动的公益服务性质，打造活动品牌需广泛调动社会各方面的积极性，包括制定相关的激励政策，应从人力、财力、物力等方面对活动提供支持和奖励，激发组织者的工作热情，共同推动形式多样的群众文化活动，通过活动中的相互学习和交流，不断培育和打造精品文化活动品牌。

三、群众文化活动品牌的培育与管理

（一）在群众文化活动管理中应当强化活动的品牌意识

1. 在群众文化活动管理中融入品牌意识

群众文化活动管理与品牌建设紧密相关，需要在管理过程中增强品牌意识。在活动内容管理方面，应将品牌意识融入活动目标、活动标准、活动内容中。在活动形式管理方面，需将品牌意识贯穿于譬如群众性文艺创作、培训、演出或文化宣传活动形式的管理中。在组织管理方面，应结合“群众文化群众办、群众文化群众管”的原则，优

化政府和社会各界参与的群众文化活动的协调组织；对于群众文化社团组织，应从组织管理、业务处理、活动开展等方面入手，积极推进品牌化的文化社团建设。

2.根据群众文化活动管理的特点培育品牌

品牌意识应贯穿于整个活动管理过程，包括项目管理、过程管理、效益管理等方面。在活动管理范围内，应将品牌培育策略应用于各类活动，如社区和农村群众文化活动、节日文化活动、家庭文化活动、文化馆（站）的文化活动等。对于不同层次的管理对象，应根据其年龄、文化水平、经济条件等进行分类，分析共性特征，识别其具有品牌培育潜力的文化需求。

3.综合运用群众文化活动管理的原则和方法培育品牌

在培育品牌的过程中，应尊重群众的意愿，依照活动自身的规律进行管理，并依赖于群众的自我管理。将群众文化活动的综合管理方法、目标管理方法、协同管理方法、特殊管理方法等与品牌培育相结合，满足群众的基本文化需求和更高层次的文化情感价值需求，从而超越普通群众文化活动的水平，塑造出具有影响力的群众文化活动品牌。

（二）在群众文化活动管理中应当强化活动品牌的管理效应

品牌活动的管理效能主要体现在其高效的管理方式上，包括以下几个方面：品牌活动的识别、指导和引导、规范化管理、宣传与扶持、总结与评估、成果的推广与传播。

1.品牌活动的识别

群众文化活动的管理者应深入实地，通过广泛的调研和仔细的分析，利用敏锐的洞察力在多样的群众文化活动中识别出具有独特文化特征、丰富文化内涵、易于群众参与且具备持续发展潜力的活动，将其作为培养群众文化活动品牌的基础。

2.品牌活动的指导和引导

在识别出潜在的品牌活动后，需对其进行针对性的指导和引导，结合各地区群众文化活动管理的实际情况，最大限度地利用地域文化资源的优势和群众的文化需求定位，设定品牌活动的发展目标和具体执行步骤，并开始逐步实施。

3.品牌活动的规范化管理

在品牌活动的组织和开展过程中，应实施规范化管理，将服务活动参与者和活动主题作为核心，明确活动的目的、意义、可行性、时间和地点、项目内容设计、实施范围和方法、基本安排、组织机构、预算和具体要求等，确保活动的顺利进行。

4.品牌活动的宣传与扶持

在品牌活动的培育和完善过程中，应不断丰富活动成果，并主动通过政府、社会、媒体等进行广泛宣传，以提升活动的知名度，争取获得社会各界的支持。同时，应充分利用各级政府的文化政策，争取在人力、财力和物资上得到全面支持，为品牌活动的持续开展提供动力。

5.品牌活动的总结与评估

每次品牌活动结束后，应及时整理活动资料、认真总结和评估。避免因品牌效应将活动成果过度夸大，也不能忽视活动中的问题和失误。应广泛听取群众、专家和媒体的意见，可能的话可以聘请第三方评估机构进行客观评估，不断从活动中吸取经验，提升活动的质量。

6.品牌活动成果的推广与传播

当品牌活动形成规模并得到广泛认可后，应继续对其加大推广力度和传播力度，有效利用各类社会媒体，充分发挥品牌活动在凝聚群众力量、传播优质文化资源中的潜在价值，进一步丰富品牌文化活动的核心文化价值观，增强活动的吸引力和凝聚力。

四、群众文化活动品牌的标准

具有品牌价值的活动项目应具备以下三个标准：

（一）与地域文化元素、民族民俗风情联系紧密

中国地大物博、民族众多，每个地区、每个民族都拥有悠久而独特的文化发展史和延续至今的文化传统。不同的社会发展历程和生活环境孕育出了风格迥异的地域文化，这些文化在长期的生产和生活实践中与当地环境相融合，并吸收了一些外来文化的积极因素。它们经历了“稳定—变化—再稳定—再变化”的发展过程，最终以一种相对固定的生态、习俗、风情和生活习惯等形态呈现。民族风情以其独有的文化艺术形式展现，融合了民族的语言、地域、经济、生活和共同的文化心理，是地域文化中极具魅力的一部分。

品牌价值显著的群众文化活动必须在活动的每一个环节中体现地域文化元素和民族民俗风情。这要求活动策划者需准确把握民族地域文化的基本特征和其特殊作用，确保民族地域文化的普遍性、客观实在性、民族性和差异性贯穿于活动的策划、实施、宣传及传播中。此外，还需强调这些文化活动对于促进民族团结和国家统一、提升民族地域群众文化素质的重要作用。

（二）以特色鲜明的文化内涵为核心

具有品牌价值的群众文化活动是反映群众精神面貌和思想道德水平的重要文化载体，其文化内涵能够为群众提供更深层次的文化需要和精神满足。参与这些活动的群众往往会在心理上形成对品牌文化活动的认同感，对其展现出较高的忠诚度和活动需求。品牌文化活动特色鲜明的文化内涵构成了其无形的品牌和精神品牌，而具

体的群众文化活动载体则是有形的品牌和物质的品牌。

品牌群众文化活动的文化内涵融合了群众所需的文化价值和文化情感,通过活动的主题、内容、形式、特点及受众定位等具象化地表达了文化品牌。群众从这些品牌文化活动中获得的体验,不仅超越了一般性群众文化活动的感受,还获得了更具个性化的精神文化享受,在品牌群众文化活动中也体现了个人的文化品位、格调和倾向。通过深入挖掘活动内涵的文化特色,能够更好地适应社会发展的需求,拓宽品牌文化差异化发展的途径,推动品牌文化活动载体的创新,增强参与群众的信心和依赖感,使之成为不可或缺的业余文化生活内容。

（三）符合广大群众的文化需求,活动内容和形式适于群众参与其中

品牌群众文化活动作为各地区的标志性文化活动,其成功得益于长期的群众文化活动实践,其成功地继承并创新了地域文化传统。这些活动与地区群众在不同历史阶段的生产和生活紧密相关,它们有效地满足了不同群众在不同时期的文化需求,从而在激烈复杂的群众文化活动竞争中保持了领先地位,赢得了群众广泛的热爱和支持。品牌群众文化活动通过其丰富的活动内容和形式,满足了广大群众的多元化和个性化文化需求。

在活动思想内容和艺术内容的管理上,品牌群众文化活动能准确把握并表现人们的精神文化需求和文化审美需求,提前设定活动内容的目标和意义,确保活动内容既符合人们的需求,又适应社会要求和当前生产生活水平。在活动形式管理方面,品牌群众文化活动能有效地传达活动内容,并将活动内容的外在形式与内容所依赖的内在形式有机结合,实现了能充分展示活动内容的统一而系列化的活动形态和方式。

第三节　社会化条件下的群众文化活动管理

一、社会化条件下群众文化活动的新形式

（一）公共文化服务单位的免费开放

公共文化服务单位的免费开放是基于公共文化设施的支持，依托公共财政保障，向公众无偿提供公共文化空间和基本文化服务。这一举措的核心目的是让更多的人民群众能够便捷地参与到文化活动中，确保群众的基本文化权益得到保障。免费开放主要涉及两方面：一是公共空间和设施场地的免费使用；二是提供与其功能相匹配的基本公共文化服务，并且免费向公众开放。作为政府设立的公益性文化事业单位，文化馆（站）是提供公共文化服务的关键场所，必须遵循国家关于“免费开放”的相关政策。公共文化服务单位的免费开放应遵循“全面推广，逐步完善；坚持公益，保障基本；科学设计，注重实效；扩大宣传，树立形象”等工作原则。

文化馆（站）免费开放的区域包括：多功能厅、展览厅（陈列厅）、宣传廊、辅导培训教室、计算机与网络教室、舞蹈（综合）排练室、娱乐活动室等公共空间；同时提供与其功能相匹配的基本公共文化服务：普及性的文化艺术辅导培训、时政法制科普教育、公益性群众文化活动、公益性展览展示、培训基层队伍和业余文艺骨干、指导群众文艺作品创作、数字文化信息服务、公共文化资源配送和流动服务、体育健身、青少年校外活动等基本文化服务项目，这些服务都应健全并免费向公众提供。

为确保文化馆（站）在免费开放后能正常运转并提供基本的公共文化服务，需要建立稳定的免费开放经费保障机制。公共文化服务项目应根据公共财政的增长和群众文化需求的变化持续调整和改进。

（二）公益性群众文化活动的推介

政府通过推广重大群众文化活动，鼓励社会通过无偿捐赠、企业

冠名、形象展示等方式参与，以吸引社会资金投入公益性群众文化活动中。广泛开展这类活动需要政府的大力支持和社会各界的积极参与。要将政府支持和市场机制有效结合，有计划地将群众文化活动推向社会，积极引导社会资金多渠道投入，建立企业与社会参与群众文化活动的合作和服务平台。按照“由社会办群众文化活动”的思路，政府应在自身、群众、企业和社会之间不断开辟群众文化活动的新渠道，特别是在推广、支持和服务方面，积极解决当前因资金不足而导致的活动难以开展、质量低下、群众不满意等问题，实现多方共赢。

企业和社会各界的参与与支持不仅是他们的社会责任心的体现，解决了群众文化活动的资金问题，还为群众文化活动带来新理念、新思路和新形式。这不仅能提升群众文化活动的水平和层次，提高地区文明形象，还能促进赞助方的自身发展。群众文化活动的组织者应树立公益赞助意识，在活动策划和组织过程中，积极为赞助商提供市场营销的机会。

（三）政府购买群众文化活动服务

政府通过市场运作的手段，如招投标、政府采购、项目补贴、定向资助和贷款贴息等，调动专业及业余文艺团体资源，组织免费的文艺演出、展览等活动。此外，政府将原本由其直接或旗下文化系统提供的群众文化活动服务，交由具备资质的社会文化组织执行，并根据事先的合同与标准进行活动的监督与评估，根据社会文化组织提供的服务规模和质量支付相应的费用。

通过政府资助的群众文化活动引入第三方竞争机制，吸引社会专业文化机构参与运营，这不仅可以通过利用社会力量减轻政府的财政负担，还能有效提高政府资金的使用效率，丰富群众文化活动的内容，为广大群众提供更多优质文化活动的选择。同时，这种方式也鼓励更多民间资本参与，提升群众文化活动的整体水平。这种新型的群众文化活动服务购买方式的特征为“政府采购、市场运作、定向委托、合同管理、评估兑现”。政府资助这些活动的同时，应通过招投标的方式确定承办单位。

(四)文化下乡(下基层)活动

文化下乡(下基层)活动虽非全新的概念，但在当代社会化大背景下，无论是从组织形式还是活动内容上都被赋予了新的意义。在组织形式上，这类活动主要通过政府采购服务和提供补贴等方式进行，动员社会各类文化资源为农村和基层提供文化服务；在活动内容上，文化下乡(下基层)活动不仅提供文艺演出，还提供文化培训和服务，既“送文化”又“种文化”，有效提升了农村和基层开展群众文化活动的综合能力。文化下乡(下基层)活动对加强基层精神文明建设、满足群众日益增长的文化需求、加强党与群众的联系以及推动城乡统筹发展具有重要作用。

“送文化”意味着将优质文艺作品带到基层，通过广泛利用文化站、文化室、文化广场等基层文化设施，在群众中开展高质量的文化活动，让群众在家门口参与活动，接受教育，享受精神愉悦。“种文化”则指根据基层群众的需求，发展公共文化设施，配置文艺设备，定期派遣文艺人才到基层进行文艺表演和培训，提升基层群众的文化素养和艺术技能。深化文化下乡(下基层)活动需要将政府主导与社会参与有效结合，将参与群众文化活动、欣赏优秀文艺作品与激发基层群众的文化创新精神相结合，同时要将丰富群众的业余文化生活与推动地区各项事业的协调发展相结合，并将保持成功经验与持续创新改进紧密相连。

(五)社会举办节庆日的群众文化活动

节庆文化活动以其地方性、群众性、创新性、文化性、经济性和可持续发展的特点，在各类群众文化活动中展现出独特的文化魅力。鼓励社会各界在春节、端午节、中秋节等传统民俗节日举办免费或低成本的群众文化活动,不仅能带来良好的社会效益,也能产生一定的经济效益。

通过社会力量举办的节庆日的群众文化活动,能够突出节庆文化的主题,营造浓厚的节庆氛围,并展示该活动的民族、地域、文化和时代特色。这种方式可以有效地吸引和调动社会资源和社会力量的参与。活动中社会文化机构的介入,带来了市场运作机制,通过售票、广告、赞助、交易会、品牌冠名、摊位租赁、活动承办等手段,不仅丰富了节庆文化活动的内容,还提升了社会文化机构的经济效益。与此同时,政府文化主管部门应通过多种方式积极引导节庆活动的开展,如设置评比规则、提供奖励、进行宣传等,以推动节庆日的群众文化活动朝向健康的方向发展,促进其活动内容和形式的持续创新。

二、社会化条件下群众文化活动的新特点

(一)群众文化活动的多渠道投资机制

群众文化活动的社会化改革促使了活动投入方式的多元化,形成了政府支持与社会参与相结合的多渠道投资格局。群众文化活动不仅被纳入公共财政的常规支出预算,还通过政府采购、项目补贴、定向资助、贷款贴息、税收减免等政策有效激发了文化企业参与的积极性。

以公共财政资金为主导,用政策杠杆和财税优惠政策来吸引社会资本投入群众文化活动,已成为重要的投资模式。对于具有较强代表性的公益性优秀群众文化活动或具有示范性、导向性的精品文化活动,政府通常采取政府采购、项目补贴、定向资助等方式予以支持。而那些与文化产业相关能够产生经济效益或具备发展潜力的群众文化项目,则通过贴息贷款、税收减免等方式得到扶持。目前,整个群众文化活动体系,呈现出资金投入的多样化、活动定位的多样化、组织形式的多样化及目标的多样化的态势,形成了政府、企业、社会组织及个人在群众文化活动经费投入上互补、目标一致的良好局

面。特别是为社会非公性质的文艺单位和艺术院团提供了与国有文化单位在同等条件下开展群众文化活动服务的机会。

（二）群众文化活动的多元化运作方式

群众文化活动的多元化运作方式打破了传统的群众文化工作部门独自主导的模式，形成了由政府支持和社会参与的共同推进的良好局面。群众文化活动主办方面，除了文化和旅游部门，还包括其他政府部门、群众团体、社会机构和企事业单位。这样的多元主办体系最大限度地动员和利用了文化和旅游部门以及社会民间力量，丰富了群众文化活动的内容，推动了群众文化事业的社会化发展。在表演主体方面，群众文化活动汇集了业余文艺团队、专业文艺工作者和民营文化艺术社团的力量，展现了业余与专业、国内与国际、社会各界共同参与的多元化特色。在运作方式上，群众文化活动既有政府主导的模式，用以充分展示先进文化的魅力；也有共建共享的模式，通过制定政策加强引导和协调，整合文化资源实现资源共享；还有文企联姻的模式，积极引入市场机制，吸引民间资本和企业等社会力量参与，增强活动实力。

（三）群众文化活动的社会化评价机制

在群众文化活动的社会化评价机制方面，随着对群众文化活动投入的增加，人们对活动质量和资金使用规范化的要求不断提高。专家建议逐步建立群众满意度调查和群众文化活动经费社会化考评机制，引入第三方机构对活动绩效进行客观考评，使之成为评价群众文化活动的重要方法。通过自下而上的社会化评价机制，不仅可以为群众提供参与管理、反馈文化诉求的渠道，还能加强群众文化活动的管理，确保群众的基本文化权益。委托第三方专业机构对群众文化活动的经费使用情况、组织服务能力和目标效益等进行公正分析，可以有效避免自我评价的局限，科学发挥社会化评价机制在群众文化活动中的多重功能。此外，这种社会化评价机制还需在对服务质量和效果进行量化评估的基础上，进一步完善责任与鼓励相结合的财政资助制度，提高活动的整体服务水平；同时，应充分利用网络信息技术，广泛收集群众的评价意见，便于群众全程参与活动的评价和改进。

（四）群众文化活动的社会参与机制

群众文化活动已成功吸引社会各界的广泛参与，这一点主要体现在以下几个方面：充分挖掘和利用社会文化艺术资源；专业文艺团体对群众文化活动的广泛参与；业余团队成为各类群众文化活动的骨干力量；以及群众文化志愿者队伍成为参与群众文化活动的重要力量。

随着社会文明程度的提升、公共文化服务体系的完善及群众文化活动管理水平的提高，群众文化活动的社会参与机制展现出新的特点。政府通过改革财政经费投入方式，采用采购、补贴等方式进一步激发了社会各类文艺资源参与群众文化活动的积极性。许多高水平的专业文化资源通过文化惠民工程等途径参与群众文化活动；地方基层的群众文化共建、共享机制不断创新，以街道、乡镇或社区、村落为单位，文化单位、文化名人、学者、有文艺特长的个人以主人翁的姿态积极参与区域内的群众文化活动，并在活动中发挥示范和核心作用；志愿服务精神被广泛推崇，各类文化志愿服务机构将具有“奉献、友爱、互助、进步”精神的文艺骨干和团体团结起来，跨行业、跨地区参与和支持群众文化活动；面对群众日益增长的文化需求，各主办机构有了更强的内在动力去积极吸纳社会文化资源和高水平的专业文艺人才，以提升活动的质量和水平。

三、社会化条件下群众文化活动的管理

（一）群众文化活动的社会资金管理

在社会化背景下，多渠道提供的群众文化活动资金的管理是一个关键环节。资金的使用规范、使用效率和使用评估是资金管理的

重要部分。因此，必须建立和完善社会资金管理制度，严格社会资金的预算管理和使用，并引入第三方机构对资金使用的绩效进行评估。

群众文化活动资金的管理应严格遵守相关法律、法规和财务管理制度，坚持节约和量入为出的原则，按照群众文化活动的组织规律，确保资金使用的效率和效益。应细致执行群众文化活动资金的预算制定、审批、划拨及监管等具体环节，对群众文化活动资金的使用情况进行绩效评估，从资金使用的合理性、成本核算、投入产出比、存在问题、社会效益、活动质量和创新亮点等方面进行全面考察。

还应完善群众文化活动资金的审计监察制度，健全活动预算资金的流程管理，建立从预算制定到运营、开支、公示的全程审计监察体系，包括定期报告、重大事项汇报制度。通过日常检查、定期抽查和年终考核等形式，实现资金监管逐步制度化、标准化和常规化，形成财政部门、主管部门、审计部门和资金使用单位不同层次的控制监督体系。上述措施可以实现对资金使用过程和结果的有效约束，提高资金使用的效率和透明度。

（二）群众文化活动的运作方式管理

在社会化环境下，群众文化活动的多元化运作方式经历了显著的变革，这就要求群众文化活动的运作管理方式也要进行相应的调整。现在的管理方式包括群众文化活动项目的社会推广、与社会单位联办、实施项目招投标、吸引社会资源参与、引入文化志愿者服务以及委托文化企业进行经营等多种手段。

群众文化活动的运作管理方式呈现出社会化、多功能化、产品化和志愿化的特征。首先，群众文化活动的组织单位和参与人员不仅涉及面广、社会化程度高，而且活动的管理方式也从原先的内部封闭式管理转变为主动向社会推广、积极邀请更多社会单位参与的开放型管理。其次，群众文化活动广泛地与民政活动、企业活动、农民增产增收活动等相结合，不仅保持了其原有的精神调剂、团结凝聚等社会功能，还增添了商贸功能、旅游功能等，展现出功能多元化的特点。再次，政府采购、招投标等资金投入方式的创新，不断吸引专业的活动策划和组织单位参与群众文化活动，将活动以公共文化产品的形态提供给群众，使活动运作具有公共产品的特征。最后，志愿化的运作方式不仅为群众文化活动带来了新的资源，还为活动注入了新的文化精神和管理理念。

（三）群众文化活动的社会化资源管理

群众文化活动的社会化资源管理方式主要体现在以下几个方面：挖掘和整合社会单位的场地资源，使用社会单位的文化设施来开展群众文化活动；积极调动社会各界力量参与或主办不同形式的群众文化活动；鼓励国家相关部门、企事业单位、集体以及个人自行举办群众文化活动，或通过资助、合作、志愿服务等形式支持群众文化活动的开展。

对于积极支持和参与群众文化活动的人员和单位，活动组织者应以诚挚的态度对待，尊重他们的意见和建议，并尽可能地予以采纳，根据他们的特长安排其适当的活动角色。活动结束后，活动组织者应对他们所提供的帮助表示感谢并加强后续联系。对于支持群众文化活动的财力资源，活动管理者应主动与资助方进行沟通交流，确保资金使用的透明性、公平性和公正性，并主动接受社会监督。对于物力资源，如设施和设备，活动组织者应根据活动实际需要灵活运用。同时，对于社会提供的信息资源，组织者应保持开放的心态，认真甄别并适当采纳，以便更好地利用这些信息资源丰富和优化活动内容。

总的来说，有效的资源管理策略应围绕群众文化活动的实际需求展开，通过动员所有积极的社会因素，整合可用资源，扩展群众文化活动的规模和影响力，确保每一份资源都能得到最有效的利用。

（四）群众文化活动的重大项目管理

重大群众文化活动因参与人数众多、资金投入大且社会影响广泛，与人民群众及社会各界的联系十分紧密。因此，加强活动项目的详细论证，制订和完善活动预案，落实岗位责任制，确保活动计划的严谨性、可操作性和安全性尤为重要。

对于与国家重大节庆和重大事件相关的群众文化活动，应建立专门的活动组织协调机构，保障活动的质量与安全，需对活动的目标、资金、时间、地点、内容、参与人员、活动效益、自然环境、安全保障措施、相关法律法规等进行实事求是地论证评估，并在此基础上遵循规定程序，完成审批手续。若由于人为因素、自然环境变化或不可抗力等原因导致活动无法按原计划进行，应提前制订活动预案和安保应急预案，并及时组织相关人员进行演练，发现并整改问题，确保活动预案的顺利实施。

活动中，各岗位的组织人员应认真履职，保持岗位间通信畅通，形成协同工作的团队氛围。面对活动的变化，组织人员需服从命令、听从指挥，展现出大局意识，确保能够按程序操作、应变自如。同时，需要重视重大群众文化活动项目的策划与创意，制造活动亮点、突出活动主题，确保各子活动间形成有机联系，构建一个创意丰富的活动体系。

活动结束后，组织者应对活动进行总结，表彰作出杰出贡献的个人或团体，并做好档案整理工作，分析并记录重大群众文化活动对文化、政治、社会及历史所产生的影响及价值，为将来的研究、学习和借鉴提供宝贵的资料。

第六章 群众文化辅导

第一节 群众文化辅导概述

一、群众文化辅导的含义

群众文化辅导是一种针对辅导对象的文化艺术需求进行的教育活动，旨在提高其审美能力和传授其文化艺术知识与技能，通过选择合适的媒介和有效的辅助手段，进行系统的传授和指导。

群众文化辅导对于提升人民群众的精神文明素质和文化艺术水平具有重要意义，它有助于培养人的道德情操，提高个人的文化技能，开发人的文化潜能。作为群众文化活动的重要组成部分，群众文化辅导在群众文化体系的组织、辅导、研究三大要素中占据着核心位置，是最基本的服务方式。

群众文化活动不仅包括群众自娱自乐的活动，还包括系统的群众文化辅导。因此，开展群众文化辅导是文化事业机构的基本职责，也是提高群众文化艺术水平和群众文化活动质量的实际需求。群众文化的根本目标是改变群众在文化活动中的被动地位，让群众不仅是文化的接受者，更是文化的创造者。群众文化辅导正是为实现这一目标而开展的。

二、群众文化辅导的特征

群众文化辅导的特征体现在它的速成性、渐进性、综合性和互动性。

（一）群众文化辅导的速成性

群众文化辅导的速成性，指的是在文化普及和教育过程中群众文化辅导能迅速提升群众的文化素质和审美水平。速成性文化辅导通常采用直接、有效的教育策略，目的是在短时间内使大量群众接触广泛的文化知识，从而快速提升整体文化水平。

首先，速成性文化辅导一般通过集中讲座、短期培训班或者文化展览等形式，使群众在较短的时间内获得大量的信息和知识。例如，通过举办一系列关于历史、艺术或科学的讲座，群众能够迅速了解不同领域的基本知识和最新发展。

其次，这种辅导方式强调互动和参与感，通常会设计一些互动环节或者体验活动，让群众不仅被动接受知识，而且通过实践来深化理解。例如，在文化工作坊中，参与者可以直接参与制作手工艺品或表演艺术。这种实践活动有助于加深他们对文化的理解。

此外，利用现代技术也是提高群众文化辅导速成性的一个重要方面。互联网、移动应用程序和多媒体工具能够使文化教育内容更加生动有趣，同时也更易于接触到更广泛的群众。通过在线视频课程、互动软件或虚拟现实体验，群众可以在任何时间和地点，以自己的学习节奏来接受文化教育。

尽管群众文化辅导的速成性提供了许多便利和优势，但它也面临着一些挑战和限制。速成教育可能导致知识的表层化，群众可能只获得了一些基础或片面的知识，而缺乏深入和系统的理解。此外，文化的深度和广度可能会在速成的过程中被忽视，导致文化教育的质量和效果受到影响。

因此，实施速成性群众文化辅导需要综合考虑多种因素，比如教育内容的选择、教育方法的设计以及如何平衡速成与深度的关系。通过精心设计和实施，速成性文化辅导不仅可以迅速提升群众的文化素质，还可以激发他们对文化学习的深厚兴趣和深入探索的欲望。

（二）群众文化辅导的渐进性

群众文化辅导的渐进性，是指群众文化辅导能通过有序和连续的教育活动，逐步提升群众的文化素养和审美能力。渐进性文化辅导侧重于长期的文化教育和持续的学习过程，旨在确保群众能够系统地理解和吸收文化知识，从而实现深层次的文化认同和自我提升。

首先，渐进性文化辅导通常采用分阶段教学的方式。这意味着文化教育内容会根据不同的学习阶段逐渐深入，从基础的文化常识讲起，逐步过渡到更复杂的理论和实践。例如，一门文化课程从介绍本地的历史和艺术开始，逐步扩展到全国乃至全球的文化景观。

其次，渐进性文化辅导强调持续性和反复性，通过定期的课程和活动，使群众有机会不断复习和加深先前的知识。这种重复学习的过程有助于加深记忆，使学习成果更加牢固。此外，持续的互动和反馈机制也是这种教育方式的重要组成部分，教育者可以根据群众的反馈调整教学内容和方法，以适应不同群体的学习需求。

此外，渐进性文化辅导通常会融合多种教育资源，如图书馆、博物馆和社区文化中心等，它们可以为群众提供丰富的学习材料和适宜的学习环境。群众通过实地考察、参观和体验，可以更直观地感受到文化的魅力和价值，从而增强学习的兴趣和动力。

渐进性文化辅导还注重培养群众的批判性思维和创造性表达能力。参与者通过讨论会、研讨班和创作活动等，不仅能够学到知识，还能够学会如何分析问题、表达观点和创作文化作品。这种教育方式有助于培养群众的独立思考能力和创新精神，使他们能够更主动地参与文化活动。

然而，渐进性文化辅导也面临一些困难和挑战，如这种辅导方式需长期的资源投入和持续的教育承诺。对于教育机构和政策制定者而言，保持教育活动的连续性和吸引力，以及确保教育资源的公平分配是实施这种教育方式的关键。

总之，渐进性群众文化辅导是一项系统的、长期的教育策略，它通过分阶段教学、重复学习和多样化的教育活动，逐步提升群众的文化素养和审美能力。这种方式强调知识的深化和技能的提升，旨在培养群众成为具有高素质文化素养和创造力的现代公民。

（三）群众文化辅导的综合性

群众文化辅导的综合性指的是在进行文化教育与推广时，采取多元化的方法和策略，整合不同的文化资源和形式，以满足广泛的群众需求，以及促进文化的全面发展。这种综合性的文化辅导方式不仅覆盖广泛的文化领域，还注重各个方面的相互联系和支持，以求达到最佳的教育效果。

首先，综合性文化辅导通过融合各种文化形态和表现手段来增强教育的吸引力和有效性。例如，结合传统艺术、现代媒体、文学作品以及数字技术等，为群众提供丰富多彩的学习体验。这种方式能够吸引不同文化背景的群众参与，能够使他们从多个角度理解和欣赏文化的多样性。

其次，综合性文化辅导注重跨学科的教育方法。综合性文化辅导不仅限于艺术和人文学科，还可能包括社会科学、自然科学等领域，以揭示不同学科之间的联系。例如，探讨环境保护这一主题，可以结合艺术创作和科学研究，使群众理解如何通过文化活动参与到社会环境和自然环境的改善中。

此外，综合性文化辅导还强调社区参与和公众互动。其通过组织社区文化节、工作坊、讨论会等活动，鼓励群众积极参与文化创造和交流。这种互动不仅促进了群众之间的文化交流，还加深了他们对本地文化和全球文化的认识和尊重。

综合性文化辅导还涉及策略上的灵活运用，比如采用定制化的教育计划来满足特定群体的需求。教育者可以根据群众的不同年龄、职业和文化背景设计特定的教育内容和活动，确保每个人都能从文化辅导中获得最大的收益。

然而，实施综合性文化辅导也面临一些挑战，例如：如何平衡不同文化形式和资源的整合，如何确保教育活动的质量，以及如何评估和调整教育策略以应对不断变化的文化需求。

总的来说，综合性群众文化辅导是一个全方位、多层次的教育过程，它通过整合多种文化资源和形式，来创造一个多样化、互动性强的学习环境，旨在提高群众的文化素养，激发他们对文化的热情，并促进文化的可持续发展。这种综合性文化辅导方式不仅有助于培养群众的文化认同感，也为社会文化的多元化和谐发展提供了坚实的基础。

（四）群众文化辅导的互动性

1. 互动是群众文化特有的传播方式，是辅导者和辅导对象面对面的情感交流，是寓教于乐的具体体现

在群众文化辅导中，互动不仅是一种传播方式，更是辅导者与学员之间面对面情感交流的桥梁，充分体现了寓教于乐的教育理念。在这一过程中，辅导者有时也会从学员那里学到新知。其学员可能在自己的专业领域已有深厚的积累，只是出于对新领域的兴趣，才参与到群众文化的辅导中来。随着现代信息技术的发展，互动交流变得更加便捷，这种双向的互动成为提升辅导效果的关键。

2. 在群众文化辅导过程中，辅导者与辅导对象是相互传播的关系

在群众文化辅导这一互动性教育与学习的场域中，辅导者与学员之间构筑了一座双向沟通的桥梁，彼此学习、相互启迪，共同成长。辅导者不仅仅是知识与技能的传授者，更是文化的传递者，他们将历史的沉淀、艺术的美学、技艺的精髓，以及现代社会的创新理念融入教学之中，引领学员开启文化之旅。学员在这样的氛围中，不仅接受了知识与技能的灌输导引，更在实践与体验中激活了自己的创造力，发掘了个人潜能，实现了自我表达。

此互动性辅导模式颠覆了传统的单向教育方式，它不再是单向的灌输，而是多向的互动，形成了一种共生的生态系统。辅导者与学员间的关系更似伙伴，他们共同探索、共同解决问题，形成一种互助

与协作的社群。在这个过程中，双方都能在知识、技能、情感、态度、价值观等多维度上有所增益，构建了一个和谐、开放的学习社群，促进了文化生态的共融汇通与创新，使群众文化辅导活动更富有活力、更有意义。

3.在群众文化辅导过程中，辅导对象之间的交流是互动性的一个方面

在群众文化辅导中，学员间的交流同样是互动的重要组成部分。由于学员在年龄、能力和文化背景上存在差异，他们接受相同教育内容时的感受和体验各不相同。通过在课程之外的交流和讨论，学员可以更好地消化和吸收所学的知识，进一步提升辅导的效果。

4.群众文化辅导的过程是辅导者和辅导对象情感互动的过程

情感互动是群众文化辅导中至关重要的一个方面。在这种辅导关系中，辅导者和学员应建立平等的友谊，通过必要的情感交流来增强团队内部的凝聚力。通过将个人情感融入教学，并以热情和感染力传达给学员，辅导者可以显著提高教学效果。这种情感投入不仅可以让学员感受到辅导者的真诚和热忱，还有助于营造一种高效而愉快的学习氛围。

三、群众文化辅导的任务与原则

（一）群众文化辅导的任务

群众文化辅导的根本任务是满足广大人民群众的精神文化需求。这种精神文化需求主要体现在精神调剂需求、愉悦身心需求、文化艺术需求、审美享受需求等方面。为了满足群众的这种需求，群众文化辅导应把服务群众作为自己的工作目标。从群众文化辅导所承载的社会功能的角度来说，群众文化辅导主要承担了培养文化品德、传授文化技能、开发文化才能三个方面的辅导任务。

1.培养文化品德

文化品德辅导主要涵盖政治思想、道德伦理和品质修养三个方

面。通过直观性、参与性、享受性和持久性的辅导方式，辅导者帮助学员树立正确的价值观、荣辱观和审美观，培养学员高尚的道德情操和美好的个人理想。在培养文化品德时，需要遵循以下三个原则：首先，遵守党和国家的法规政策；其次，遵循社会主义核心价值观；最后，尊重人类社会共同传承的历史文化传统。对群众文化爱好者来说，不论是参与接受性的文化艺术活动还是表现性的文化艺术活动，都需通过这种方式提高其思想水平和艺术境界，进而提升对文艺作品的欣赏、创作和表现水平。

2.传授文化技能

文化技能辅导包括智力活动技能和操作活动技能两个方面。此类辅导的目标是训练和培养学员掌握相关技术和技巧的能力，使其能熟练完成文化审美创造活动。其基本内容包括：掌握所需的物质材料、所使用的工具，以及创造的规律和技巧，其中掌握创造的规律和技巧尤为重要。文化技能辅导的类型主要有三种：一是仿专业型辅导，适用于业余艺术教学，结合理论与实践通过模仿培养专业人才的方法进行辅导；二是民间型辅导，采用传统的师传徒、父传子方式，常见于民间艺术的传承和手工艺品的制作；三是专业型与民间型相结合的辅导，适用于有一定基础的学员，结合正规的技术和民间的教学方法进行辅导。在辅导过程中，辅导者应注意培养学员的兴趣、操作技能和技巧积累。文化技能辅导的基本要求包括学以致用、统一性、针对性和综合效应的实现。

3.开发文化才能

人的文化才能指的是个体在从事精神文化活动中表现出来的独特智慧和能力。群众文化辅导在开发文化才能方面旨在开发人们在文化活动中所展现出来的审美和创造才能。文化才能的表现形式多样，涵盖艺术创作、表演、视觉艺术、文艺理论研究、艺术活动组织管理，以及社会生活美化等多个方面。文化才能的构成包括智能和技能两部分,它们在个体中的有效结合与互动,共同形成了明确的文化表现力和创造力。

群众文化辅导在开发文化才能方面具有以下几个主要特点:

(1)非职业性的辅导

非职业性辅导的目标是培养和造就业余的群众文化艺术人才,明显区别于专业艺术教育。非职业性的文化艺术辅导不仅提供一般的培养方向,还包括特殊的培养方向,重点在于培养群众参与和享受文化艺术活动的能力。

(2)服务性的辅导

服务性辅导的主要任务是创造各种条件,为学员提供展示和发挥文化才能的场所、设备和机会。这种服务性辅导旨在满足群众展现其文化才能的需求,促进他们的文化参与和自我表达。

(3)全面性的辅导

全面性辅导的内容通常以艺术审美活动为核心,辅导力量按艺术门类配备,确保每个领域都能得到专业的支持。在具体的辅导方式上,通常采取"一条龙"服务的方式,从基础教学到技能提升,为学员提供全方位的支持和指导。

文化才能辅导的基本要求涵盖了开发智力、因势利导、循序渐进和相互交流四个方面。这些要求旨在确保文化辅导能够有效地提高个人的审美和创造水平,同时促进文化知识和技能的广泛传播与应用。这样的辅导,不仅能够增强个人的文化才能,也能够提升整个社会的文化素养和创新力。

(二)群众文化辅导的原则

群众文化辅导的原则指的是在辅导实践中对经验的总结和概括,旨在正确处理辅导过程中的各种矛盾关系,并在各类辅导实践活动中发挥指导作用。其原则包括文化服务的原则、讲求实效的原则、教学相长的原则、因材施教和区别对待的原则以及活动为主的原则。

1.文化服务的原则

群众文化辅导本质上是一种文化服务，其根本目的在于满足人民群众对文化艺术知识与技能的基本需求，是政府为纳税人提供的基本文化服务之一。基于这一原则，群众文化辅导应属于人民群众基本文化权益的范畴，其应为所有群众提供平等且无差别的服务。这意味着群众文化辅导的服务范围不仅包括那些主动参加的人群，也应扩展至那些因各种原因未能享受到此类服务的群体。政府运营的文化馆（站）应将基本的群众文化辅导纳入免费的服务之中。

2.讲求实效的原则

群众参加文化辅导的目的是获得实实在在的满足，这种满足需在实效明显的辅导中实现。因此，群众文化辅导需遵循讲求实效的原则，即在辅导时间、内容和方法等方面都应体现高效率。辅导者需采取“短、平、快”的方式，优化单位时间的效能；根据辅导对象的条件和接受能力合理安排辅导内容，实现“少而精”的教学目标；选择符合辅导对象实际情况的辅导方法，依据不同艺术门类的特点，采用形象直观、精讲巧练、注重实践的辅导方式，通过多种辅导手段和实践方式（如口头讲解、形象示范、现场演练等），切实解决辅导对象遇到的实际问题。

3.教学相长的原则

“教学相长”是一种古老且基本的教育规律，强调在教与学的互动中，教师与学生互相促进、共同进步。在群众文化辅导中，这一原则同样适用。辅导者在传授知识和技能的同时，也应从辅导对象那里获得启发和教益。为了达到优质的辅导效果，辅导者需要重视与辅导对象的广泛交流，采取学习的姿态，耐心倾听他们对辅导过程的反馈，搜集各种信息，及时调整辅导内容和方法。通过这种方式，辅导者不仅能够学习并借鉴辅导对象的优点和不足，还能与辅导对象建立一种和谐互助的辅导关系。

4. 因材施教和区别对待的原则

因材施教和区别对待是群众文化辅导中极为重要的原则，它考虑辅导对象在性别、年龄、职业、文化程度、兴趣、天赋以及审美情感等方面的差异。鉴于这些差异，群众文化辅导必须针对每个人的特点进行个性化地指导。在选择辅导内容、形式和方法时，辅导者必须从辅导对象的实际情况出发，既要满足统一的基本要求，又要考虑个别的差异，确保辅导内容与辅导对象的需求和特性相匹配。为了准确掌握辅导对象的具体需求和特点，辅导者需要在辅导前做好充分的准备，了解辅导对象的动机、兴趣和个性。此外，确定的辅导内容应难易适中，并根据每个辅导对象的特点选择最适合的辅导形式和方法。

5. 活动为主的原则

活动是群众文化的显著特征，也作为群众文化各个要素的核心。群众文化辅导作为群众文化实践的重要组成部分，其核心支撑便是各类文化活动。因此，坚持活动为主的原则是群众文化辅导的关键所在，也是确保辅导有效性的重要方式。在实施群众文化辅导时，辅导者应紧扣辅导对象的具体需求和兴趣，选择恰当的媒介开展富有实践性和针对性的活动，如表演、创作、观摩、展览、研讨和交流等，通过这些活动，让辅导对象在不知不觉身临其境的体验中吸收知识、技能，以及受到深刻的艺术熏陶。

第二节 群众文化辅导程序与辅导大纲编写

一、群众文化辅导的步骤与程序

（一）群众文化辅导的基本流程

群众文化辅导的流程主要包括确定辅导者的角色地位、明确辅导内容、选择辅导工具、选择相应辅导形式与辅导方法、编写教案教材、实施辅导程序、进行效应反馈等内容。

1.确定辅导者的角色地位

群众文化辅导首先需要根据辅导目标和要求来确定辅导活动的主持人。通常情况下，辅导者可以是一人，也可以是多人团队。在辅导过程中，辅导者不仅需要传授相关知识，还要负责组织、管理和协调等多种职责。辅导者的角色是多方面的，他们既是教师、管理者、指导者和评估者，也应是辅导对象的朋友和服务者。

辅导活动的类型不同，对辅导者的角色要求也有所不同。例如，在授课型辅导活动中，辅导者主要是以讲师的身份出现；而在表演型辅导活动中，则更多地需要辅导者担任导演或艺术指导的角色。因此，辅导者在活动中需要明确自己的职责和潜力，增强责任感，尽可能地履行由辅导者角色带来的各项任务。

2.明确辅导内容

在开展任何形式的辅导活动时，准确而恰当地设定辅导内容是至关重要的一步，这直接关系到辅导效果的达成与参与者满意度的提升。辅导者作为引导者和促进者，其首要任务是深入理解并明确辅导活动预定的目标与任务，这些目标应当既符合教育或成长的一般规律，也要紧密贴合特定群体或个体的实际需求。基于此，文化需求便成为设定辅导内容不可忽视的维度之一，它要求辅导者深入了解辅导对象的文化背景、价值观及信仰体系，确保内容的呈现方式及深度能够被受众有效吸收且不产生文化冲突。

为了精准设定辅导内容，对辅导对象的全面分析不可或缺。这包括但不限于人员构成的多样性、不同层次水平的学员分布，以及他们各自的学习习惯、接受能力和兴趣点。例如，在面对一个由初学者、进阶学习者及专家组成的多元化群体时，辅导内容需设计得具有层次性，既能满足基础学习者的需求，又能让高级学员感到挑战与收获，实现个性化与差异化教学的融合。此外，考虑到个体差异，辅导者还需灵活调整教学策略，如采用案例分析、小组讨论、实践操作等多种教学方法，以激发不同学习风格学员的兴趣和参与度。

辅导内容的选择还需注重时代性和实用性，尤其是在快速变化的知识经济时代，及时引入最新的研究成果、行业动态和技术工具，不仅能增强辅导内容的吸引力，也能提高学员解决实际问题的能力。同时，适时融入情感智力、团队协作和社会责任感等软技能培养，对于促进学员全面发展同样重要。

辅导者的知识功底和辅导技能在此过程中起着决定性作用。深厚的学科专业知识、广泛的信息搜集与整合能力以及对最新教育理念和技术的掌握，能帮助辅导者更精准地选取和组织内容。而优秀的辅导技能，如有效的沟通、激励与反馈技巧，则能确保内容传递的高效与互动性，使辅导过程更加生动有趣，促进深层次学习的发生。

3.选择辅导工具

在辅导活动中，巧妙地选用与辅导内容相匹配的辅导工具，不仅能够丰富教学手段，还能极大提升学习体验，促进知识的有效吸收与内化。实际选择过程中，辅导者需细致考量辅导对象的具体情况，包括他们的年龄、认知水平、兴趣偏好及技术接触程度，确保所选工具既符合他们的接受能力，又能激发其学习动力。

现代科技的发展为辅导工具的选择提供了更多可能性。电子白板、智能平板、交互式软件等电化设备，凭借其直观、互动性强的特点，能够有效吸引学员注意力，特别是在展示复杂概念、进行模拟实验或互动问答时，能够显著提高课堂效率与参与度。此外，利用多媒体资源，如视频录像、音频讲解、动画演示等，可以将抽象理论具象化，帮助学员更好地理解和记忆，尤其适合视觉或听觉学习者。例如，在教授历史事件时，一段精心挑选的历史纪录片不仅能提供生动的场景再现，还能激发学员的情感共鸣，加深对事件背景的理解。

同时，传统的辅导工具如图书、图表、模型等依然有其独特价值，尤其是在培养学员的动手操作能力和批判性思维方面。通过阅读实体书籍，学员可以减少屏幕时间，培养深度阅读的习惯；利用实物模型进行操作演示，则有助于空间想象力和问题解决能力的提升。

值得注意的是，无论采用哪种辅导工具，其核心目的都是为了辅助内容传授，增强学习效果。因此，辅导者在运用工具时应保持适度原则，避免过度依赖技术手段而忽略了人与人之间的直接交流与互动。结合实际情况灵活调整，确保辅导工具成为连接辅导者与学员、内容与理解之间的桥梁，共同营造一个积极、高效、富有创造性的学习环境。

4. 选择相应辅导形式与辅导方法

辅导工作的有效性，在很大程度上取决于辅导者对辅导对象个体差异的深入理解和精准把握。每个学习者都有其独特的学习风格、兴趣偏好、认知水平及情感状态，这些因素共同构成了其接受能力的框架。辅导者首先应当通过观察、测试、问卷调查等多种方式，全面收集并分析这些信息，从而为制定个性化辅导方案奠定基础。例如，对于视觉型学习者，可以侧重使用图表、视频等视觉材料；而对于动手能力强的学生，则可通过实验、模拟操作等方式加强学习体验。

在明确了辅导对象的特性和需求后，辅导者应灵活选择最适合的辅导形式，无论是个别辅导、小组合作还是在线辅导等，每种形式都有其特定的优势和适用场景。重要的是，辅导策略与方法需与学习者的接受能力相匹配，如针对基础知识薄弱的学习者采用补缺教学法，而对于需要深化理解的学习者，则可采用讨论式、探究式学习法，鼓励他们主动探索和解决问题。

辅导过程中，激发和维护辅导对象的能动性是提升辅导成效的关键。这要求辅导者不仅要作为知识的传递者，更要成为引导者和激励者，通过设置合理的学习目标、给予正面反馈、鼓励自主思考和创造性表达，来增强学习者的自我效能感和成就感。当辅导对象感受到自己是学习过程的主体，能够主动参与到学习活动之中时，其积极性、主动性和创造性将得到极大的激发，进而提高学习效率和质量。

此外，持续的沟通与反馈机制也是不容忽视的一环。辅导者应定期与辅导对象进行沟通，了解他们的学习进展、遇到的困难以及对辅导方式的反馈，及时调整辅导策略，确保辅导活动始终贴合学习者的实际需求。总之，辅导者在充分认识和尊重辅导对象个性差异的基础上，通过科学的方法和策略，有效激活其内在潜能，才能实现真正意义上的个性化、高效辅导。

5.编写教案教材

辅导教案（方案）的编写不仅是辅导活动顺利进行的蓝图，更是确保辅导效果的重要基石。在教案设计初期，辅导者需清晰界定本次辅导的核心目的与预期成果，这有助于后续内容的聚焦与精炼。辅导内容的规划应遵循逻辑性与渐进性原则，合理安排各个知识点的顺序与比重，确保学习路径的顺畅。课时安排需细致，既要考虑内容的完整性，又要兼顾学习节奏，避免过载或拖沓，保证每一分钟都能高效利用。

针对辅导中的重点与难点，辅导者需预先设计突破策略，比如采用案例分析、分组讨论、实战演练等形式，使抽象概念具体化，复杂问题简单化。辅导用具的选择与应用同样重要，现代化的教学工具如多媒体、网络平台等，能够有效提升教学互动性和趣味性，但选择时需考虑其与内容的契合度及辅导对象的操作能力。

编写辅导提纲、讲义或教材时，语言表述需简洁明了，注重图文并茂，以适应不同学习风格的学员。同时，预设思考题、小测验等环节，可以激发学员主动思考，检验学习成效。此外，为不同知识水平的学员准备差异化材料，如初级版、进阶版，确保每位学员都能在适合自己的难度上获得进步。

最后，辅导实施步骤和程序的详细规划，包括导入新知、讲授、练习、反馈、总结等环节，每一步都应事先设想可能遇到的问题及应对策略，确保辅导过程流畅且富有成效。通过这样周密的准备，辅导者能够胸有成竹地引领学员步入知识的殿堂，促进其全面发展。

6.实施辅导程序

实施辅导程序是将前期精心策划的辅导计划转化为实际行动的关键步骤，它直接关系到学习目标是否能有效达成。辅导者在这一阶段扮演着多重角色，既是知识的传递者，又是引导者、激励者和反馈者。在授课讲解时，辅导者需清晰条理地阐释概念，注重理论与实际相结合，运用生动实例帮助学员理解抽象理论，同时适时提问，激发学员的思考与参与热情。

演示示范环节要求辅导者展现出专业性和准确性，通过直观的操作或表演，使学员能够“眼见为实”，加深印象。安排习练时，应设计从易到难、逐步提升的练习项目，确保每位学员都能在实践中巩固所学，同时鼓励互助合作，形成良好的学习氛围。

个性化辅导尤为关键，辅导者需具备敏锐的观察力，识别不同学员的特长与短板，通过分层教学、一对一指导等方式，为学员提供定制化的学习路径。关注学员的个性化需求，如学习速度、兴趣偏好、学习障碍等，灵活调整教学策略，确保每位学员都能在适合自己的节奏下进步。

在整个辅导过程中，辅导者的个人魅力和情感投入不可或缺。积极的态度、耐心的解答、适时的鼓励，都能极大地提升学员的学习积极性和自信心。通过非言语沟通，如肢体语言、眼神交流，建立信任和尊重的师生关系，使得学习过程不仅仅是知识的传递，更是一种心灵的触动和能力的觉醒。

总之，实施辅导程序是一个动态调整、高度互动的过程，要求辅导者具备深厚的专业知识、灵活的教育技巧、强烈的责任心以及对学员个体差异的深刻理解，旨在促进每位学员潜能的最大化发展。

7.进行效应反馈

对辅导效应进行全面反馈是衡量辅导工作成效、优化辅导策略的重要环节。辅导者应综合运用多种评估手段，确保反馈的全面性和准确性。短期效应的即时反馈，如通过随堂测验、即时问答、小组讨论等形式，可以在教学过程中迅速捕捉学员对知识点的掌握情况，及时调整教学节奏和方法，解决即时出现的学习障碍，保障学习过程的连贯性和有效性。

长期效应的评估则更为复杂，它关注辅导活动对学员持久学习兴趣、自主学习能力、综合素质提升等方面的影响。这要求辅导者建立长期跟踪机制，通过定期回访、能力成长记录、项目作业、实践成果展示等方法，系统性地收集数据，分析辅导活动对学员长期发展的作用。长期效应的考察还强调辅导者需具备前瞻性和持续性，不断优化教学内容与方法，以适应学员不断变化的需求和未来社会的发展趋势。

在获取反馈信息后，辅导者应勇于面对不足，根据反馈结果的分析，精准定位问题所在，无论是课程内容的不适应性、教学方法的单一乏味，或是评价机制的不公正，都应及时进行修正和创新。可能的改进措施包括调整教学内容的深度与广度、引入更多元化的教学手段、优化考核评估体系，甚至是对整个辅导模式的重新设计。

采用诸如考试考核、检查评审、数据统计、座谈交流、调研论证等多样化的反馈方法，可以确保评估的多维度与客观性，帮助辅导者从不同角度审视辅导效果，为持续改进提供科学依据。最终，通过这一系列的反馈与调整过程，不仅提升了辅导活动的实效性，也促进了辅导者专业成长，实现了教学相长的双赢局面。

（二）辅导者的工作步骤

根据辅导活动一般需要经历准备、实施和总结的整个过程，辅导者的工作大体可分为以下几个步骤。

1.搜集辅导需求信息

设立群众文化辅导项目，精准对接群众的文化需求是成功的关键。因此，全面而细致地收集需求信息显得尤为重要。这要求组织者采取多种渠道和方法，确保收集过程覆盖广泛、数据翔实。通过设计包含多样化选项的问卷，可以系统性地收集群众对于辅导内容的具体偏好、喜爱的辅导方式（如线上直播、线下工作坊）、期望的学习周期及时段安排等。实地走访社区、文化中心，面对面交谈，能深入了解不同年龄层、职业背景群众的特殊需求。组织专题座谈会，鼓励开放讨论，可收集到更深层次的意见和建议。同时，利用互联网平台发起在线调查，或在文化节、市集等聚集性活动中增设反馈环节，都是高效收集信息的途径。综合运用这些方法，确保需求信息的全面性与真实性，为后续辅导项目的精准设计与实施打下坚实基础。

2.掌握辅导对象底数

准确掌握辅导对象的基本情况是制定有效辅导策略的前提。这项基础工作涉及广泛而细致的调查，旨在全面描绘辅导对象的画像。人员构成的了解有助于设计适合团队合作的任务；年龄结构和基本素质的分析，可使辅导内容既符合年龄特点又贴近学员实际水平；接受能力的评估确保了教学难度的适当性；家庭情况与职业状况的掌握有助于理解学员的外部影响因素；兴趣爱好的知晓能增加教学的吸引力；明确学员的期望值，可使辅导目标更具针对性；识别骨干成员，则利于促进团队内部的正向激励与支持。

采用问卷调查为主，结合面谈、观察等多种方法，可立体收集信息。随后，运用定性分析深入理解学员的个性化需求，定量分析则能揭示普遍趋势与模式。通过这样的综合分析，辅导者能预测潜在的参与度、学习成效及可能的挑战，从而在辅导实施前就做好策略上的预调和应对准备，确保辅导活动更加精准高效，有的放矢地促进每位学员的成长与发展。

3.制订辅导计划和方案

在完成全面的群众需求调研、精准的辅导对象剖析及严谨的可行性论证后，接下来的步骤是将预设的辅导内容与目标转化为详尽、操作导向性强的辅导计划与实施方案。辅导计划作为辅导愿景向实践转化的桥梁，扮演着指导全局、架构内容的角色，确保所有辅导活动紧扣既定目标，有序展开。其结构通常分为两大部分：核心正文阐述总体框架，而附录则以数据化的形式补充细节。

正文部分，作为计划的精髓，涵盖了引导理念、目标预设、课程大纲、执行流程及时序规划，以及必要的执行标准，为整个辅导项目勾勒出清晰的轮廓与方向指引。

辅导实施方案，则是对宏观计划的微观落地，它深化并具象化了每个步骤，涉及辅导的具体目标设定、辨识关键节点与挑战、选择适宜的教学方法、细化各阶段任务与时间调度、确立支持体系与资源配置，以及执行细则与规范，力图使每一步操作都有章可循，确保实施的连贯性与实效性。简言之，辅导方案是对计划的深化细化，追求的是无遗漏、可执行的最高标准，以期达到预期的辅导成效。

4.有针对性地实施辅导

实施辅导是整个辅导活动的核心阶段，其目的是确保辅导目标的达成。根据不同的辅导需求，可以选择不同的辅导方法和手段。

辅导者需要充分发挥自己的能动性和创造力，使用科学且有效的方法进行辅导。通常，实施辅导的方法包括讲授课程、组织习题练习、提供个别辅导和安排课外活动等。其中，讲授课程是核心内容。

(1)讲授课程

在讲授课程中，辅导者应注意以下六个方面：首先，确保辅导目的明确，围绕辅导目标进行课程设计和安排；其次，保证辅导内容的准确性，讲授应融思想性、艺术性与娱乐性，结合理论与实践，确保对内容的熟悉和精准解说；再次，选择合适的辅导方法，巧妙地结合多种方法，灵活运用；此外，选用合适的辅导工具，除了语言描述外，还可以使用示范、图示、视频等直观方式；辅导时保持良好状态，讲课中应精神饱满、耐心细致；最后，组织有序，确保课程安排合理连贯，维护良好秩序。

(2)安排习练

适当的习题练习能有效巩固讲授内容，提升辅导效果。习题练习的形式主要包括阅读、口头练习、书面作业和实际操作练习。在安排习练时，辅导者应保证内容符合教材要求，与讲授内容紧密相关；习练难度适中，适应大部分人的水平；明确习练要求，对于难度较高的内容，应提供提示和示范。同时，辅导者还需及时评估学习效果，评估方法可以是全面评估、重点评估、轮流评估、面对面评估和互评。

(3)个别辅导

个别辅导是补充集体辅导的有效方式。对于基础较好、能力较强或已超出计划标准的学习者，可以进行超常辅导；对于基础薄弱或接受能力较低的学习者，应针对具体难题提供个别辅导；对于遇到疑难问题的学习者，提供答疑解惑的帮助。

(4)课外辅导

课外辅导是辅导中的一种实践活动，它不仅包括讲授和习练，还应根据辅导目标和内容的要求，组织学习者参与实践操作、采风、考察等活动。课外辅导的意义在于丰富学习者的实践经验，增强对其辅导内容的理解和感知。实施课外辅导时应注重实用性和效果。

5.辅导过程的必要调整

调整辅导过程是实现辅导目标的关键环节。辅导过程应灵活多变，不应墨守成规，而应根据受辅导者的反馈信息进行不断的调整和优化。由于辅导过程受到多种复杂因素的影响，包括辅导者的能力、辅导条件的限制，很可能会遇到一些未在计划中预见的问题。因此，辅导者需要实时获取受辅导者的反馈，以便对出现的问题做出准确、客观和及时的反应，从而最大限度地减少和避免错误。通过收集反馈意见，进行判断，提出解决策略，并对现有偏差进行校正，是辅导过程中的必要调整。为此，辅导者应广泛听取受辅导者的意见和建议，检验辅导的实际成效，并根据反馈信息随时对辅导计划做出调整，这包括调整辅导目标、内容和方法等方面。

6.辅导效果的总结分析

辅导效果是指辅导活动在社会上所产生的具体效应和收益。总结和分析辅导效果通常包括两个主要方面：一是检测辅导对象所取得的成果；二是评估辅导者的辅导工作表现。

对辅导成果的检测主要分为随机检测和期末检测两种形式。随机检测贯穿于整个辅导活动过程，采用的方法包括书面测验、口头答辩、技能展示等。期末检测则通常在辅导活动结束或某一辅导周期结束时进行，除了书面检查，还可以通过举办演唱会、作品展览、经验交流会或开展知识竞赛、撰写论文等多样化方式进行。

对辅导者的工作评定是衡量其能力和成果的关键步骤。无论是辅导活动结束后还是周期结束时，都需要通过总结分析来评估辅导工作，这有助于提取成功的经验、识别并解决存在的问题以及改进未来的辅导工作。进行辅导工作的评估时，主要应从辅导者的工作态度、辅导过程的实施情况以及辅导成果的效果三个方面进行考量，坚持将思想与业务、时效与绩效、质量与数量的统一作为评估的基本原则。

（三）构成辅导信息的基本要素

1.需求信息

需求信息关键在于理解辅导对象对辅导内容、时间、方式以及审美偏好和期望成果的具体要求。这些信息不仅是辅导者设定辅导目标和选择辅导方法的基础，也是确保辅导活动质量的关键标准。辅导对象的个性化需求和目标展示了他们参与辅导活动的热情，同时也是构建群众文化辅导项目价值的反映。因此，在启动任何辅导项目前，应通过走访调查、征求意见等多种方式，准确把握辅导对象的需求，以确保辅导活动的目标性和有效性。

2.资料信息

资料信息主要涉及辅导对象的个人简介、文本资料等。这些信息是辅导者在辅导活动中的重要参考，并且是在辅导准备阶段最需要且最容易收集的数据。收集方法可通过填写报名表、提交个人履历等途径进行。对于收集到的资料，不应仅仅存档或草率处理，而应当仔细阅读、熟悉并理解，必要时进行整理和分析，以便在辅导活动中作为了解和把握辅导对象的重要依据，确保其在实际操作中的有效运用。

3.技术信息

技术信息指的是辅导对象在知识和技能水平方面的数据。辅导者可以通过对辅导对象进行技能测试和数据分析等方法来获取这些信息。通过对测试结果和数据的详细分类和分析，可以掌握辅导对象的文化底蕴、艺术水平、专业特长和接受能力等关键技术数据，从而确保辅导活动的目标精准和有效性。技术信息是设定辅导目标和内容的基础，准确的技术信息对于确保辅导的针对性和效果至关重要。

二、群众文化辅导大纲与教材的编写

(一)群众文化辅导大纲的编写

1.编写辅导大纲的重要性

辅导大纲为辅导者进行群众文化辅导活动提供了关于辅导目标、任务和内容的基础框架。制定辅导大纲是实施有效群众文化辅导的基本需求。

(1)提升辅导效果的必要性

辅导效果是评估辅导活动成效的核心标准。制定辅导大纲能够对辅导的整个流程进行系统的规划,明确辅导目标,使之更符合辅导对象的具体需求,从而有效地实现辅导,并为提升辅导效果奠定坚实的基础。

(2)掌握辅导内容的必要性

辅导内容是辅导活动的核心和实际表现。制定辅导大纲对辅导内容进行全面的规划,有助于合理分配教学点,突出辅导重点与难点,使得辅导内容更易于被理解和掌握。

(3)满足针对性辅导的必要性

群众参与辅导活动往往具有明确的目标和期待,显示出个性化和复杂性的特点。针对性辅导是满足群众文化辅导需求的基本要求,体现了辅导的实用性价值。通过编写辅导大纲,辅导者可以更有效地根据群众的个性化需求进行辅导设计,确保辅导活动具有明确的针对性。

2.辅导大纲编写的原则

辅导大纲的编写原则是:确保定位精确、实际可行、重点突出、易于理解。

(1)确保定位精确

编写辅导大纲,应准确定位,考虑辅导对象、条件、手段及技术等因素,合理设定辅导目标。辅导大纲的编写应以辅导目标为导向,以知识和技能的辅导为核心，围绕辅导内容和辅导时间的分解构建框架，并重点设计辅导手段和辅导方法，确保辅导过程的实施与成效检查相结合。

(2)实际可行

编写辅导大纲需要基于实际情况，强调其实用性。在编写时，辅导者应参照辅导对象的平均水平，充分考虑他们的特点和需求，顾及辅导对象的个人条件和接受能力的差异。同时，辅导者还应考虑辅导的具体条件和辅导能力，避免设立不切实际的目标和要求，提升辅导大纲的可实施性和可操作性。

(3)重点突出

辅导大纲的编写应保持结构紧凑，突出重要内容。安排知识量和知识点，需符合辅导对象的实际能力和需求，并确保其在规定时间内能够吸收和理解。在内容设计方面，应注重知识和技能的辅导，同时提升辅导对象的审美能力和艺术表现力。

(4)易于理解

编写辅导大纲，应确保知识体系的准确性和严密性，遵循知识的内在逻辑，同时适应辅导对象的认知规律。辅导内容设计需深入浅出，方法多样直观，确保知识点易于理解，便于教学和学习。

3.编写辅导大纲的内容

(1)设定总体要求

在编写辅导大纲的起始阶段，首先需要明确辅导活动的总体要求，包括指导思想、原则规范等，并以概括、全面且简明扼要的方式表达。总体要求应反映辅导者设立辅导项目的动机、意图、条件、定位及目标等，并明确其所遵循的原则，以此作为辅导活动的整体指导依据。

(2)明确辅导目的

辅导大纲中应明确列出辅导目的，即辅导活动旨在达成的知识、技能、能力和特定目标方面的预期效果与成果。设定辅导目的，应基于对辅导对象的详细了解和分析，以及对辅导者能力和条件的评估。辅导目的还需进行细化，以使目标具体明确，部分目标应设定具体的量化指标，以便后续的检查和评估。

(3)确定内容要点

辅导内容的设定是辅导大纲的核心。辅导内容应清楚标明辅导对象需要理解和掌握的主要知识点、技能和能力要求。内容要点应按照逻辑顺序(如并列法或总分法)进行组织，确保内容的清晰、层次分明，并需要简明扼要、重点突出。

(4)安排实施步骤

在确定了辅导内容要点后，应同时设计和安排实施辅导的具体步骤，选择与内容要点相匹配、最利于辅导对象理解和掌握的教学方法和手段。实施步骤的安排应明确辅导周期，确保辅导过程的逻辑性和有序性。

(5)检查辅导结果

检查辅导结果是辅导过程的关键环节，也是辅导大纲重要的组成部分。结果检查应符合目标要求和内容重点，检查内容的设计应注重实用性、技能重点和实践性，同时保证易于操作。这一检查机制有助于验证辅导效果，确保辅导活动的成效。

4.编写辅导大纲的注意事项

(1)文字简洁，条理清晰，详略得当

编写辅导大纲应坚持简洁性原则，确保整个框架的结构层次分明，标题和文字简练明了，达到直观易懂、要点突出的效果。这样有助于辅导者和辅导对象快速把握核心内容和结构逻辑。

(2)任务明确，知识点突出

辅导大纲的编写应遵守知识性原则，明确设定具体的辅导任务和要求，确保辅导内容中的关键知识点以及重点和难点得到适当的强调和展示，以便辅导对象能够有效地理解和掌握。

(3)思考题齐备，参考资料充分

辅导大纲中应根据辅导内容的关键知识点设计适量的思考题，这样有助于辅导者更好地规划和完善辅导流程。同时，辅导大纲中应列出必要的参考资料，为辅导者和辅导对象提供充分的学习资源，加强辅导活动的深度和广度。

辅导大纲的制定旨在帮助辅导者准确把握辅导目标和进度，与传统教材或讲义的编写有所区别。若经过适当修改和调整，辅导大纲也可以直接提供给辅导对象使用，以便他们更好地跟进学习内容和进度。

(二)群众文化辅导教材的编写

在群众文化辅导的特定范畴内，群众文化辅导教材是指辅导者为特定的辅导对象或群体编写的实用教材或讲义。辅导教材的编写是辅导者综合能力和水平的体现。群众文化辅导教材的编写流程主要包括：确定教材编写的目的、制订教材编写计划、编制教材编写提纲、完成教材文稿的撰写、对教材文字进行统一校对、执行教材审定程序。

1.确定教材编写的目的

群众文化辅导教材的编写目的具有其特定性，通常是辅导者面对特定群体的特定辅导任务而进行的编写。编写教材的原因主要有两个：一是缺乏适合使用的辅导教材，而有效的辅导活动又需要依赖教材；二是现有的辅导教材不符合辅导对象的实际需求，需要辅导者根据实际情况重新编写。上述两个原因说明了编写辅导教材的必要性和可行性。

编写目的是教材编写工作的基础和出发点。在编写教材时，首先要明确编写的目的，即阐释为何要编写此教材，针对哪些对象编写。由于群众文化辅导教材覆盖各艺术门类和各职能工作，每种教材都需满足不同辅导群体的具体需求。

2.制订教材编写计划

制订教材编写计划是确保教材内容精准、结构合理、符合教学目标的重要前提，它不仅是对教材编写的宏观布局，也是连接教学理念与实践操作的桥梁。一份详尽而周到的编写计划，能够有效提升教材的质量与实用性，促进教育资源的优化配置。

在制订教材编写计划时，首先要明确教材名称是基础，这直接关联到教材的主题定位与适用范围。编写原则则体现了教材的核心价值观和教育理念，比如注重学生主体性、强调实践与理论相结合、追求知识的系统性和前沿性等，这些原则将贯串教材编写的始终。

主要内容概述需高度概括教材的核心知识点和技能点，确保覆盖学科或课程的全部关键领域。章节设计需逻辑清晰，各部分内容既相对独立又相互衔接，通过合理的篇章结构引导学习者逐步深入，同时考虑不同学习阶段的认知特点和学习需求。

合理的时间安排是保证编写工作有序进行的关键，需要细致规划每个阶段的任务、预期完成时间和关键里程碑，确保所有参与人员对编写进度有相同的了解和共同遵守。此外，有效的项目管理和沟通机制也必不可少，以应对可能出现的延期或调整。

教材撰写人员的分工与协作机制是教材编写计划中的重要一环，需根据每个人的专长和经验合理分配章节，并使每个人明确各自的责任与任务，同时建立定期交流反馈机制，保障团队合作的高效与顺畅。

文字简洁明了是编写计划的基本要求，应避免冗余表述，确保每一部分都直指核心，易于理解和执行。最后，一份好的教材编写计划还应当具备一定的灵活性，能够在实施过程中根据实际情况进行适时调整，以更好地适应教学改革的需求和学生的学习变化。

总之，制订教材编写计划是一项系统工程，它要求编者具备高度的教学洞察力、严谨的逻辑思维以及良好的组织协调能力，旨在通过科学合理的规划，为学生提供高质量的学习资源，促进教育目标的实现。

3.编制教材编写提纲

教材编写提纲是构建教材框架的蓝图，是作者思路的具体体现，对确保教材内容的系统性、逻辑性和完整性起着至关重要的作用。在设计提纲时，首先从宏观角度把握教材的整体结构，通常包括导论、主体内容、总结及附录等几个大的部分，每一部分都需围绕教学目标展开，形成有机统一的整体。

将庞大的知识体系细分为若干个单元，是提纲设计的关键步骤。每个单元应聚焦于特定的知识领域或技能点，明确单元目标与要求，这样有助于学生明确学习方向，也为教师提供了授课的指导方针。内容要点作为提纲的核心，需精确提炼，既要覆盖该领域的基本概念、原理和方法，又要突出重点、难点，以及确保教学内容的深度与广度相适宜。

思考题的设置旨在激发学生主动思考，培养其分析问题和解决问题的能力。设置的问题应紧密联系内容要点，既有对基础知识的巩固性提问，也不乏启发性、探索性的问题，以促进学生批判性思维的发展。

参考文献的列出，则展示了教材内容的学术性和可靠性，为学生进一步探索相关知识提供了路径，同时也体现出教材编者严谨治学的态度。

编制教材编写提纲的过程，是将复杂知识体系条理化、具体化的过程，要求编者不仅具备深厚的专业知识，还需拥有良好的教学设计理念和创新意识，以适应不同层次学习者的需求。编者还需具备良好的语言表达能力。简洁明了的语言表达，使提纲易于理解，便于后续教材内容的充实与完善，从而为编写出高质量、高效率的教材打下坚实的基础。

4.完成教材文稿的撰写

教材文稿的撰写是将前期精心设计的提纲转化为生动、具体的教学材料的关键步骤。在这个阶段，作者虽需遵循提纲的框架，但不应受其限制，应灵活运用各种表达方式和辅助元素，以增强教材的吸引力和教学效果。概括性文字用来精练阐述核心概念、理论框架，确保内容的凝练与准确性；而阐释性文字则对这些核心点进行详细解释、举例说明，帮助学习者深入理解。两者结合使得教材内容既严谨又易于“消化”。

除了文字表述之外，合理利用表格、图示、图片等可视化工具，可以直观展示复杂信息，提高信息的传递效率，使抽象理论形象化，增加教材的趣味性和可读性。例如，流程图可以帮助学生理解操作步骤，对比表格能清晰展现不同概念或方法的异同，而高质量的图片则能丰富视觉体验，加深记忆。

教材语言风格上，应力求专业而不失亲切，避免使用过于生僻的字词或行业术语过多，以免造成理解障碍。同时，需保持语言的规范性，确保表述无误，逻辑连贯，段落之间过渡自然，让读者能够顺畅地跟随作者的思路前进。

为了确保教材的实用性和有效性，还需注重层级结构的设计，通过标题、小标题、列表等形式，清晰划分内容层次，突出重点与难点，使学习者能够快速抓住每节、每章的核心要点。此外，适时穿插复习题、案例分析、实践活动等互动环节，不仅能激发学习者的学习兴趣，还能增强知识的应用与转化能力，达到学以致用的目的。总之，教材文稿的撰写是一项创造性工作，要求编者既要有深厚的学术功底，又需具备教育心理学和现代教学技术等的综合应用能力，以期打造出既权威又贴近学习者需求的优秀教材。

5. 对教材文字进行统一校对

教材初稿合成修改是提升教材质量、确保其内部一致性和外部适用性的关键环节。这一过程不仅涉及对内容和文字的微观调整,更是对教材整体性的一次全面审视和优化。在合成修改阶段,首要任务是确保所有章节内容之间的逻辑连贯性和平衡性,这意味着需要对各章节的内容详略进行适当调整,确保重点突出、详略得当,避免出现部分章节过于繁杂而其他部分却介绍不足的情况。同时,也要关注文字数量的比例,确保全书篇幅的均衡,既不过于冗长也不显得单薄,以达到最佳的阅读体验。

对于多人合作的教材编写项目,统稿工作尤为关键。指定的统稿人需要具备高度的责任感和综合协调能力,不仅要负责整合各章节文稿,使之成为一个有机整体,还要在尊重每位作者独特见解的同时,确保全书体例、格式、语言风格的一致性,消除全书因写作风格差异带来的割裂感。此外,统稿人还须仔细审查文稿,发现并修正内容上的重复、矛盾和遗漏之处,确保信息的准确性和完整性。

引入外部审阅者的反馈是提升教材质量的有效途径。邀请同领域内的专家、学者参与审稿,可以借助他们的专业知识和研究视角,对教材的专业性、前沿性进行把关;邀请有经验的教育工作者审阅,则可以从教学实践的角度提出改进建议,增强教材的实用性和可教性;同时,考虑教材最终的服务对象——学习者的反馈,可以使教材更加贴近学习者的实际需求,提高教材的接受度和学习效果。

总之,教材初稿的合成修改是一项多维度、多层次的工作,需要团队成员间的紧密合作,以及与外部专家和潜在用户的充分沟通,以期打造内容精准、逻辑严密、表述清晰、风格统一的高品质教材。

6. 执行教材审定程序

教材文稿的最后审定是出版前至关重要的一步,直接关系教材的最终质量和教学效果。这一阶段的工作通常由教材的主要撰写者或主编来承担，他们基于对教材内容的深刻理解与全局把控，负责进行最后一次全面检查和修订。主要任务包括核实所有事实数据的准确性，确保理论阐述的科学性，以及检查内容是否符合最新的教育标准和政策导向，同时也要再次确认教材结构的合理性、语言表达的流畅性和规范性，力求使教材内容更加精准、完善。

对于即将投入印刷的教材，还需要经过相关责任人的严格审定。这一步骤往往侧重于技术层面的审核，如版面设计、图表质量、文字与图像的排版协调性等，确保教材的视觉呈现既美观又易于阅读，且无技术性错误。责任人还会根据印刷要求，检查文件格式、分辨率等技术细节，确保印刷过程的顺利进行。

至于正式出版的教材，则由出版社指定的责任编辑来负责文字校正。责任编辑的工作既细致入微又极其关键，他们需要凭借专业的编辑技能和语言敏感度，对文稿逐字逐句进行校对，修正错别字、语法错误、标点不当等问题，确保教材在语言表达上的准确无误。此外，责任编辑还需从出版标准的角度，对教材的版权信息、引用文献格式等进行核查，确保没有侵犯他人知识产权的行为，使教材符合出版法规要求。

综上所述，教材文稿的最后审定是一个多方面、多层次的严谨过程，涉及内容、技术、法律等多个维度，每一环节都需要专业人士的精心雕琢，以确保教材以最完美的状态呈现在读者面前。

第三节　群众文化活动辅导

一、群众文化活动的辅导模式与类型

（一）群众文化活动的辅导模式

群众文化活动的辅导有多种模式，其中比较常见的辅导模式主要有以下五种：

1. 专业型辅导模式

专业型辅导模式指的是由群众文化事业机构的专业人员或通过邀请艺术院校、研究机构的专业人才进行的辅导。这种模式下，群众文化事业机构或邀请的专业人员会根据辅导需要提供单一专业或多专业的综合辅导。专业辅导涵盖舞蹈、音乐、戏剧、曲艺、美术、摄影、书法、文学等多个艺术门类，也包括组织表演、展览、观赏、阅读、创作以及进行网络、计算机、志愿者知识指导等方面的辅导。这种辅导模式的优势在于辅导者对群众文化辅导的规律非常熟悉，能够促进与辅导对象的沟通，能够有效结合理论与实践知识提升辅导效果。

2. 阶梯型辅导模式

阶梯型辅导模式指的是群众文化事业机构在不同层级之间，通过阶梯方式进行逐级辅导。通常是由上级部门根据设定的培训内容，指导下一级机构，以此类推，进行培训性质的辅导。运用这种模式通常是为了实现某些特定的群众文化业务目标或传递某种特殊的业务知识和技能。阶梯型辅导模式的优点包括能够有效地自上而下推进群众文化辅导事项，确保知识和技能传递的准确性，以及有利于辅导者骨干队伍的构建。

3. 自助型辅导模式

自助型辅导模式主要体现在群众文化团队内部成员之间的相互辅导。这种模式依赖团队内部资源，通过成员之间的相互教学和互帮互助，来提升整个团队的群众文化艺术水平。在基层群众文化团

队中，许多成员本身就具备一定的艺术水平和辅导能力，可以成为自助型辅导的核心力量。这种模式的优势在于它有助于消除教与学的界限，缓解辅导者与被辅导者之间的关系，使辅导过程变成一个相互研讨、互帮互助和共同成长的过程。

4. 家庭型辅导模式

家庭型辅导模式指的是家庭成员间的双向互动辅导，涵盖艺术表演、传统手工艺和现代科学技术等多方面知识和技能的辅导。这种辅导模式通常表现为家中长辈对晚辈进行艺术和手工艺技能的传授，或晚辈对长辈在现代科学技术如电脑、网络等方面的教学。家庭型辅导的特点是以家庭成员为辅导对象，使用家庭自备的设备，利用业余时间，目的是自我教育和自我帮助，是家庭文化的重要组成部分。其优势在于辅导过程方便、经济、自由且舒适，有助于创造一个宽松、和谐的学习环境，便于直观演示和沟通。

5. 社区型辅导模式

社区型辅导模式指的是由城市社区内部的文化艺术人才对社区成员进行的辅导。社区内往往聚集了众多具有特殊专业艺术技能的人才，包括退休的艺术团体成员、文艺积极分子和文化志愿者等，他们是社区辅导活动的主要力量。社区型辅导通常采取授课、示范、排练、创作等多种形式进行。这种辅导模式的优势在于它有助于缓解社区文化艺术人才短缺的情况，挖掘和发展社区文化艺术人才的潜力，从而提升社区群众文化活动的整体水平。

（二）群众文化活动的辅导类型

群众文化活动的辅导类型主要根据辅导目的和群众文化活动的具体功用来进行分类。

1. 活动任务型辅导

活动任务型辅导是指辅导者针对某单位或个人参与竞赛或展示类活动时的具体项目进行的专项辅导。这类辅导通常为了达成特定目的，如在竞赛或展示中取得优异成绩或展现出出色的表现。这种辅导的特点包括：目的性强，直接针对竞赛或展示的具体项目；功利性强，以实现活动任务的设定目标为核心；微观化，专注于解决项目中的具体问题；技术性要求高，辅导者需具备高水平的掌控能力。

2.普及提高型辅导

普及提高型辅导旨在普及和提高群众的文化艺术知识与技能。与活动任务型辅导相比，这类辅导不针对具体目的，而是为了提升个人或团队的知识和技能水平。普及提高型辅导还可以进一步分为普及类辅导和提高类辅导。普及提高型辅导的特点包括：功利性较弱，不追求单一的功利目标；期望值高，辅导对象对效果有更高的要求；目标差异化，普及类辅导追求扩大覆盖面，提高类辅导则致力于提升艺术水平。

3.休闲娱乐型辅导

开展休闲娱乐型辅导主要是为了满足群众的文化需求和休闲需求，提供多样化的辅导活动。这种辅导以满足辅导对象的身心愉悦和性情陶冶为目的，使参与者在享受辅导的过程中获得精神释放和休息。休闲娱乐型辅导的特点包括：非功利性，参与者主要追求过程的愉悦和乐趣；娱乐色彩突出，内容与辅导对象的兴趣和乐趣紧密结合；辅导过程轻松愉快，参与者在学习知识的同时获得艺术享受。

二、群众文化活动的辅导形式与方法

（一）群众文化活动的辅导形式

群众文化活动的辅导按照辅导过程的不同形态，大体可分为七种形式：

1.单向传输式辅导

单向传输式辅导主要以课堂授课的形式进行，辅导者通过教学的方式传授相关的理论和艺术知识。这种辅导形式包括个人辅导、群体辅导和讲座等。

(1)个人辅导

个人辅导通常采用一对一的方式,根据辅导对象的需求进行专门授课。辅导方式和方法适应辅导对象的个性化需求。个人辅导可以是短期的,针对辅导过程中遇到的具体难点进行临时或短暂的辅导;也可以是长期的,根据辅导对象的实际能力,按照专业教程目标和内容进行系统性或阶段性的辅导。

(2)群体辅导

群体辅导针对一组辅导对象进行,通常需要考虑辅导对象的能力差异、共性特征等因素,合理安排群体构成,采用由简入繁的方法适应不同群体的需求。这种方式常用于集体性项目,如群舞、合唱等。群体辅导同样可分为短期辅导和长期辅导两种:短期辅导聚焦于辅导群体特定的知识点或问题,而长期辅导则根据群体不同的能力或知识目标进行整合,按计划系统地完成辅导目标。

(3)讲座

讲座是辅导者采用授课形式向辅导对象传授知识和技能的一种方式。讲座可以细分为专题讲座和系列讲座:专题讲座集中讲解特定的知识点或技能,而系列讲座则系统地传授相关知识和技能,以实现预定的辅导目标。相较而言,讲座往往采用“讲者讲、听者听”的模式,可能显得较为机械和单一。为提高辅导效果,讲座应与辅导对象的实际情况紧密结合,讲授过程中应包含互动和问答,采用生动活泼的形式,并有效利用影像、多媒体等现代科技手段辅助教学。

2.引领传输式辅导

引领传输式辅导依赖辅导者的示范引导和辅导对象的模仿练习。这种方式强调口传身授,结合教师的口头讲解和示范教学,辅导对象通过模仿练习达到学习目标。示范分为整体示范和分步示范。整体示范是让辅导对象对辅导内容有一个全面的理解,分步示范即辅导者一边示范一边由辅导对象模仿。这种方式在群众戏剧、舞蹈和音乐等的辅导中特别有效和实用。

3.指导传输式辅导

指导传输式辅导:在辅导者的引导下,由辅导对象中的优秀者对其他人进行教学和示范。这种辅导方式使得承担教学任务的辅导对象可以通过教学巩固已学的知识和技能,同时也让其他辅导对象通过这种方式复习和加深对学习内容的理解。指导传输式辅导有效地激发了辅导对象的积极性,提高了辅导效果,常用于书法、绘画、摄影等领域的辅导。

4.互助传输式辅导

互助传输式辅导是通过辅导对象之间的经验和技能交流,相互学习,共同提高的一种辅导方式。这种辅导方式在群众文化辅导中尤为重要,可以通过教学讨论会、学员技艺竞赛等方式进行。教学讨论会专注于辅导中的重点和难点问题,通过辅导对象间的讨论和交流,实现知识的共享和问题的解决。

5.观摩传输式辅导

观摩传输式辅导通过实地采风、观看影视剧场表演、多媒体演示等方式提供观摩机会,拓宽辅导对象的视野,提高辅导质量。观摩活动是群众文化辅导中一个重要的组成部分,可以通过有目的的直接或间接的观摩达到高效的学习效果。采风通常用于收集民间艺术素材,而到剧场或影院观摩则更适用于群众舞蹈、音乐、戏剧等艺术门类的学习。

6.实习传输式辅导

实习传输式辅导指的是在辅导者的指导下,通过创作、排练或演出展示等实际活动将所学知识应用于实践,以此提升辅导质量。实习本质上是"学以致用",在群众文化辅导中尤为重要。实习,即在一定的辅导周期后或接近辅导结束时,辅导对象将学到的知识应用于群众文化活动中,如有针对性地组织群众文艺创作,或进行文艺节目的排练和演出等。

7.网络传输式辅导

网络传输式辅导指的是利用网络媒体和电化教学等现代科技手段进行群众文化辅导。随着网络技术的发展，这种方式成为群众文化辅导的一个重要渠道。其主要形式包括提供网上课程、在线辅导资料下载、网上作品展示及远程教学指导等。网络资源的广泛性和便捷性使得网络传输式辅导能够有效提升辅导效果和质量。例如，在进行群众音乐辅导时，辅导对象可以充分利用在线音乐资源进行深入的欣赏，同时根据个人需求进行模仿练习和技术校正。

（二）群众文化活动的辅导方法

群众文化活动作为普及文化艺术、提升公民素质的重要途径，面对的是一个多元化的群体。参与者的职业背景多样，年龄跨度大，文化水平和艺术修养参差不齐，接受新知识、新技能的能力也各不相同。因此，在设计和实施群众文化辅导时，必须充分考虑这些差异，采取有针对性的策略，以满足不同群体的个性化需求。

首先，应进行细致的前期调研，了解辅导对象的具体情况，包括他们的兴趣爱好、学习习惯、可接受的学习强度等，从而制定出符合多数人需求的辅导方案。其次，辅导方法要灵活多样，既可以采用传统的面对面讲授、示范的方法，也可以利用现代信息技术，采用如在线直播、视频教程、互动平台等方法，为具有不同学习偏好的群体提供便利。对于老年人群，可以更侧重于开展简单易学、互动性强的活动；而对于青少年，则可以设计更具挑战性、创意性的项目，以激发他们的学习热情。

同时，应重视分层次教学，针对不同基础的学习者设定不同的教学目标和进度，确保每个人都能在适合自己的难度上取得进步。鼓励小组合作学习和互帮互助，如此既能增进参与者之间的交流，也能在一定程度上弥补个体差异带来的学习障碍。

此外，需注重反馈与调整，及时收集参与者的意见和建议，根据实际情况灵活调整辅导策略，确保辅导活动始终保持高效和吸引力。持续的评估与改进，有利于确保辅导内容和方法不断优化，满足群众日益增长的文化艺术需求，真正实现文化普及和素质提升的目标。

群众文化活动的辅导方法大体可分为以下八种：

1.目标激励法

目标激励法是在辅导活动开始阶段帮助辅导对象明确学习目标和方向，促使其从被动学习转变为主动学习的方法。使用此方法，应根据辅导对象的实际情况设定合适的学习目标，避免因目标过难使辅导对象丧失信心，或因目标过易导致辅导对象失去学习动力。在辅导过程中，辅导者根据辅导对象的心理需求设定阶段性目标，及时表彰其进步，同时在遇到困难时鼓励其坚持并克服困难，及时教授其所需的知识和技能，以达到最佳辅导效果。

2.循序渐进法

循序渐进法要求辅导者根据辅导对象的具体情况，采用由浅入深、逐步深化的辅导方式进行辅导。在实施群众文化活动的辅导时，辅导者应密切关注辅导对象的实际水平，采取渐进式教学方法，注重基础的打牢，避免过快推进导致的半途而废。过急的进度不仅可能导致失败，还可能使辅导对象走弯路，带来难以修正的负面影响。

3.示范引导法

示范引导法通过辅导者或特定示范者的示范演示，引导辅导对象进行模仿学习。在群众文化活动的辅导中，高质量的示范演示非常关键，它不仅能增强辅导的感染力，还能提高辅导对象的感悟力，特别是针对学习中的具体问题进行有针对性的示范，可以显著提高辅导对象的鉴赏和分析能力，达到事半功倍的效果。使用高水平的演艺作品进行示范也是一种有效的辅导方法。

4.难点突破法

难点突破法侧重于在辅导过程中识别和解决难点问题。辅导者应对辅导中的难点进行深入分析，找出症结存在的根本原因，并将难点细化，探究难点与其他教学内容的内在联系，并研究有效的解决策略，采用适合辅导对象的辅导方法来激发他们的内在潜力，通过分步骤、分阶段解决难题的方法逐步消除学习障碍。

5.反向思维法

反向思维法是辅导者从辅导对象的思维角度出发，进行启发性辅导的一种方法。在群众文化活动的辅导过程中，有时可能遇到辅导对象用传统正向思维难以理解的问题，此时应采用反向思维法，即打破常规的思维模式，通过"倒过来思考"的方式寻找解决问题的新途径。在群众文化活动的辅导中使用反向思维法，意味着以辅导对象的思维方式去分析和理解问题，识别他们理解中的误区和盲点，从而有效地解决问题。

6.借鉴融汇法

借鉴融汇法涉及将其他艺术门类的成功辅导经验和技巧融合到当前专业的辅导中。在群众文化活动的辅导中，这意味着要学习和应用其他艺术门类在辅导方面的知识和方法，如运用戏剧、曲艺、舞蹈和美术等方面独特的技巧来解决本专业辅导中的难题，提升辅导效果。例如，在群众音乐辅导中，辅导者可以借鉴其他艺术门类的知识来帮助解决群众音乐创作、表演和技能训练过程中的问题。适当运用借鉴融汇法不仅可以丰富和活跃辅导手段，还可以促进辅导方法的创新，从而提高群众文化活动的辅导水平。

7.理论指导法

理论指导法是指在群众文化活动的辅导中将理论知识灵活应用于实践，帮助辅导对象在学习过程中得到理论上的提升。辅导过程必须依靠理论指导，确保辅导对象能够从感性认识逐步过渡到理性认识，这是群众文化辅导的一个关键环节。辅导者应针对实际遇到的问题讲解相关原理，揭示其本质，深入分析其根本，使辅导对象不仅掌握实际操作技能，还能理解背后的基本理论，从而有效避免群众文化活动中的盲目性和片面性，达到既“知其然”又“知其所以然”的教学目的。

8.检查评定法

检查评定法通过对辅导对象在学习过程中阶段性成果的检查和评定，实现辅导的预设目标。这种方法是群众文化活动的辅导中常用的重要手段，目的在于让辅导对象了解自身的学习成果，并检验辅导目标的实现程度。检查评定可以采用阶段性或总结性的考试、现场演示或问答等形式。无论采取何种形式，都应保证客观公正，并通过这一过程发现并解决辅导对象在知识和技能上存在的问题，巩固已有的辅导成果，激发和提升辅导对象的学习积极性，促进其持续进步和提高。

群众文化活动的辅导过程是复杂和动态的，选择辅导模式、形式和方法应根据具体情况灵活变通，避免机械地一概而论。此外，辅导过程不应僵化地套用某一种模式，而应根据辅导过程中出现的新情况和变化，综合运用多种辅导模式、形式和方法进行。总之，要从实际出发，合理、灵活选择适合的辅导方式和方法。

第七章 群众文化发展

第一节 新媒体在群众文化中的建设与发展

一、新媒体时代的崛起

在媒体的发展历史中，每一次媒体技术的变革，都会带来所谓的新媒体，特别是在知识爆炸、技术迅速更新的今天，各类新媒体层出不穷，新媒体的外延更是不断地拓展。在信息时代，不仅新的技术变革和物质形态的变化可以产生新媒体，新的软件开发、新的信息服务方式的推出，也可以称为一种新媒体的诞生。可以肯定，今天的新媒体在未来同样会被归到旧媒体的范畴。

（一）新媒体时代的相关概念

1. 新媒体的定义

新媒体是一个动态变化的概念，基于网络环境的延伸和发展。它主要指运用数字技术、互联网技术、移动通信技术等新兴技术，通过互联网、无线通信网、卫星等渠道，向受众提供信息和娱乐服务的现代媒体形态。新媒体不仅包括媒介终端的创新，也涵盖功能的创新，是传统媒体如书信、报刊、广播、电视等的衍生与扩展。

新媒体的特点是交互性强和数字化，是一种“交互式数字化融合媒体”，它满足了用户多元化、个性化的信息需求，是技术发展的必然产物。新媒体革新了传统的生活方式，使用户从被动接收信息转变为能够自主参与信息的传播，即用户既是新闻和信息的消费者，也是内容的生产者和推广者。这种媒体环境中，用户的互动性体现在新闻信息传播的“传—受”和“受—传”的转变中，这要求传统媒体必须动态适应用户行为的变化。

在社会化媒体的背景下，用户生成的内容和口碑对于衡量传统媒体的受众影响力日益重要。新媒体种类繁多，目前较受关注的包括网络电视、即时通信群组、虚拟社区、播客、搜索引擎、电子邮箱、门户网站、手机电视、手机报、微博、微信等，这些媒体不仅仅是新的传播形式，还包括新的媒体硬件、软件和信息服务方式。

2.新媒体概念要素

不管人们如何定义新媒体，有一点是可以确定的，那就是相对传统媒体，新媒体的形态是不断变化和延伸的，在现阶段其核心是数字式信息符号传播技术的实现。一般而言，新媒体的概念包含以下要素。

(1)新媒体建立在数字技术和网络技术的基础上

新媒体主要是以计算机信息处理技术为基础，将互联网、卫星网络、移动通信等作为运作平台的媒体形态，它包括使用有线与无线通道的传送方式，如互联网、手机媒体、移动电视、电子报纸等。如果说传统媒体是工业社会的产物，那么新媒体就是信息社会的产物。

(2)新媒体在信息的呈现方式上是多媒体

新媒体的信息往往以声音、文字、图形、影像等复合形式呈现，具有很高的科技含量，可以进行跨媒体、跨时空的信息传播。

(3)新媒体在技术、运营、产品、服务等商业模式上具有创新性

新媒体不仅是技术平台，也是媒体机构。与传统媒体相比，新媒体变化的不仅仅是技术的运用，更有商业模式的创新。

(二)新媒体时代发展的特点

近些年影响新媒体前景的两大主流媒体分别是网络媒体和移动媒体。移动传播媒介迅猛发展，已经成为人类生活必要的组成部分，其对人类生活方式的深远影响，恐怕是历史上任何一种传播媒介都无法比拟的。移动传播媒介凭借其独有的特点，已经成为有史以来增长速度快、普及程度高的新型传播手段，被誉为“第五媒体”。

新媒体是信息科技与媒体产品紧密结合的产物，新媒体带来的媒体创意新经济，使得原来传统媒体从规模经济转向了范围经济、共享经济等模式，各类高新技术手段不断创新着人类的支付方式，不同媒体通过尝试个性化的特质服务，皆试图把握一条独特的可持续发

展之路。目前比较热门的新媒体，如智能手机，内载各类新媒体内容产品、新媒体软件创新产品，同时其也属于新媒体硬件生产领域产品，内含新的媒体经营模式。

1. 网络媒体的新媒体特性

（1）传播上的快捷性和时间上的自由性

网络媒体可在瞬间将信息发送给用户。其在传播时间上的自由性主要体现在传播本身的可往复性，易于人们检索和随时获取信息。它实现了信息的“零时间”传播，消除了交流双方在时间上的间隔，使信息的交互传播突破了时间限制。新媒体迎合了人们碎片化休闲娱乐的需求，满足了人们随时随地进行互动性表达和娱乐的需要，人们使用新媒体的目的性与选择的主动性更强。因此，数字化新媒体一出现就吸引了各个年龄段、不同阶层群众的注意力，在很大程度上挤占了人们休闲娱乐活动的时间。新媒体无形中改变了人们与生活对话的方式。

（2）传播的全球性和空间上的无限性

网络可以连通世界上任何一个国家和地区，并且还拥有数量庞大的动态网络用户。新媒体通过连接全球电脑的互联网和通信卫星，使网络上的任何信息资源都可以被全世界的网民看到，使信息传播者可以针对不同的受众提供个性化的服务。从这个意义上来讲，网络是唯一的全球性信息传播媒体。可以说，全球互通的网络有多大，网络传播的空间就有多大，完全打破了地理区域的限制。只要有相应的信息接收设备，在地球的任何角落都可以接收新媒体传播的信息。此外，无线网络的发展，还使新媒体摆脱了有线网络的限制，用户可以随时随地接收信息。

（3）传播的交互性和方式的多样性

在传统的传播理念中，传播方式是单向的，双方无法随时随地进行反馈和沟通。而新媒体网络则突破了这一传统传播模式的限制，增强了传播者与接收者之间的互动性。传播者与接收者可以连接网上任一用户,实现网络信息资源共享,受众不再仅仅是信息的接收者,同时也是信息的传播者。交互性使传播者和接收者极易进行角色转换,这种双重身份的角色转换使受众可以畅所欲言,利用网络工具进行及时反馈和有效沟通交流,实现互动,真正实现了信息的双向交流。

2.移动媒体的新媒体特性

移动媒体通常指无线传播的短消息、多媒体短消息、WAP网页和手机、电视等媒体形式。移动媒体与传统媒体、网络媒体相比,具有独特的性质,主要表现在以下三个方面:

(1)表现形式的丰富性

移动媒体的表现形式兼具了传统媒体与网络媒体的优势,通过文字、图像、影音、动画等多种表现形式向用户传递信息。其传递的信息声情并茂,使得信息更加丰富和饱满,同时也增强了用户的多媒体体验。

(2)使用的便携性和成本的低廉性

用户可以根据自己的需求,随时对信息进行检索和筛选,并可随时订阅和退订信息,使用便捷,可提高效率并节约时间。

(3)复合性与个性化服务

互联网传递实现了信息传播的“图、文、声”一体化,它将文字、图像、声音、视频、音频等完全融合。其复合性也充分体现了传播形态的多样性特点。它将报纸、电视、广播的传播手段与传播方式融为一体,其形式的多样化是前所未有的。它还将各种接收终端、各种传输渠道、各种信息形态整合在一起,用户可以随时针对信息的内容与信息的传播者或者其他的信息接收者进行探讨和交流,并可通过意见反馈等形式修正、补充和完善信息资源以满足用户的个性化需求。它将目标受众按年龄、性别、社会地位、文化程度、兴趣爱好、专业程度等标准划分为一个个群体,从而有针对性地为这些不同的群体提供不同的个性化信息服务。

二、新媒体时代的群众文化工作

随着生活水平的提高,人们对于精神文化生活提出了更高的要求，加强群众文化建设成为新时期社会主义精神文明建设的重要任务。文化是一个国家、一个民族的灵魂。文化兴则国运兴，文化强则民族强。

近年来，信息技术发展十分迅速，以网络技术和数字技术为基础的新媒体被广泛应用到人们的生活和工作中，新媒体凭借良好的互动性、高效的信息传播等优势，受到广大群众的关注和追捧。在这种形势下，人民群众逐渐忽视了传统的群众文化活动的重要作用，新媒体时代如何实现群众文化活动的有效组织和开展成为群众文化工作者面临的重要课题。

（一）新媒体对群众文化工作产生的作用

新媒体作为信息传播手段，在很大程度上能够解决政府群众文化工作面临的困境，扩大受众面，通过加强社会影响力来加强传播效果。

1.打造正规传播渠道，扩大受众范围

群众文化服务机构可利用新媒体拓展群众文化传播范围，建立群众文化信息传输网络，开设网上展览、网上辅导、网上授课等服务。同时，因为新媒体的公众认证机制，以及政府公信力背书，可以确保信息输出渠道的正规性。以科协的科普工作为例，科技馆作为科普宣传实体，可以利用场馆开设展览、讲座等活动，但是因为场馆空间的固定性，也使得科学传播仅限于小范围，如果想要扩大受影响人数，就只能在时间上无限延长并不断重复展览与讲座的内容，这将耗费巨大的人力、物力。倘若建设一个网上平台，将每期展览、讲座的内容数字化存放，开设虚拟展览馆、虚拟讲台，并打通各类网络终端，既可以保证展览内容线下线上的一致性，实体展览按时布展、撤展，同时也可以保证无法在限定时间内参加活动的群众，能够第一时间查看科普内容，甚至在活动结束后仍能根据需要追溯回看。这样，科普宣传实体的内容就能得到最大限度的利用，降低宣传成本并提高宣传力度。

2.提供和谐互动平台，实现服务社会化

因为群众文化服务机构通常并不设立一线窗口单位，从而缺少了很多与群众直面交流的机会，但群众文化工作的性质又要求其深人群众，依照传统一对多的传播形式，迫于人员的匮乏，群众文化工作无法完全实现社会化。但是新媒体的使用就可以打破这一僵局，其利用网络的扁平化特征设立虚拟的一线窗口，通过官方账号、互动平台将服务机构与文化受众对接，能真正实现群众文化服务社会化。

科协经常举办科学讲座、科技培训等活动，但如何选题始终是最关键的问题，因为很难在保证活动即时性的同时迎合所有受众的意愿。但是开设官方微博与微信公众号后，举办方可以通过发起问卷调查、筛选数据等手段，罗列出公众倾向的话题，并及时开展相关的系列活动，如此能够实实在在地帮助受众解决问题，让科学传播、科技推广真正落地。

3.整合信息资源碎片，确保传播一致性

无论是在传统媒体的传播过程中还是新媒体的传播过程中，信息往往都是以多点碎片状态存在，如果不能尽可能将所有碎片拼接在一起，就有可能造成盲人摸象的后果，这一问题在科学文化传播中尤其明显。新媒体的网络特点使得任何信息都有可追溯性，在传播过程中可以将有关的链接、图片、视频、文字都整合在一起，全方位地还原被传播对象，甚至对同一事物的不同评论、不同介绍都可以保留，让公众有对比、有选择。

（二）新媒体时代群众文化活动开展的新形式

在新媒体时代背景下，群众文化单位在工作中要认识到新媒体的重要作用，积极采取有效措施，抵制新媒体的消极影响，充分发挥新媒体的积极作用，从而推动群众文化活动的有效开展。

1.借助新媒体资源优势，丰富群众文化内容

目前，网络信息技术在各行各业得到广泛应用，为新媒体创造了丰富的信息资源。群众文化活动可以充分利用新媒体的资源优势，不断丰富文化信息储备量和活动内容。例如，通过网络搜集各种传统文化的相关知识，然后指导群众文化活动的开展，同时对不良信息与恶意信息进行有效的控制和过滤。新媒体的信息资源还具有更新快速、及时的特点，可以使群众文化活动紧跟时代的步伐，将更加新

鲜的文化热点展现给群众，增加群众文化内容的吸引力，进而激发群众的参与热情。

2.利用新媒体载体，构建群众文化活动平台

新媒体发展十分迅速，群众文化活动要充分利用新媒体载体，拓宽传播途径，从而实现群众文化活动形式的创新。传统的群众文化活动大部分通过面对面的交流互动进行，很多群众的参与积极性较低，难以达到理想效果，在新媒体时代，群众文化活动的组织者可以通过 QQ、微信、微博等载体建立群众文化活动组织体系，通过网络向各个单位或个人发送活动文件，有效增强活动的组织效率。同时，参与群众还可以在 QQ、微信等群组中进行讨论和交流，商定文化活动的相关内容和细节，从而推动活动的有效开展。

3.利用新媒体技术，丰富群众文化活动形式

新媒体技术不断发展，涉及视频、音频、图像处理技术的发展，为丰富群众文化活动形式提供了技术支持，在利用新媒体技术构建群众文化活动平台的过程中，可以充分利用新媒体技术的表现形式，为群众文化活动增添活力。文化单位可以通过动画、漫画、小视频、小游戏等形式对群众文化进行宣传，这些形式更加符合群众的娱乐文化需求，使得群众乐于接受，能够起到很好的宣传教育效果。

4.借助新媒体技术，推动文化单位信息化建设

文化单位是群众文化活动开展的重要基地，随着新媒体技术的不断发展，很多文化单位进行了信息化建设与改造，朝着共享化、便捷化、智能化的方向不断发展。文化单位要借助新媒体技术，建立官方文化网站，将文化单位的文化艺术信息和活动开展情况公布到网上，为群众获取相关信息提供便利途径。此外，文化单位还可以利用网络技术，开发具有单位特色的手机客户端，并将政策、法制、文化等信息融进去，让群众能够通过手机轻松、方便地了解相关文化动态。

5.掌握新媒体内涵，培养新型文化工作者

群众文化活动的顺利开展需要一支专业素质较强的文化工作队伍。在新媒体时代，群众文化工作者需要结合现代化信息技术，不断

提高自身的综合素质。文化单位要加大投入力度，为文化工作者的教育和培训工作提供充足的资金保障，通过定期组织相关的专业素质和技能培训活动，在提升文化工作者基本文化素养和职业道德的同时，加强文化工作者在新媒体技术方面的应用能力，从而为信息化的群众文化活动提供人才保障。此外，文化单位还可以通过网上征集、网上培训、网上考核等方式，加强对文化工作者的管理，提升整个队伍的专业水平。

总而言之，群众文化活动是社会精神文明建设的重要组成部分。在新媒体时代，群众文化活动的开展面临机遇与挑战并存的局面，文化单位要对新媒体进行充分的了解和掌握，充分发挥新媒体技术的优势，从内容、形式等方面对群众文化活动进行完善，不断丰富人民群众的社会文化生活。

三、新媒体在群众文化建设中的发展路径

现代社会是多元化、信息化、高效率的社会，交通方便，资讯发达，新旧媒体轮番“轰炸”，令人应接不暇。人们了解情况、掌握信息的渠道有很多，可供选择的娱乐和休闲方式也多种多样。在开展群众文化活动过程中，想要吸引更多的人参与进来，形成轰动效应，逐步达到“群众演、群众赛、群众看、群众评、群众乐”的目的更是不容易。在这种情况下，依托新媒体，尤其是互联网的作用来积蓄正能量、发挥正能量、释放正能量是非常必要也是非常有效的。例如，手机、电视、电脑在中国已经非常普及，而新媒体时代的手机、电视和电脑也已经实现互联，无论对传播资讯方还是了解情况方，都非常方便、快捷、高效，可以极大地提高群众文化发展的效率。

（一）群众文化是推动社会主义文化繁荣发展的基础力量

当今世界科技信息飞速发展，以互联网、手机等为代表的新媒体技术日益成为人们学习、生活、工作的重要载体，其在很大程度上也改变了人们传统的生活、生产、交流、学习等方式，如此也对群众文化工作的发展提出了新的更高的要求。新时期，面对新形势、新任务、

新要求，如何更好地发挥新媒体的积极作用，完善群众文化网络信息平台建设，对于提高群众文化建设的针对性和实效性，提升群众文化的吸引力和感染力，推动社会主义先进文化的发展具有重要作用。

1.充分认识群众文化建设的重要性

文化是民族凝聚力、向心力和创造力的重要源泉。党的十八届三中全会提出，建设社会主义文化强国，必须坚持社会主义先进文化前进方向，坚持中国特色社会主义文化发展道路，坚持以人民为中心的工作导向，进一步深化文化体制改革，为推进社会主义文化发展提供了重要方针，指明了前进方向。群众文化是推动社会主义文化繁荣发展的基础，群众文化阵地建设是开展群众文化活动、传播先进文化的载体。深入推进文化惠民、文化利民工程，是群众文化工作的出发点和落脚点，是构建社会主义和谐文化的重要基础。因此，加强群众文化建设，既是丰富广大人民群众文化生活、构建社会主义和谐社会、促进经济社会发展的重要举措，也是推动社会主义文艺大发展大繁荣、实现中华民族伟大复兴的重要保障。

2.深刻分析群众文化建设的基本现状

历年来，党和国家高度重视群众文化建设，在各级党委、政府的关心支持下，广大群众文化工作者自觉响应时代和人民的召唤，以昂扬的精神状态、积极的工作热情，通过不同形式，广泛深入歌颂国家、民族和人民的伟大实践，群众文化工作呈现出了百花竞放、异彩纷呈的良好局面，群众文化创作更加积极，群众文化队伍更加意气风发，文化惠民活动蓬勃开展，文化服务体系建设扎实推进，群众文化建设取得了明显成效。

3.清醒把握群众文化面临的新形势

当今社会，随着经济社会快速发展，人民群众对精神文化生活的要求越来越高。广大群众迫切希望业余文化生活更加丰富，公共文化设施更加完善，公共文化服务体系更加健全，公共文化生活环境更加洁净，人们的生活不再单调，不再是在麻将桌上消磨时光，不再是在社区里“扯闲话”，而是在社区综合文化站里读书、上网，或者是早晚在广场参与一些形式丰富多彩、群众喜闻乐见的公共文化活动。新形势下，如何进一步激发社区居民的活力，让公共文化生活真正“活”起来，营造积极向上的精神文化氛围，成为广大群众文化工作者需要深入研究和探索的重要课题。

（二）新媒体对群众文化活动的影响

基于实效性角度审视新媒体技术对公众参与社会活动方式的改变能够发现，新媒体技术使得公众的精神文化诉求得到满足，不过同时也使传统文化无法保持对公众的吸引。有鉴于此，应辩证地分析新媒体技术对群众文化活动的影响，从而实现对其正面效用的发扬，以及对其负面效应的摒弃。

1.新媒体给群众文化活动带来的挑战

新媒体对于传统群众文化活动的开展会造成很大的冲击。新媒体技术依托信息技术创设而来，其以视频、音频、图片等形式实现使用者之间信息的高效传递与互动，新媒体具有交互性与及时性，且不受时间与空间的限制，这对于传统的群众文化活动来说，是一个巨大的挑战。新媒体传播方式和表现形式的快捷多样，使得广大群众可以随时随地获得自己想要的信息，因此导致广大群众对群众文化活动的关注度与参与度下降。

新媒体在媒体使用与内容选择上更具个性化，可以做到面向更加细分的受众，而传统群众文化活动由于条件的限制，在信息容量与种类上都有着很大的局限性。新媒体的互动性和参与性能够充分调动受众群体的积极性，能够让群众在互动体验中获得更加深刻的自我满足感。新媒体在信息的种类与容量上都具有极大的优势，可以充分满足受众对于多种多样的文化知识与信息的需求，这也是很多群众更愿意通过电脑或者手机进行文化信息的浏览与阅读，而对于参加群众文化活动却没有太大兴趣的原因。这也使得群众参与群众文化的积极性降低，增加了群众文化活动开展的难度。

2.新媒体给群众文化活动带来的机遇

事物往往都具有双面性，新媒体技术的普及应用亦为群众文化活动提供了全新的发展契机。从某种程度上来说，新媒体丰富了群众文化活动的内容与形式，使得群众文化活动的拓展和外延得以扩大，实现了对传统群众文化活动传播模式与内容方面的创新。尤其是新媒体技术以其高速的信息传播性及受众的广泛性，使得群众文化的传播获得全新的传播介质，为群众提供了实现线上文化高效互动的契机，给传统群众文化的变革带来了更多的可能性。新媒体在传播群众文化活动的同时，本身也必将成为群众文化活动的一部分，使群众文化活动的开展突破空间与时间的限制，可以在更广阔的平台上施展，使得群众文化的交流、学习更为便捷。新媒体提供了多元文化的对接交流平台，使各个地区风格迥异的群众文化活动的交流不再受时间、空间的限制，为群众文化活动的开展提供了一个便捷的互动交流平台；另外，新媒体具有个性化特征，可以通过互动更好地了解每一个受众的文化喜好与心理倾向，这使新媒体信息能够更好地针对群众的个体需求，提供更加个性化的服务，使群众文化活动更具有吸引力。

当今社会，以网络新媒体为代表的网络信息技术快速发展，日益深入社会各领域，成为各种思想文化交流、交融、交锋的新阵地。新媒体环境下的基层群众文化建设应科学把握新媒体发展的新形势、新特点，充分认识新媒体环境下群众文化工作的着力点，这对于提升群众文化的针对性和实效性，增强群众文化的吸引力和感染力，具有重要意义。

（三）促进新媒体在群众文化中发展的对策思考

新媒体在带来言论繁荣的同时也带来了言论失控与社会动荡的风险。如何看待这一问题，研究有效解决对策，对于新媒体的健康发展与社会的和谐稳定起着至关重要的作用。针对上述问题，有以下几种解决措施。

1. 借助广大受众的社会监督控制，健全信息审核平台

信息审核是筛选网络信息是否适合传播的第一道门槛。在网络

飞速发展的过程中，建立健全的信息审核机制，有利于从源头上有效遏制不良网络信息的大面积传播，将不良信息扼杀在初始阶段。然而，在数量巨大的网民面前，这样的审核并不好开展，因此，应借助广大受众的力量。由于受众是网络信息的直接受传者，同时也是网络低俗虚假信息的第一受害人，因此受众具有对媒介活动进行监督的正当权利。受众可以通过个人信息反馈等手段建立民间信息审核平台，维护“公众利益”，制约网络虚假信息的发展。

2.完善网络法律法规，逐步形成规范的网络秩序

在新媒体飞速发展的同时，法律规范应当如期而至。应加快推进网络立法建设，依法治网，建立健全网络规范与监督机制，注重保护公民的隐私权与著作权，使民众在享受言论自由的同时也可以更好地履行自己的义务，不至于为了追求个人的利益而罔顾他人的合法权利，并在此基础之上，逐步形成规范的网络秩序，以保证网络的健康发展。

3.加强国家、政府的舆论管控，引导舆论向正确方向发展

国家和政府的政治控制是媒介控制的主要方面，这种控制的目的是通过法律法规和政策，来保障媒介活动为国家制度、意识形态以及各个国家目标的实现服务。政治控制主要包括以下几个方面：规定传媒组织的所有制形式；对传播媒介的活动进行法制和行政管理；限制或禁止某些信息内容的传播；对传播事业的发展制订总体规划或实行国家援助。

国家与政府作为强有力的管理者，在解决新媒体存在的问题上也居于主导地位。国家和政府对新媒体发展的重视和关注，对新媒体存在问题的解决与舆论的正确引导有着重要的指导作用。面对复杂的网络环境，只有国家和政府站出来指导舆论方向，切实加强网络正面宣传，才能有效解决问题，使互联网真正成为传播先进文化的崭新阵地，成为教育的重要渠道和有效载体。

4.依托政府支持，加大技术监控治理力度

从新媒体信息的传播过程来看，新媒体传播是产业链式的传播。整个传播过程需要涉及内容提供商、内容集成商、移动平台提供商、

移动运营商、终端提供商、渠道合作伙伴等诸多环节。因此，新媒体的内容安全，也同样需要产业链中各个环节的密切合作。在移动互联网环境下，构建针对有害内容源、有害内容传播渠道及最终目标（移动终端、平板电脑）的全生态系统的防护体系，才能对信息内容进行有效监管，从而保障移动互联网健康、有序地发展。

因此，应以政府为依托，研究不良信息传播的演化机制，加强对网络通信软件、网络传输内容的管理。应规范应用商店对通信软件的检验和测试流程，使用户在浏览信息时受到一定的合理制约，使互联网的网络信息体系更加干净与安全。

5.媒体人增强自身自律感，坚守职业道德提高“公信力”

媒体的“公信力”来自媒体人的自律与其对于职业道德的坚守，作为一个媒体人，其最基本的职业操守便是在威胁与利益面前，坚守媒体从业者客观公正的态度，也只有这样，才能获得公众的信赖。面对问题深入调查、客观负责地评论，促进积极信息的传播，这是网络媒体的责任与义务。用“自律”换“自由”，以自律公约的形式强化自我约束和管理的力度，才能获得媒体公信力，从而使网民拥有一个健康阳光的网络环境，向社会传递“正能量”。

6.提高网民素质，实行网络实名制

在网络普及的同时，也应该注重培养网民的思考与辨别能力，正确对待真实客观的负面信息报道，以避免将谣言信以为真而产生情绪激化。此外，网络的虚拟性也是网络存在大量谣言的重要原因，虚拟身份使得一些网民认为自己可以摆脱法律的规范而大肆造谣散布非法信息。在一些主要领域实行实名制可以辅助网络法治建设，规范网民的行为，也为网络安全与“清网”行动提供便捷。

找出解决新媒体存在问题的对策是实现社会安定与和谐的必由之路。在未来，新媒体将以更快的速度普及发展，其对社会的影响力也将与日俱增。如何良好地解决新媒体存在的问题，需要国家、政府、媒体人乃至每一个公民共同努力，也只有这样，新媒体才能健康发展，社会也才能更加和谐安定。

第二节 文化馆视角下群众文化发展

文化馆作为开展文化活动的主要单位，一直以来承担着传承、弘扬和创新文化工作的重要使命。在新时代背景下，文化馆的群众文化工作面临着更广泛、更多样化的挑战和机遇。随着社会的不断进步和群众生活水平的提高，群众的文化需求也呈现出多元化和个性化的特点。因此，在新形势下，如何创新发展文化馆的群众文化工作，成为一个亟待解决的难题。

一、文化馆开展群众文化建设的重要性

文化馆作为群众文化活动的重要场所，其群众文化建设工作不仅关乎个体精神生活的丰富，更在宏观层面上对社会的文化发展与传承起着至关重要的作用。

（一）弘扬民族精神，传承优秀文化

群众文化是民族文化的重要载体之一，承载着无数人的智慧与心血。开展群众文化建设工作，可以系统地梳理和展示民族文化的瑰宝，使广大群众能够深入了解和体验本民族的文化精髓，有助于增强民族自豪感和凝聚力，弘扬民族精神。

（二）推动文化创新，助力社会发展

文化馆不仅是一个展示平台，更是一个创新基地。在群众文化建设中，文化馆可以组织和引导群众参与创意大赛、民间艺术创新等文化创新活动，这不仅能够充分激发群众的创造力，还可以催生新的文化成果，为社会发展注入活力。

（三）提升公众文化素养，丰富群众生活

文化馆通过举办各类文化艺术展览、讲座、培训等活动，使广大群众有机会接触高质量的文化产品和服务。这些活动不仅能够丰富群众的精神生活，提高其审美能力和文化素养，还能够促进不同地区、不同年龄、不同背景的群众之间的交流与理解。

（四）满足群众精神需求，提升生活品质

随着社会经济的发展和人民生活水平的提高，群众对于精神生

活的需求也越来越高。文化馆的群众文化建设满足了群众对于多元化、高品质文化生活的追求，无论是欣赏一场演出、参加一次艺术培训还是亲身体验一种民间艺术，群众都能从中获得精神的滋养和满足，从而提升生活品质。

二、文化馆群众文化建设的特点

文化馆作为群众文化建设的重要载体，具有一系列显著的特点。这些特点反映了文化馆的作用和价值，体现了其在群众文化建设中的独特地位。

（一）服务性

文化馆的首要特点是其服务性，它存在的目的就是为群众提供丰富多彩的公共文化服务，满足群众日益增长的文化需求。无论是举办文艺演出还是开展文化讲座，其核心都是服务群众，着力提升群众的文化生活品质。

（二）多样性

多样性也是文化馆群众文化建设的一个显著特点。为了满足不同年龄、不同兴趣和不同需求的群众，文化馆在活动内容上力求多样化。无论是传统艺术还是现代艺术，都能在文化馆找到自己的舞台，如此不仅丰富了群众的文化生活，也使得不同文化背景的人们都能在文化馆找到归属感和认同感。

（三）地方性

文化馆群众文化建设还具有鲜明的地方性特点，其不仅要满足群众的基本文化需求，还要在传承和发展地方文化方面发挥积极作用。地方文化是一个地区历史、传统、习俗和价值观的集中体现，具有独特的魅力，文化馆通过挖掘和展示地方文化特色，能够激发群众的文化自豪感和归属感，增强凝聚力。

（四）创新性

创新性是文化馆开展群众文化建设工作的基础特性之一。文化馆群众文化建设并非一成不变，需要根据时代发展和群众需求的变化而不断创新和改进。其需要关注群众文化的动态发展趋势，及时调整服务内容和形式，以满足群众不同的文化需求。

三、文化馆群众文化工作的创新发展对策

（一）强化群众文化工作思想创新

新形势下，文化馆群众文化工作面临着严峻挑战，但在迎接挑战的同时，也要把握机遇，只有创新思想，提高认知和重视程度，积极转变思想，在实际工作的开展过程中才能实现创新发展。

首先，强调文化馆的定位和使命。新时期文化馆的职能日益多样化，逐渐成为文化传播与互动的重要平台，在丰富群众文化生活的同时，也推动了我国文化事业的高质量发展，以及驱动了文化馆工作的转型升级。只有不断强化思想意识，使工作人员明确文化馆的职能和定位，文化馆才能更好地与群众的文化需求相对接，进而推动文化工作的创新发展。

其次，增强文化馆工作人员的文化服务意识。文化馆应积极倡导文化的多样性，实行开放、包容的文化服务理念，提供更有吸引力和影响力的文化活动，如此才能更好地满足群众的文化需求。

再次，建立反馈机制。群众的意见和需求是文化馆发展的重要参考依据。文化馆应鼓励群众提供反馈意见和建议，进而积极改善服务方式和形式，反馈可以通过发放调查问卷在社交媒体平台进行互动等方式实现。反馈机制的完善有助于帮助文化馆了解群众的需求和期望，以便及时调整工作方向和内容。

最后，确保文化馆工作思想意识始终贯串于各项工作中。文化馆需要制订明确的工作计划和目标，确保所有的文化活动和服务都与文化馆的定位和职责相一致，积极倡导和推动工作思想意识的落实，同时要定期评估和调整工作方向，确保文化馆相关工作能够持续创新发展，更好地满足群众的文化需求。只有强化思想意识，文化馆才能在新形势下实现群众文化工作的创新发展。

（二）加强专业人才队伍建设

在新形势下，文化馆群众文化工作的专业水平对于提供高质量的文化服务至关重要。为了创新发展，文化馆需要通过多层次、多方

面的培训来提高群众文化工作队伍的专业水平。

首先,可以招聘和培养多元化的专业人才。文化馆应积极招聘来自不同文化领域的专家,例如文化策展、文化教育、数字化技术、社会科学等领域的,组建多元化团队,更好地满足不同文化领域的需求,同时也能为文化馆带来新的思维和创意。专业人才的招聘应与文化馆的服务目标和定位相契合,确保其具备为群众提供高质量文化服务的能力。

其次,可以建立相应的培训体系。文化馆不仅需要引进新的专业人才,还需要关注现有人员的培训和发展。专业人才队伍建设应包括为内部人员提供学习交流的机会,使其能够不断适应新的文化需求和工作内容,可以通过举办内部培训课程、外部培训项目和参与学术研讨会等方式实现。培训内容应关注文化领域的最新发展,以此提高员工的专业素养和综合能力。

再次,可以与当地高校建立合作。与当地高校建立合作关系不仅可以为文化馆提供创新思维和人才支持,二者还可以共同开展研究项目,推动文化领域的学术研究,促进文化馆与学术界之间的交流与合作,不仅有助于培养新的专业人才,还可以为文化馆的文化工作提供更多专业支持。

最后,建立绩效评估机制。专业人才队伍建设需要监测和评估,以确保人才的质量和绩效。文化馆可以制定明确的绩效指标,评估员工在文化活动、文化教育、文化传播等方面的表现。绩效评估可以作为员工晋升和奖励的依据,鼓励专业人才积极投入工作。此外,绩效评估,也可以推动团队内部的竞争与协作,提高专业人才队伍的素养和能力。

(三)加大群众文化工作资金投入力度

实现文化馆群众文化工作的创新发展,增加财政资金投入至关重要。资金支持可以帮助文化馆提高服务水平,推出更多创新项目,满足群众的文化需求。相关部门应考虑增加文化馆的经费预算,确保文化馆有充足的资金用以开展各类文化活动和项目,其中包括增加人员工资、维护建筑设施、购买艺术品和文化资料等。通过增加财政预算，文化馆能够提供更多丰富多彩的文化活动，提高服务水平。除了上级拨款，文化馆还可以积极寻求其他多元化的资金来源，如申请文化项目资助、拉动企业合作赞助，或是组织公益募捐活动等，用以创新发展和提高服务水平。同时，对于财政投入以及多渠道筹措的资金，文化馆需要制订详细的预算计划，确保资金用于“高优先级”项目和活动的开展。文化馆还要定期审查财务状况，及时调整预算，避免浪费和不必要的开支。

（四）丰富文化活动内容与形式

形式单一的群众文化活动，即便短期内可以激发群众的参与兴趣，但难以形成一定规模的文化活动品牌。鉴于此，文化馆应结合群众实际的精神文化需求，积极推动群众文化活动内容的创新优化，组织更具吸引力和趣味性的群众文化活动，以获得群众的关注和支持，进而提升群众文化工作的成效。文化馆应组织和提供多样化的文化活动，包括但不限于展览、讲座、工作坊、演出、电影放映、文化节庆等活动，满足群众多元化的文化需求。

文化馆还可以结合区域实际情况深入开展调查与研究，了解当地的民俗文化元素，从传统节日、习俗、手工艺等方面进行收集整理，为文化馆开展文化活动创新提供丰富的资源支持。例如，举办各类主题的展览活动，展示当地的风俗、历史文化等，以吸引更多群众参与。

此外，文化馆还应该积极创新展示手段。现代科技的发展为文化馆提供了丰富的展示手段，包括数字化技术、虚拟现实、互动展示方式等。文化馆可以使用数字技术建立在线平台，让群众在线上欣赏文化资源、参与互动活动。同时，大力推广互动展示方式，如触摸屏互动、沙盘模型、情景再现等，可以使参观者更深入地了解文化内容。借助这些创新手段，能够极大地提升文化馆文化活动的吸引力，吸引更多年轻群众参与，还能在提升群众文化工作水平的同时，进一步弘扬和传播优秀传统文化。

第三节　群众文化发展的多元化

一、书法艺术融入当代群众文化活动

书法艺术在我国拥有悠久的历史，是中国传统文化的瑰宝，具有深厚的历史底蕴和艺术魅力，不仅仅是一种艺术形式，更是一种文化传承。在当代社会，随着科技的快速发展和人们生活方式的改变，书法艺术正在逐渐边缘化。近年来，随着国家对传统文化的重视和群众文化活动的普及，书法艺术逐渐融入当代群众文化活动中，成为人们生活的一部分，为广大人民群众提供了丰富的精神食粮。

（一）书法艺术融入群众文化活动的价值

1.传承优秀传统文化

在群众文化活动中，书法艺术可以通过多种形式得以展现，如书法展览、书法比赛、书法讲座等。这些活动不仅可以吸引广大群众参与，还可以激发他们对传统文化的热爱和追求。书法艺术的传承和推广，可以引导人们更好地了解和认识中国传统文化，增强人们的民族自豪感和文化自信。同时，书法艺术不仅是一种艺术形式，更是一种文化精神的体现。从书法作品中，人们可以感受到作者的情感、思想和文化追求。这些精神内涵的传承和发扬，可以促进社会文化的健康发展，提高群众的文化素养。此外，书法艺术融入群众文化活动，还可以促进传统文化的创新和发展。在传承传统文化的基础上，人们可以根据时代需求和变化，对传统文化进行创新和发展。这种创新和发展可以体现在书法的表现形式、创作技巧和内容等方面。通过创新和发展，传统文化可以更好地适应现代社会的需求，为人们提供更加丰富的文化体验和精神享受。

2.提高群众审美素养

书法艺术具有独特的审美价值，体现在其线条的韵律、结构的和谐以及意境的深意等方面。在当代群众文化活动中，欣赏书法作品、学习书法技巧，可以让群众更好地了解和学习书法艺术，领略书法艺术的韵律美、形态美、意境美，从而提升其审美情趣。同时群众可以

学会欣赏美的线条、美的结构、美的布局，进而培养其独特的审美眼光。此外，书法艺术还能锻炼人的耐心、细心和毅力，通过长时间的练习，使人的心理素质和道德品质得到全面提升。

3.丰富群众文化生活

群众文化活动在我国社会发展中占据举足轻重的地位。它既是人们幸福生活的基石，也是构成和谐社会的重要载体。将书法艺术这一融合美学、哲学、文学等元素的文化艺术，融入当代群众文化活动中，旨在为广大群众提供丰富多彩的文化体验，满足群众的文化需求，进一步提高群众的生活质量和幸福感。在群众文化活动中，书法艺术可以通过多种展现形式，如书法展览、书法比赛等，吸引广大群众参与，促使他们在欣赏和参与的过程中，感受书法艺术的魅力，激发他们对书法艺术的热爱与追求。同时，书法创作需要专注、毅力和耐心，人们在练习和创作书法作品的过程中，可以修身养性、陶冶情操，感受书法艺术的乐趣。这对于改善人们的精神面貌，培养其积极向上的生活态度具有积极意义。

（二）书法艺术融入群众文化活动的策略

1.加强教育普及，深化书法认知

为了使书法艺术更好地融入群众文化活动，首先要加强书法艺术的普及教育。一方面可以通过举办书法讲座、培训班、展览等活动，让更多人了解和掌握书法的基本知识和技能；另一方面可以通过学校教育、家庭教育等方式，将书法教育纳入全民教育体系，提高书法艺术在教育领域的地位和影响力，进而促进全民族书法素养和文化素质的提升。例如，将书法教育纳入基础教育体系，确保学生在义务教育阶段就能接受系统的书法教育，培养他们的书法素养；在高校设置书法专业，培养高水平的书法人才，为书法艺术的传承和发展提供人才支持；还可以在公园、博物馆、自由活动场等公益场地，定期或者不定期开展书法艺术教育活动，吸引更多群众参与书法艺术的学习，普及书法知识，推广书法艺术。

2.创新活动形式，满足多元需求

新时代的群众文化活动应当以人民为中心，关注个体需求，注重多元化、特色化和差异化发展。首先，可以将书法艺术与音乐舞蹈、戏剧等艺术形式结合，创造出更丰富多彩的群众文化活动，促使书法艺术焕发新的生机和活力，让人们在群众文化活动中欣赏书法艺术的同时，也能感受其他艺术形式的魅力。其次，可以在群众文化活动中融入现代科技手段。比如可以借助互联网信息传播和共享的优势，开展线上书法教育和展览等活动，让更多人参与到对书法艺术的学习和欣赏中来；还可以尝试将现代科技元素融入群众文化活动，如融入虚拟现实技术、增强现实技术等，让参与者感受科技与文化的融合。

3.培养专业人才，传承书法艺术

要使书法艺术更好地融入群众文化活动，就需要有一批专业的书法人才来推动和实施。首先，通过高等学府和专业机构培养专业的书法人才是至关重要的。这些机构在书法教育方面具有丰富的经验和资源优势，可以系统地教授书法的基本技法、理论知识及相关历史文化。学生在这里可以深入学习书法的内涵和外延，掌握书法创作的基本技能，为今后从事书法创作和传播打下坚实的基础。其次，举办各类书法比赛和评选活动也是选拔优秀书法人才的有效途径。此类活动可以吸引更多群众参与书法学习和书法创作，也能激发书法爱好者的创作热情。在比赛和评选的过程中，优秀的书法作品和人才将得到充分的展示和认可，从而鼓励他们为书法艺术的传承和发展做出更大的贡献。

二、国画色彩艺术融入群众文化活动

在群众文化的广阔领域中，艺术教育无疑是最为重要的组成部分。而在群众艺术教育的过程中，国画艺术尤其是国画色彩艺术受到了广大群众的热烈欢迎。这不仅因为国画色彩艺术本身的艺术价值和教育意义，更因为国画色彩艺术作为中国传统艺术的重要组成部分深深植根于中国人的文化心理和审美习惯中。

（一）国画色彩艺术的相关概念阐述

中国画是中华民族智慧的凝结，源于人民群众生活，是人民群众生活状态与审美意趣的生动表达，充满强大的生命力。在世界多元文化的呼唤下，中国画发扬中华民族兼收并蓄的开放胸怀，在保留民族特色的同时，走出国门，向着多元化和多样化的方向持续发展。其中，国画色彩艺术作为中国画的重要组成部分，不仅集中体现了中国画色彩运用的技法，还承载着中国人千年来对自然、对生活的感悟与情感寄托，是中华民族传统哲学思想和审美观念的另一种外化。

（二）国画色彩艺术在群众文化活动中的重要性

1.提升群众对色彩艺术的认识，培养群众艺术欣赏能力

个人的品位和修养是在长期的文化氛围中形成的。国画艺术作为一种深深植根于中国传统文化的艺术形式，其色彩艺术的独特魅力和深远影响力，在提升群众对色彩艺术的认识和欣赏能力方面具有重要作用。国画色彩艺术的色彩运用丰富多样，既有大胆鲜明的色彩对比，也有细腻淡雅的色彩渲染，国画独特的色彩艺术表现方式，能够引导群众提升对色彩的敏感度和理解力，从而提高群众的审美水平。

2.丰富群众的艺术生活，提高生活品质

国画艺术，作为中国传统艺术的瑰宝和中国传统文化的重要组成部分，不仅与人民生活息息相关，同时也是大众审美趣味的寄托。国画的题材种类众多，包括山水、花鸟、人物等，其独特的艺术魅力和深厚的文化内涵，使得国画走入千家万户，成为国人日常生活不可或缺的一部分。与西方美学体系不同，国画创作强调“意境”的表达和“韵味”的追求，这是独属于中国人的“含蓄”“矜持”的表达方式，积蓄着中国人自古以来的文人风骨与深沉情感。

在国画创作中，群众可依据自己的喜好选择感兴趣的题材进行创作，这种宁静舒适的绘画活动可使人的心灵得到极大的放松。而群众也可通过国画色彩学习，深入理解我国传统艺术的魅力，感受中国传统艺术家对生活的向往、对美的追求和对艺术手法的表现方式，从而丰富自身的精神文化生活。

3.深化群众对中国传统文化的理解和热爱

国画、书法、诗词与篆刻是中国传统文化的重要组成部分。“诗书画印”不仅是中国传统艺术的表现形式，更是中华传统文化的独特象征。其中，国画以其独特的艺术语言和深厚的文化内涵，展现着中

华民族的智慧和精神追求。

（三）国画色彩艺术融入群众文化活动的策略

1.结合群众需求，打造特色活动

不同年龄、职业、文化背景的群众对国画色彩艺术的接受程度和喜好各不相同。因此，在策划相关活动时，主办方应充分考虑上述因素，选择适合群众欣赏的国画作品，并通过多种方式展示国画色彩艺术的魅力。

在信息技术飞速发展的当今时代，群众的生活、工作乃至文化传播方式都发生了翻天覆地的变化。国画色彩艺术，这一承载着深厚文化底蕴的艺术形式，也在这一时代背景下迎来了新的发展机遇与挑战。因此，国画色彩艺术的传播不应局限于传统的展览、讲座等形式，而应积极探索创新的传播方式。如，借助互联网移动媒体，打造多元化的传播平台，通过短视频、直播等形式，将国画色彩艺术的创作过程、技法展示以及作品解读等内容以更加生动、直观的方式呈现给群众。如此，不仅能吸引更多人的关注，还能够提升群众对国画色彩艺术的兴趣和认知，进而促进国画色彩艺术与人民生活的深度融合。

2.寻求跨界合作，拓展传播渠道

跨界合作，意味着打破传统边界，将国画色彩艺术与其他文化领域相融合，实现资源共享、优势互补。跨界合作不仅能为国画色彩艺术开辟新的展示平台，也能为其他文化领域注入新的文化内涵和艺术价值。

旅游作为一种大众化的休闲方式，具有广泛的受众基础。将国画色彩艺术元素融入旅游产品，不仅能够丰富旅游产品的文化内涵，还能让游客在旅行中亲身感受国画色彩艺术的魅力。比如，在旅游景区设置国画色彩艺术展览，或者开发以国画色彩艺术为主题的旅游线路，让游客在欣赏美景的同时，领略国画色彩艺术的独特韵味。

另外，与影视产业的合作也是国画色彩艺术传播的有效方式。影视作品具有视觉冲击力强、传播速度快的特点，能将国画色彩艺术以更加生动、直观的方式呈现给观众。与影视制作团队合作，可以将国画色彩艺术元素融入电影、电视剧等作品中，通过故事情节和画面表现让观众在欣赏剧情的同时，感受国画色彩艺术的魅力。这种跨界合作不仅能够提升影视作品的艺术价值，还能扩大国画色彩艺术的受众群体。

三、群众文化与新时代文明实践工作的融合

（一）群众文化与新时代文明实践工作的融合策略

1.文化挖掘与传承

群众文化的深度挖掘与传承是实现新时代文明实践工作的基础。深入挖掘群众文化的历史渊源、地方特色，可以还原其真实面貌，探寻其蕴含的文化价值。应建立群众文化传承基地，群众文化传承基地既可作为保存群众文化的场所，也可以作为向公众传播相关知识的场地。群众文化传承基地可以通过展览、培训、研究等多种方式，将群众文化的传承工作融入新时代文明实践工作中。同时，要重点关注群众文化在年轻一代中的传承，通过开展校园文化活动、社区文化培训等，使群众文化在新一代中焕发新的生命力，维系和加强文明传统的延续。

2.创新实践项目

在新时代文明实践工作中，创新性实践项目是促使群众文化与实践工作相互融合的有效途径。以传统节庆、民间艺术为载体，组织具有创新性的文明实践活动，可以打破传统文化刻板沉闷的形象，吸引更多人积极参与。创新实践项目涵盖文艺演出、手工艺制作、庙会等多个方面，人们可以通过富有创意的方式将群众文化元素融入其中，例如，可以以传统戏曲为基础，融入现代化的审美要求，使其更贴近当代观众的审美需求。这样的创新性实践项目，可以使传统文化在新时代焕发新的生命力，吸引更多人积极参与文明实践工作。

3.建设文明实践基地

文明实践基地的建设是群众文化与新时代文明实践工作深度融合的关键环节。文明实践基地可以包括博物馆、文化馆、艺术中心等，它们通过各种形式展现群众文化的魅力，成为传承群众文化、开展文明实践的重要场所。在基地中，可以设置群众文化的陈列展览、实践活动场地、文创产品销售区等。在基地中展示群众文化的魅力，可以激发公众对文明实践的兴趣。此外，基地还可以作为文明实践

活动的中心，组织各类培训、讲座等，提升社会对文明实践工作的认知度和参与度。

4. 运用科技手段

运用现代科技手段，将群众文化与文明实践工作更紧密地结合起来，是推动融合的一项关键策略。可以通过互联网、虚拟现实等技术，拓展文明实践的传播途径，使群众文化更广泛地融入到新时代精神文明的建设中。可以通过建立群众文化数字档案、在线文明实践平台，为公众提供更多、更方便的参与渠道。如通过虚拟现实技术，将传统文化元素与数字化技术相结合，创造出更具吸引力的互动体验。如通过在线文明实践平台，人们可以参与线上展览、讨论、实践，不受地域限制，实现文明实践的互联网传播。科技手段的运用有助于让群众文化在新时代有更加立体的呈现方式，同时也提高了文明实践工作的效果和影响力。

（二）群众文化与新时代文明实践工作的创新策略

在新时代，群众文化与文明实践工作的融合不仅需要传承，更需要创新。创新是推动社会前进的动力，也是精神文明建设中的关键因素。

1. 群众文化元素的创新整合

传统节庆是群众文化的生动体现，而其创新与发展能够为文明实践注入新的活力。可以通过重新解读传统节庆活动，结合当代审美和需求，打破传统形式，创造新颖的庆典形式。例如，在传统节庆活动中引入艺术、科技等元素，打造数字化互动的庆典体验，吸引更多年轻人参与，使传统文化焕发出新的生命力。民间艺术是群众文化的重要组成部分，其形式和表达方式多种多样。可以通过创新性的艺术项目，如艺术展览、公共艺术装置等，将传统的民间艺术融入当代文明实践。同时，可以引导艺术家和民间艺人参与文明实践工作，共同探索将艺术创新与精神文明建设相结合的路径。乡土文化是群众文化的重要组成部分，将其融入文明实践工作可以加深社区精神文明建设的内涵。可以通过挖掘乡土文化的地方特色，以社区为单位，打造具有本土特色的文明实践项目。如可以通过举办具有地方特色的民间艺术表演、乡土文化展览等活动，让居民更加深入地了解并参与文明实践，实现精神文明建设与地方特色的有机融合。

2.“互联网＋”与群众文化融合

利用互联网平台，对传统群众文化元素进行创新性整合，并进行推广。搭建群众文化数字化平台，以传统歌谣、民间故事、手工艺制作等为内容，通过短视频、社交媒体等方式传播。这样的数字平台既可以吸引更多受众了解传统文化，也能够让群众文化更广泛地参与到文明实践工作中来。

运用虚拟现实技术，打破传统的时间和空间限制，让群众文化在虚拟世界中得以再现。可以创建虚拟的传统庙会、民间艺术表演等场景，让参与者在虚拟空间中体验传统文化的魅力。这样的创新性实践项目不仅提供了全新的参与方式，还能够促使人们更主动地投入到精神文明建设中。

3.鼓励社群参与文明实践工作

建设群众文化实践社区，成立以文明实践为主题的社区组织，组织群众参与各类文明活动。通过社区的居中协调，可以更好地汇聚人们的力量，形成文明实践的社会基础。这类社区文明实践活动包括文化讲座、手工艺制作、志愿服务等，通过开展这些实践项目，可以促进社区文明水平的不断提升。促进群众文化与当代艺术的深度融合，通过联合举办艺术展览、文艺演出等活动，让传统文化在当代艺术的光辉中焕发新的活力。这种合作形式不仅能够拓展传统文化的表达形式，也能够为当代艺术注入更为深刻的文化内涵，实现传统与现代的双向互动。鼓励并组织群众参与社区志愿服务，通过志愿服务项目，能使群众更深刻地感受到文明实践的意义。可以结合群众文化元素，设计具有特色的志愿服务项目，如志愿文艺演出、志愿文明环境整治等，使志愿服务与文明实践相互交融，形成更加紧密的社区群众文明实践网络。还可以建立在线文明实践社群，通过社交平台组织与群众文化相关的线上活动。亦可以通过互动讨论、线上比赛等形式，促使群众更主动地参与到文明实践工作中。同时，社群也是传播正能量、推动文明实践工作的良好平台，通过群众文化的在线社群，可以使社会参与面更广泛，推动精神文明建设更深入地融入人们的日常生活。

参考文献

[1]梁建华.群众文化建设探索[M].长春:吉林文史出版社,2024.

[2]饶蕊.乡村公共文化服务的自组织参与研究[M].北京:中国社会科学出版社,2024.

[3]王存义.农村群众文化建设研究[M].广州:广东旅游出版社,2023.

[4]徐辉.群众文化建设与发展研究[M].哈尔滨:北方文艺出版社,2023.

[5]梁焜.当代群众文化与文化工作建设研究[M].太原:三晋出版社,2023.

[6]周建新.群众文化视阈下中国电视认同研究[M].北京:社会科学文献出版社,2023.

[7]温静君.新媒体时代环境下群众文化的推广策略[M].延吉:延边大学出版社,2023.

[8]陈坤.群众文化活动创新发展的思考与实践[M].天津:天津科学技术出版社,2022.

[9]刘晶.群众文化的现代化建设[M].哈尔滨:北方文艺出版社,2022.

[10]刘军.群众文化艺术的创作现状及对策研究[M].长春:吉林文史出版社,2022.

[11]王琴.群众文化建设与社区艺术技能教育工作研究[M].北京:台海出版社,2022.

[12]李少斐.新时代人民群众观研究[M].天津:天津社会科学院出版社,2022.

[13]王显成,顾金孚.现代公共文化服务体系构建与实践研究[M].北京:光明日报出版社,2022.

[14]闻静.现代群众文化策划工作实务[M].北京:中国纺织出版社,2021.

[15]谢桂领，许珏芳，何立营. 文化工作与群众文化建设研究[M]. 长春：吉林人民出版社，2020.

[16]韩惊波. 群众文化服务研究[M]. 延吉：延边大学出版社，2020.

[17]黄燕. 群众文化探究[M]. 北京：团结出版社，2020.

[18]孙大为. 现代群众文化与艺术研究[M]. 北京：现代出版社，2020.

[19]徐巍，吴方民. 新媒体时代的群众文化研究[M]. 延吉：延边大学出版社，2020.

[20]王小丹. 面向群众文化需求的戏剧创作与表演[M]. 长春：吉林文史出版社，2020.

[21]杨小霞. 民间传统文化补给艺术教育研究[M]. 北京：北京工业大学出版社，2020.

[22]陈发祥. 体验传统文化魅力　肩负文化传承重担[M]. 合肥：合肥工业大学出版社，2020.

[23]郑承军. 从文化大国走向文化强国[M]. 北京：北京时代华文书局，2020.

[24]徐月萍，张建琴. 乡村振兴背景下乡村群众文化阵地建设[M]. 南昌：江西高校出版社，2019.

[25]李雷鸣. 群众文化理论与实务[M]. 北京：现代出版社，2019.

[26]张龙庆. 新时期的基层群众文化建设[M]. 石家庄：花山文艺出版社，2019.

[27]周敏. 群众文化认知与活动组织策划研究[M]. 北京：中国原子能出版社，2019.

[28]王剑. 群众文化的社会功能与创新策略研究[M]. 北京：中国纺织出版社，2019.

[29]马玉洁. 群众文化理论探讨与实践[M]. 郑州：河南人民出版社，2019.

[30]李革，张诗东，高鹏. 公共文化服务体系下的群众文化[M]. 长春：吉林人民出版社，2019.